暖警心语

丁文俊　单 冬　鞠丽华　编著

山东大学出版社
SHANDONG UNIVERSITY PRESS
·济南·

图书在版编目(CIP)数据

暖警心语 / 丁文俊，单冬，鞠丽华编著. —济南：山东大学出版社，2021.3

ISBN 978-7-5607-6943-1

Ⅰ. ①暖… Ⅱ. ①丁… ②单… ③鞠… Ⅲ. ①警察—心理健康—健康教育—中国 Ⅳ. ①D631

中国版本图书馆 CIP 数据核字(2021)第 138458 号

责任编辑 李昭辉
封面设计 杜 婕

出版发行 山东大学出版社
社　　址 山东省济南市山大南路 20 号
邮政编码 250100
发行热线 (0531)88363008
经　　销 新华书店
印　　刷 山东和平商务有限公司
规　　格 720 毫米×1000 毫米 1/16
　　　　 16.25 印张 292 千字
版　　次 2021 年 3 月第 1 版
印　　次 2021 年 3 月第 1 次印刷
定　　价 58.00 元

心理服务，一直在路上

亲爱的读者：

这是一本以历史性地“再现”的方式编写的公安民警心理咨询问答汇总小册子，是对公安专网“山东省公安民警心理驿站”上的“专家答疑”栏目的实况记载。由于在网上进行书面回复的局限性，导致大多数问题和答复都只流于简单的认知调节。但是，这毕竟是对当时状况的真实呈现，而且问答的内容涵盖了各种典型问题，是一个心理科普的过程，同时也是对提问者和答复者由迷惘走向成熟的成长过程的记载。在一个个问答的背后，我们可以看到大家用心工作、任劳任怨、热爱生活、向往美好的初心和赤情。我们的答复，使这些轻微的心理问题或矛盾疑问在萌芽阶段就被化解，这也正是山东警察学院心理小组的老师们提供这一志愿服务的初衷。在这本书中，我们把100多个心理问答分为快乐工作篇、幸福生活篇和自我成长篇三大部分，这也正是许多公安民警在职业生涯中所共同关心、关注和探讨的问题，同时也是我们努力的目标。而这一切，要从2007年开始说起。

2007年的一天，山东省公安厅组教处委托我们为省厅设计一个心理网站。当时，笔者在山东警察学院专业基础教研部任副主任，该部的几个科室与心理学联系密切，老师们对心理学也颇感兴趣。于是，本着自愿的原则，我们成立了由丁文俊、程亮、王林松、王成义、单冬、费晓璐、鞠丽华、袁春瑛、陈晓娟、何卫卫、公维友、曹延彬共12位老师组成的“心理小组”。在山东省公安厅组教处侯林山、张华、李钢等几位领导的带领和指导下，着眼长远，精心设计，把山东省公安厅专网的网站当成心理宣传教育和服务工作的平台，首创了山东省公安机关“四个三结合”的一体化警察心理工作模式，即在工作人员上实现省、市、县三级民警心理健康服务人员相结合，在工作运行上实现专业网站、沟通热线和个体面询相结合，在工作内容上实现心理宣传教育、心理问题咨询和心理危机干预相结合，在方法运作上实现心理工作、思想政治工作和业务工作相结合。该工作模式在统领和指导山东省公安民警心理健康教学和心理服务工作方面发挥了积极的作用。后来，我们又结合山东警察学院的工作实际，加上了两个“结合”：在干训教学上实现讲、练、研相结合，在学历教育上实现师、生、警相结合。这样，最终形成了“六个三结合”的心理工作模式或者说工作原则。只是在运行方法上，因为用公安专网的民警越来越少，故原来的专业网站、沟通热线和个体面询相结合现在已发展成为“齐鲁警心”公众号、微信咨询和面询相结合。尽管如此，原来的专业网站曾经发挥过很大的作用，特别是当时的“专家答疑”栏目，其内容几乎涵盖了民警心理工作中的各种典型问题。在这一过程中，多年来参与民警心理志愿服务的老师们也迅速成长，相继取得了国家二级或三级心理咨询师的资质。其中，2 人成为公安部心理专家人才，1 人成为齐鲁和谐使者，3 人成为齐鲁公安英才拔尖型人才，4 人成为齐鲁公安英才标兵型人才，3 人成为山东省公安厅心理服务教官。

2009 年，按照公安部的要求，山东省公安厅在山东警察学院成立了“山东省公安民警心理健康中心”，丁文俊、程亮、王成义、王林松几位老师被聘为山东省公安厅公安民警心理服务专家。在此基础上，我们申请了公安部立项的应用技术课题“基于公安专网的山东省民警心理教育训练平台研发与应用”。2014 年，该课题获“山东省公安厅科技进步一等奖”，相关文章《构建“一体化”警察心理工作模式》于 2015 年 1 月 13 日刊发在《人民公安报》上，并被多家报刊和网站转载。

2014 年，我们协助山东省公安厅优抚基金会启动了优秀民警的身心休整班活动，在这个班上，用讲座和团队训练、个体咨询与危机干预相结合的形式，促进了民警的身心健康。这种模式后来被多地借鉴。

2016 年，在山东警察学院文东校区扩建完成了功能较为齐全的山东省公安民警心理服务中心。

2017 年 8 月 17～28 日，笔者有幸参加了公安部首次组建的心理健康服务小分队，赴河北、福建等地，为工作在旅游旺季执勤一线和“金砖国家”领导人厦门会晤安保一线的民警提供心理辅导、心理干预和心理援助等服务。出发前，公安部宣传局孙洁副局长在召开的座谈会上，为小分队成员加油鼓劲并提出了明确要求，小分队领队、公安部宣传局思想政治处处长李彤华提出“服务一定要接地气”。于是，我们一行八人从心出发，一路奔走，团结协作，传递了温暖和正能量，我也在更近的距离上感受到了基层民警和小分队成员的敬业与奉献精神，更深切地体会到了基层民警对心理服务的迫切需求，坚定了继续提高自身工作能力、更好地服务广大公安民警和社会的决心。

回顾过往，我们开展的心理工作主要有以下几方面：

一是讲、练、研相结合的干训教学。山东警察学院自 2004 年开始，在全国首个公安局长培训班上开设了心理健康课程，并先后为各级各类培训班开设了“心理健康”“心理压力管理”“情绪管理”“幸福从警”“公安机关的心理工作”“警察心理问题的个人预防和组织预防”“派出所所长的心理管理”“警察心理资本提升”等方面的课程。开始只是讲座，后来发展为讲练结合，并辅以研究性的心理测查等。连续多年，每年暑假都会派出几个专题调研组开展工作，并写出了多篇调研报告。

二是网络心理宣传。除学院课堂教学外，我们主要通过四种形式宣传心理知识：首先是利用山东省公安厅专网开设的“民警心理健康驿站”，进行网上回复、回函、处理投稿、上挂文章、心理宣教和心理测试与训练等。我们做到了文章天天有更新，服务节假日不间断。当时，网站的平均日点击量约 3000 次，上挂文章近万篇，答复和回函百余条，成为全国同类心理网站中“信息量最多，点击率最高，影响力最大”的网站。令人感动的是，王成义老师默默上挂文件坚持了十余年，直到现在，虽然阅读专网文章的人少了，但还是时常有新文章上挂。其次是公众号宣传。2015 年 11 月 5 日，在“山东省公安机关心理工作推进会”上，我们创建了“齐鲁警心”微信公众号，目前公众号已经发布了 4000 余篇原创文章。在开始阶段，公众号的文章由老师们轮流值班组稿，后来主要由学生编辑，但每篇文章都由主编审定，并由文字主编张黎明老师认真审查修改。首发时，由于大家对公众号几乎一无所知，因此有的时候张老师指导学生修改一期文章竟然耗时 8 个多小时！后来，为了组稿，我们发起了“警心公众号联盟”，联系了一批较有影响力的政法类公众号。再次是兴趣群交流。我们组建了一个由近 500 名老师、学生和心理学人士组成的心理学兴趣群，用于相关的学习和交流。值得一提的是，时任山东省公安厅机关党委书记刘乐泉同志和缉毒总队的段晓琪同志每天都在群里发送“乐泉心语”和“早新闻”，使大家在潜移默化中受到了教育。最后是心理教育进基层。通过“送教下基层”等活动，主动服务一线民警。我们先后参加了公安部和山东省公安厅组织的各项任务，同时依托山东警察学院的平台优势，积极开展各种专题调研和课题研发，促进了山东省公安民警心理服务工作的转型升级。

三是心理咨询。通过电话、面询和网络、微信等方式，进行短程心理咨询，帮助公安民警恢复心理平衡，提高适应能力，增进身心健康。

四是心理测试。2013年，在山东省公安厅组教处的协调下，我们组织开展了对山东省全省5.4万多名公安民警的心理测查，获取有效测评数据3.9万条，对全省公安民警的心理状况有了一个整体的了解。

五是危机干预。2014年7月底，公安部政治部颁发了《公安民警心理危机干预指导意见》。同年8月初，我们迅即参加了山东省公安厅组织的5人专家组，到3个市的公安机关开展了“心理工作进基层，危机干预促健康”活动。通过采用问卷调查、专家讲座、团体晤谈等方式，开展了一系列工作，并运用当时较先进的“眼动脱敏”危机干预技术，对3位受过严重刺激的民警进行了个体危机干预，取得了很好的效果。

六是团队训练和团体辅导，即在干训教学中和送教下基层时穿插互动内容，增加团队训练或有针对性的团体辅导。在此特别需要指出的是，2014年11月，我们对参加全国公安机关法制员业务技能竞赛总决赛的山东代表队的5名成员进行了团体心理辅导，缓解了他们的赛前紧张心理，激励了他们的斗志，总结出了相应的心理战术，为代表队从预赛季军一跃成为总决赛冠军提供了心理支持。

七是心理画像。作为心理工作与公安工作相结合的抓手，我们积极开展犯罪心理画像工作，根据已掌握的情况对未知的犯罪嫌疑人进行相关的行为、动机、心理过程以及人员心理特点等分析，进而描绘作案人的犯罪心理，服务于案件侦破工作。2012年，我们应邀对一起久侦未破的系列杀人案件进行心理画像，破案后证明非常吻合。经过对犯罪嫌疑人的访谈，发现其为非常典型的躁狂症杀人者。

八是心理思想政治工作。近年来，我们在党支部工作中融入了心理工作，《人民公安报》也曾发文《心理＋思政：山东警察学院模式》，推广我们的工作模式。

近年来，我们逐步淡化侧重于公安民警心理疾病的预防与治疗的负向、病理的角度和方法，开始探索积极心理学取向的公安民警心理健康教学服务新模式。在教学方面，我们从关注学生和民警学习、工作和生活，增进团队凝聚力的积极面出发，致力于民警生活幸福程度的提升，促使民警快乐工作、幸福生活、身心健康。在科研方面，2018 年，为了完成中共山东省委交给我们的调研任务，我们选择枣庄市公安局，对全体民警进行了积极心理资本的调查研究，并申报了公安部课题，现在正在与枣庄市公安局合作，在应用 EAP 员工心理帮助计划方法的基础上，应用和打造公安民警心理资本提升的新方案。在服务方面，我们注重心理工作、思想政治工作和警务工作的结合，同时倡导参与社会上的心理志愿者服务活动，如参加上合组织峰会安保活动，参加山东省民警健康休整班授课活动，在疫情期间组建了枣庄市公安局警察心理服务小组、山东省公安厅赴武汉民警心理服务小组、山东省民政厅社区工作者心理咨询志愿服务小组，为养老院和街道老人进行心理服务志愿活动等。

近年来，国家对国民的心理健康和精神卫生越来越重视，先后出台了多个重要文件，要求加强心理健康工作。2006 年 10 月 11 日，中国共产党第十六届中央委员会第六次全体会议提出，要注重促进人的心理和谐，加强人文关怀和心理疏导，引导人们正确地对待自己、他人和社会，正确地对待困难、挫折和荣誉，加强心理健康教育和保健，健全心理咨询网络，塑造自尊自信、理性平和、积极向上的社会心态。2015 年 11 月 3 日，国家“十三五”规划建议中提出，要加强和创新社会治理，加强社会治理的基础制度建设，健全社会心理服务体系和疏导机制、危机干预机制，推进“健康中国”建设，倡导健康的生活方式，加强心理健康服务。2017 年 10 月 18 日，党的十九大报告中提出，要加强社会心理服务体系建设，培育自尊自信、理性平和、积极向上的社会心态。总之，心理服务的道路会越走越宽，而我们一直在路上。

在此，谨以此书记录并纪念山东省公安机关心理服务的发展历程，并向一路上给予我们理解、支持和帮助的领导、同事和朋友们表示衷心的感谢。

一路有你，真好！

山东警察学院　丁文俊

2021 年 3 月 30 日

目　录

快乐工作篇

幸福生活篇

自我成长篇

快乐工作篇

1.新警怎样适应新工作

老师您好！我是一名刚刚入职的人民警察，在工作的这几个月时间里，我自己感觉好像跟不上大家的工作进度，总是感觉自己的工作能力不行，总想着提高自己的业务水平，可是有些时候自己的大脑却是一片茫然，我该怎么办？

专家答疑

这位朋友，你好！

根据你的描述，你似乎有些“焦虑”情绪。“焦虑”就是我们日常生活中常说的“着急”。在临床心理疾病诊疗上，所说的“焦虑”指的是一种没有明确原因的、令人不愉快的紧张状态。

据我分析，你的焦虑主要是由于工作上的不适应造成的。同时，根据留言地址和姓名显示，你似乎是那位因恋爱问题而苦恼的内蒙古警察朋友吧，这可能更是导致你近期烦恼的原因。因为你自己肯定也知道，工作上的适应有个过程。几乎每个人都要经历这样一段，只是适应的时间长短不同而已。所以不必对此过于着急。但是，如果感情问题是主因，那你就应当先处理好这条线。对此，你可以看下你的另一条留言中“谢谢您的回答”的答复中我的一点想法。

在此推荐一本书给你：《自我训练：改变焦虑和抑郁的习惯》。书里介绍的自我训练是一种独特的心理治疗方法，凝聚了作者30多年临床心理治疗的心得和经验。作者认为，目前流行的积极思维和自我肯定方法只是心理治疗的一个方面，是不够的。要想彻底康复，还要做到自我信任，即相信自己能够成为自己想成为的人。如果连自己都不相信，那还能改变什么呢？而自我训练会使你恢复自信，从而最终从焦虑和抑郁的生活中走出，开启新的人生。

自我训练是一种能够使个人达成自我激励和自我训练的疗法，同时，它把所有的问题（焦虑、恐慌以及抑郁等）简化为两个问题：不安全感和控制。这就是自我训练疗法与传统心理疗法的不同之处。不安全感会促使你去控制自己不去焦急、紧张、忧心忡忡，努力做个完美主义者等；而越想控制，就越发现自己根本无法控制，从而使情况变得更糟。但是，如果你懂得了如何去应对不安全感，那么一切就会变得简单了，你也就知道如何去消灭折磨你内心的痛苦了。

自我训练的关键是了解什么导致了你条件反射式的不安全感(担心、怀疑、恐惧以及自我否定等),然后你才能知道如何去消灭这些症状。自我训练不仅用一种全新的观点来解释心理问题,而且提供了一种行之有效的技巧,使你能摆脱这种强制性的不安全感和痛苦的挣扎,重获健康。

这本书不仅适合焦虑症和抑郁症患者的治疗,而且通过自我训练,可以让读者重新获得自尊、自信,改变易怒、过度内向以及完美主义的性格。

当然,你目前只是有些焦虑情绪而已,大可不必为这种焦虑而焦虑,但焦虑过度或过久也有可能会导致"焦虑症"。"焦虑症"是很大一类心理障碍的总称,其不仅包括我们平时所说的狭义上的一般性焦虑症,而且还包括强迫症、恐惧症、惊恐症、创伤后障碍等。一般性焦虑症患者充满了过度的、长久的(持续时间在6个月以上)、模糊的、不明原因的焦虑和担心,具体症状包括身体紧张、自主神经系统反应性过强、对未来无名的担心和过分机警四类。这些症状可以单独出现,也可以一起出现。

(1)身体紧张:焦虑症患者常常觉得自己不能放松下来,表现为全身紧张,面部绷紧,眉头紧皱,表情紧张,唉声叹气。

(2)自主神经系统反应性过强:焦虑症患者的交感和副交感神经系统常常超负荷工作,导致出现出汗、晕眩、呼吸急促、心动过速、身体发冷发热、手脚冰凉或发热、胃部难受、大小便过频、喉头有阻塞感等表现。

(3)过分机警:焦虑症患者无时无刻不处在警惕状态,这严重影响了他们从事其他方面的工作,甚至会影响他们的睡眠。

(4)对未来无名的担心:焦虑症患者总是为未来担心,如担心自己的亲人、财产、健康等。

焦虑症会带来心理和生理上的一些更大的不适,所以希望你能冷静思考,一步步地化解自己心理上和生活中的矛盾,过好每一天。减轻焦虑和预防焦虑症的重要原则是"活在当下,到此为止,过好每天",即不要想太多未来的事情,相对认真地分析一下现在的处境,能解决的问题就主动去调整、解决,自己无法解决或一时不能彻底解决的就应停止无谓的思考,暂时接受现实。只要青春和健康尚在,保持一个好的心态,那么一切都会有所好转的。

祝福你!

(山东警察学院　丁文俊)

2.派出所内勤不容易

丁老师您好！最近工作还顺利吗？身体和心情都好吧！

工作已经7个多月了，一直在派出所干户籍工作，可是1个月以前，所长把所里的内勤工作也交给我了，干了快1个月的内勤我才真的知道什么叫“身心疲惫”啊，一天从早上忙到晚上，文件一个接一个，报表也是一个接一个，既要上传好还要下达好，可如果同事们配合协作好还好说，关键是有些同事拿着不当回事，而领导还一个劲儿地催，有的时候自己真的是好为难！

专家答疑

你好！谢谢你的关注和问候。

管理心理学上有个名词叫作“蘑菇管理”。许多初入职者都要经历这样一个阶段，即刚踏上工作岗位时，被置于角落里(比如不受重视的部门)，被安排干些打杂跑腿的工作；或者经常被领导无端批评，甚至会代人受过，甚至得不到领导的指点和提携，任其自生自灭。管理者和“老同事们”会有意或无意地对新人采用“蘑菇管理”的方法，新人无论多么优秀，都只能从最简单的事情做起。从传统的观念上讲，这样的经历是一件好事，它是新人成熟前的一种磨炼，对人的意志和耐力的培养都有促进作用。有这样一段被“蘑菇管理”的经历，也能够消除新人很多不切实际的幻想，让他们更接近现实。经受了“蘑菇管理”期的年轻人，如果足够努力、勤奋和聪慧，默默无闻地工作一段时间后，就会逐渐被人关注并得到重用；如果因为不被重视就放弃了努力，对工作得过且过，就会逐渐被边缘化，失去职场发展的良好机会。所以，新人经受“蘑菇管理”期不可怕，关键在于你选择如何度过。

内勤是派出所里很重要的岗位，也是很锻炼人的工作。内勤工作比较繁杂琐碎，需要和许多人打交道，是对你为人处世能力的考验。俗话说：“良好的开端是成功的一半。”如何占得先机呢？人们往往会从四个方面看待一个人：做什么、怎么做、说什么、怎么说。据此，给你以下建议：

(1)知道自己是谁。要时刻记着自己是一个新人，要向大家学习，为大家服务，为重要工作做好基础工作，积累经验，增长能力。你在学校里学习的知识只是你适应工作的一个基本储备，而不是工作能力本身；内勤只是辅助大家一起完成任务，而不是“所长助理”。比如你在咨询中提到的“下达好”，如果摆不正自己的位置，总是以领导的名义让大家干这干那，就会让老同事难以接受。如果用自己的名义下达，大家又会“不当回事儿”。所以，首先要熟悉工作流程，可以悉心请教在你接手这项工作之前，老同事是如何上传下达的，同时要学会适应紧张而又有节奏的基层生活。当你不习惯一些制度、做法时，不妨多想一想是制度的问题还是自己的问题。作为新人，尽量不要用个人习惯去改变环境，而是要学会入乡随俗，适应新的环境。

(2)知道该“做什么”。在明确自身位置的基础上，还要明确自己的职责范围。要搞清楚哪些是自己必须完成的任务，哪些是可做可不做的任务。在此推荐“四象限工作法”，即把事情分为四类：重要而紧急的、重要而不紧急的、不重要而紧急的、既不重要又不紧急的。依此安排时间，分清轻重缓急。界定职责时，也不要忽视一些为大家服务的小事，比如打扫卫生、端水倒茶、帮大家录入信息等。年轻人不要厌烦做小事，从基层做起，从小事做起是非常正常的，也是谦逊踏实、尊敬领导和同事的表现。

(3)学会该“怎么做”。首先是尽快熟悉人际关系，融入环境。要做到“锐气藏于胸，和气浮于脸，才气见于事，义气施于人”。其次是总结工作规律，熟才能生巧，有条不紊才不至于忙中出错，掌握工作规律才能提高工作效率。

(4)慎重地“说什么”。一般来说，老民警在不了解你的时候，会有生疏之感，这也是自然的。你应当主动地在了解别人的同时让别人了解你。当然，用工作和行动说话就行了，不必过于“表现”，更不能做出讨人嫌的举动，如乱插嘴、乱奉承、占便宜等。要做到“少说多做，行胜于言”。

(5)讲究话“怎么说”。向大家传达领导的指示时，要择时、择语、择地，不要在别人忙着的时候就急着“自说自话”；必须说时，也应当表现出真诚的态度，做到虚心、礼貌，带着微笑；遇到自己不懂的事情时，千万不要不懂装懂，要以谦逊的态度去向别人请教；对只是碍于情面的非职责内的事情，有空可以做，实在没时间时，要逐渐学会委婉而明确地拒绝，或告诉别人找其他时间再做。

新手上路，就像一个刚拿到驾照的司机，观察、学习、练习和改进是最重要的。虚心求教既能使人进步，又能建立良好的人际关系，使自己尽快地融入集体中。

祝好！

（山东警察学院　丁文俊）

3.协管员的烦恼

老师您好！我今年24岁了，但还是一事无成，在交警大队做一名协管员，好无奈！感觉在这里没有什么前途，只是合同工，福利又少，又不能转为正式工，在物价不断上涨的情况下，“上面”还做出决定，要变相减少工资，致使我们在工作上遇到了很多困惑。想换工作，但在目前的社会环境下又难找到理想的工作。难道我们协管员就可以没有保障了吗？一点也不被重视吗？我们该怎么办？生活在底层，还算是在公安系统工作的人员，却一点保障都没有，还奢谈什么其他工作岗位呢？

▶ 专家答疑

你好，首先向可敬的协管员同志致敬！

给你讲一个前天我遇到的小事情吧：我们学院的一位临时工师傅来帮我修办公桌抽屉。师傅50多岁，在学院工作几十年了吧，负责维修水电，工资很低，跟我们这些年龄与他相仿的人比起来就显得更低了。但每次见面，他总是一脸的笑容，不管谁有什么公事儿私事儿，他总是有求必应，而且还常常自制工具、材料，自创“土办法”帮大家解决问题。只见他三下五除二地就帮我修好了抽屉，我问他怎样做到整天乐呵呵的，他说，其实人只要能活着就是好事，能吃饱饭，有个小房住着，虽然爱人没工作，但也知冷知热的，还能给大家干点事儿，这就挺好的。什么事儿都不能琢磨多了，想多了只能睡不着觉，也没什么用处。人活一辈子不就是图个乐呵吗？钱多、工作好了当然好，但不能老跟人家比，自己能干什么就干什么，挣多少花多少，发愁也只能自己难受，知足常乐吧……

听完他的话，我感觉和心理学理论是一个理儿。所以，最深刻的道理总是用最简单的方式表达出来的。生活也是一样，有位获得过诺贝尔奖的经济学家提出过一个公式：幸福＝效用/欲望。① 还有人认为“幸福＝意义＋快乐”，而快乐只是相对的满足。所以，只要咱们的欲望不太高，能从自己所干的事情中发现意义和价值，体会到相对的满足，就会感到幸福。有句话是这样说的：如果你没鞋子穿，就想想那些没脚的。因此，我觉得快乐也是需要寻找的，不是非得达到什么目的才能快乐，而是要能从日常工作和生活中找到简简单单的快乐。

---

① 参见陈占军.论消费与幸福[D].沈阳：沈阳师范大学，2012.

说了这么多，咱们一起想想下面几个问题好吗？

(1)涨价只是针对协管员的吗？

(2)自己的工资能满足基本的生活需求吗？

(3)减少工资等于没保障吗？

(4)自己重视自己了吗？

(5)自己的工作出色吗？

(6)在自己的工作和生活中感受到意义和相对满足了吗(相对于自己的能力和身份而言)？

(7)与没有工作的人以及伤病残疾的人相比，还觉得自己是“生活在底层”吗？

(8)与我前面说的那位师傅相比，个人的想法有何不同吗？

(9)如果过不好今天，能有明天美好的前途吗？

想完这几个问题后，想法有什么变化吗？快乐些了吗？

最后，祝你热爱工作、健康快乐！

(山东警察学院　丁文俊)

4.协勤的烦恼

老师您好！我是一名办公室协勤，一年以前我刚刚进入当地一家公司便被单位借调到这里，大家都对我不错，而且这份工作与我的专业和性格都很适应，但是我却有自己难言的苦衷：劳动关系还是属于原来的公司，但工资调整和福利却都没有我的。在这里我也没有任何晋升的机会和资格，万一以后再回到公司，我还是相当于从零开始，可是我却不能辞掉这份工作，因为我刚刚有了孩子，来自家庭的负担和压力比较大，所以陷入了两难的境地。年龄不算小了，但是却一事无成；与同龄人相比，在社会经验、人际关系、知识结构等各方面都存在欠缺。我对现在的自己很不满意，甚至有些自卑，想充电学习有所突破却苦于没有时间和精力，因为工作之余回到家还要照顾孩子和家庭。

另外，结婚以后我对婆婆家处理问题的方式不是很认同，而且经常把他们家与自己家相比较；尽管丈夫对我很好，我们之间的感情也很好，但我对现在的生活环境却没有归属感和安全感。我认为自己在处理家庭成员的关系方面缺少经验和技巧，非常苦恼。

我不想让自己整日生活在抱怨、自卑中，我该怎样调节现在的心态？谢谢！

专家答疑

这位年轻的协警朋友，你好！

首先为迟迟才回复向你致歉！我们的值班老师可能因工作太忙或一时不知如何答复而拖延了吧（我们也不是万能和完美的，而且大家的工作和家庭压力其实也都很大）。而且，在检查近期留言的过程中，还发现前段时间费县的一位协警朋友也向我们倾诉过与你类似的困惑，我们也未答复，所以，现在就当是咱仨一起聊聊天吧，可以想象一下：咱们正穿着宽宽松松的休闲装，围坐在蓝天白云草地旁。

同为女性，特别是作为“已经走过来”的年近“知天命”的女警，看到你的留言非常感慨：做警察难，做女警察更难，做女协警更是难上加难！

莎士比亚说过：“人生就像一场戏。”每个人都在扮演各种角色，而且一生都在演，角色还会常常变化：儿子、女儿、丈夫、妻子、职员、父亲、母亲……每个角色都会有不同的要求和不同的演法。如果我们演得不到位或者“穿帮”，甚至不会“变脸”，就会把戏演砸了！只有成功地扮演好各种角色，唱什么戏念什么文，演什么角色说什么话，在什么情节上干什么事，才能既满足社会这个大导演的要求，又实现个人在人生舞台上走一回的愿望，赢得来自观众特别是源于自己内心的掌声。

说到这里，忽然想到：其实人生的戏不是自己想怎么演就能怎么演的。至少，咱们得考虑以下几个方面：我到底想演哪出戏？我能演哪个角色？导演让不让我演？只让我当场记我干不干？有没有可能由场记转为演员？如果当一辈子场记我能甘心吗？如果不甘心，我能干什么呢？即使让我演个重要的角儿，我能演好吗？我的付出能得到多少回报？这些回报能让我满足吗？不满足我有可能演别的吗？矛盾啊！纠结啊！按下这头起来那头啊！

可是，人生就是如此！矛盾是无处不在、无时不在，无事不有、无处不有的，就像没有矛盾冲突不成戏一样，人生总会有起起伏伏，总会有这事那事，总会有这毛病那毛病，总会有这坎那坡的！试想一下：如果我们的脑电图和心电图成了一条平坦的直线，那该多么可怕！所以，换一种心情试试：把麻烦当乐子看，把阴晴圆缺当昼夜更替过，把喜怒哀乐当人生体验赏。现在，再重新想想自己的工作生活，是不是能有点“新、乐、好”的感觉？

当然，戏的各个段子是要精心设计和选择的。比如你的去留问题，还是需要你自己冷静地权衡一下利弊轻重：愿不愿？能不能？让不让？好不好？愿而不能怎么办？能而不让该如何？让而不好能接受吗？两山各有各的景儿，两戏各有各的亮儿？问问自己的心，看看周围的势，理理工作和家庭等方方面面的绳儿，看看哪头轻、哪头重，哪种可能性大、哪种可能性小，等等。在权衡的过程中，可一定要记住咱首先是女人、是妻子、是母亲、是女儿，而且更重要的是，如果当不好母亲，就可能耽误孩子的一生，因为孩子的成长是有“最佳发展期”的，有些方面素质的培养“过期不候”（当然，后天的努力也是很重要的，但怕就怕孩子小时候形成不良习惯和性格），咱可不能让孩子输在起跑线上啊！

还有家庭关系、婆媳关系，所谓“入乡随俗”，既然已经成立了新的小家，所以千万别“经常把他们家与自己家相比较”，即便是门当户对，也不可能生活习惯完全一致，“人心不同，各如其面”，特别是老人，他们的人生观念和生活习惯已不好改变了，年轻人要么多多包容，要么独立起来保持一定的距离。生活中既不能和孩子一般见识，也不能和老人事事较真儿，因为他们的“真儿”和咱的“真儿”真的不一样！毕竟“丈夫对我很好，我们之间的感情也很好”，你和丈夫的感情才是一个家庭和谐的基础。不过，对于“没有归属感和安全感”要认真想想：为什么？对谁？怎样你才能有安全感？有许多缺少安全感的人，其根源不在眼前，而是因自己的童年阴影或缺憾所致，或者是亲人所给的可能不是你想要的，你想要的又不是他所能给的，在这种情况下，就要首先分析一下自己，完成个人成长，再去分析和他人的关系。

这位朋友，有时我也会感慨，人活一辈子真的不容易！特别是女性，更容易体验到角色冲突，而角色冲突是使人紧张的一大源泉。研究证明，总是生活在角色冲突中的人，会心率加快，血压增高。社会心理学把这种现象称为“角色紧张”，角色紧张对社会及个体的身心健康都非常有害。

要消除角色冲突对心理造成的不利影响，就要加强对自己所扮演的各种“角色”的协调能力。协调能力越强的人，产生角色冲突的可能性就越少。最近有研究发现，善于处理好各种角色要求的女性，其心理较为健康。这些女性既是好职员，又是好妻子、好母亲，这在于她们有一种能把角色本身赋予的彼此冲突转化为相互促进的能力。实际上，一份有意义的工作可消除那些为孩子而忙得焦头烂额的母亲心里的紧张与压力；同样，母子、夫妻关系良好的女性，心理压力自然会较小，使她们能更好地胜任本职工作。当工作有了烦恼时，她可以及时得到亲情的抚慰，而丈夫、孩子各忙自己的一摊时，她又能从自己的事业中体会到独立的价值与工作乐趣。当然，有些角色冲突是难以调和的，在这种情况下，个人应该明智地从过多的角色中解脱出来，把时间和精力运用到更有价值、自身更能胜任的角色上来。

不少职业女性之所以向往完全“脱产”的主妇生活，是因为她们急于摆脱工作的忙碌之“苦”，而这种“苦”又是她们自己预先定义的。其实，适度的忙碌是使生活充实的必要前提，而由此产生的成就感更是人生幸福的根本保证。你现在正是人生中上最大的坡的时候，所以辛苦劳累甚至烦恼都是必然的。但你如果乐呵呵地上坡，劲头可能反而更大些，坚持的时间也会更久些呢！

演好戏，看好景，这本来就是人生之意，否则就枉来世界走一遭了。虽然这矛盾的角色不好演，但在我们的人生旅途中，既会与那些如诗如画的风光不期而遇，也会看到许多肮脏的东西。要有遇到恶劣环境的心理预期，才能更加坚定我们未来的方向。人总是要去那个远在天边又近在眼前的地方，而且道路并不平直，有时要向前走一步，有时要原地踏步，有时还要后退一步甚至几步。

如你所说，你的“抱怨、自卑”可能来源于你在处理家庭成员关系方面缺少经验和技巧，在社会经验、人际关系、知识结构等各方面都存在欠缺，但谁没有这些问题呢？我也是直到现在还认为自己毛病多多、问题不少呢！但再看看你的另一面：毕竟“大家都对我不错，而且这份工作和我的专业和性格都很适应”，丈夫对你也很好。

所以，每个人的幸福都是相似的——积极，乐观，学习，进取，知足常乐；自卑和不幸也是相似的——抱怨越多，招惹来的牢骚和负面情绪也越多。人就是一块吸铁石，吸正面的还是负面的，都由自己的磁性决定！

朋友，先权衡利弊，做出选择；然后义无反顾，走好每一步，过好每一天！

建议看看《没有抱怨的世界》这本书，书里收录了大量心灵美文、充满智慧的人生故事和深入浅出的处世哲理，可以帮助我们以感恩的、没有抱怨的积极心态，面对那些阴雨连绵、没有鲜花和掌声的生命时光。

调整目标，活在当下，从日常工作和生活中寻找乐趣，不要为了对将来的迷惑葬送了眼下的幸福！放下抱怨，让我们活在一个没有抱怨的世界，那将是最现实的、最接近我们头顶上方的天堂。

祝愿每位协警朋友都能快乐从警，生活如意！

（山东警察学院　丁文俊）

5. 为对“协勤的烦恼”的回复而喝彩

看了丁文俊教授对“协勤的烦恼”的回复，不禁想大声喝彩。

首先，在公安机关，特别是基层一线，协勤和联防队员们发挥了巨大的作用，他们确实应该得到关心和关爱。

其次，丁教授娓娓道来，亲切贴心的话语像涓涓细水，充满了人性化的关怀。

再次，从字里行间，看得出心理网站答疑的专家对每一名求助者都是认真对待，非常精心地设计组织内容和语言，让人敬佩，值得学习！

最后，谢谢你们！谢谢你们为在公安战线上奋战的所有人员带来希望和温暖！也祝愿这位协勤朋友早日调整好心态，快乐工作，幸福生活！公安民警和协勤是一家人！

专家答疑

这位朋友，你好！

首先代表协警朋友和心理网站小组的领导和同志们向你致谢！同时也想说：咱们大家能有这个平台说说心里话，更应该感谢的，是一直以来大力支持这个网站并对民警心理健康工作予以多次指导和肯定的山东省公安厅和山东警察学院的领导们！

当时，当我傍晚加班答复完这位协警朋友的留言，走在已有些昏暗的回家路上时，为他人做了点可能有些许价值的事情后的愉悦感要远远大于胃部的饥饿感。我想，天天为人民群众服务的无数基层警察和协警朋友一定会有和我相似的感受吧！其实，为社会和他人服务本身不只是一种付出，更是自己的收获，它会使我们的心灵变得富足。尤其是，如果能通过思想交流，能够为增强警力、改进工作加点劲儿，那我岂不是相当“伟大”吗?！而且，还能意外地收获一份旁观者的感谢。我们是一群多么幸福的人，干的是一种多么美好的工作啊！在我看来，这真的是干好每一件简单的事本身就是不简单，做好每一件平凡的事本身就是不平凡！

如你所言，在社会治安形势日益复杂而警力严重不足的情况下，协警队伍作为公安机关维护社会治安的重要辅助力量，发挥了不可或缺的作用。协警工作可以用“杂、难、苦、累、险”五个字来概括，但无数协警朋友在各自的工作岗位上和公安民警一起并肩战斗，尽职尽责，为社会和公安事业做出了自己的贡献。在这里，再次向协警朋友们致敬！

当然，目前我国对协警队伍的管理和保障还存在一些问题，协警朋友们的心理和现实问题需要更多的关注。参考法国、英国等西方国家的辅/协警情况，可见：第一，辅/协警制度在西方普遍存在，且经历了较长的历史发展，目前已比较完善;第二,辅/协警受专门的法律保障,拥有独立的法律地位;第三,辅/协警是在编警力的补充,其执法权限普遍有严格的法律限制;第四,辅/协警分辅警和文职两类;第五,对专职辅/协警给出路。

与之相比,我国的辅/协警有共同点也有区别,最大的区别在辅/协警法制化程度及福利保障和前途出路方面。西方国家的辅/协警法制化程度较高,拥有明确的法律地位,受法律严格保护,而我国的辅/协警法制化程度则相对较低,甚至可以说是在法制边缘开展工作。此外,我国的辅/协警尚未建立完整的体系,从改革开放初期到20世纪90年代前期,辅/协警尚有转为正式民警的机会,此后,由于国家公务员政策出台以及就业形势严峻等因素,辅/协警失去了转正的机会。

名正才能言顺,而后才能事成。所以,规范和加强对辅/协警的教育管理不仅是规范公安执法的需要,而且是进一步整合社会资源的需要。协警队伍的健康发展,是更好地发挥其维护社会治安稳定作用的需要。

有些学者提出,应当制定辅/协警法规,将辅/协警的管理纳入法制轨道,依法治理辅/协警问题;明确辅/协警的发展出路,解除他们的后顾之忧;建立健全录用、培训、管理使用及考核监督四个方面的工作机制,加强对辅/协警的管理;严肃查处辅/协警违法违纪问题,维护辅/协警队伍的良好形象。同时,应进一步坚持“以人为本”的理念,尊重协警主体地位,对他们在待遇上要改善,政治上要关怀,工作上要支持,生活上要关心,着力推进协警制度法制化和协警工作的职业化,打造一支心暖、气顺、劲足、实干的协警队伍。

当然,像你的笔名“千江月”一样,赏千江月还须有万里行。所有事情的趋于完善都需要一个过程。让我们一起期待,通过大家的共同努力,让更多的民警和协警能够快乐工作、幸福生活!

祝福大家!只因为我们有一个共同的名字——警察!

(山东警察学院　丁文俊)

6.爱红脸的协警

老师您好!我是某队的内勤协管员,我有双面性格:如果和自己认识很久的朋友在一起玩,就很开朗,很自信,很会说话;但是在单位里,就是不敢面对领导。做内勤工作,就免不了和领导交流,有时候要汇报工作,心里提醒自己不要脸红、不要脸红,但是一看到领导,还是会不由自主地脸红,而且会越来越红,有时候还会出汗。其实,领导安排给我的工作我每次都能很完美地完成,但就是因为见到领导爱脸红,所以有很多工作我都是默默地去做,领导根本就不知道是我做的。我在队里已经工作了 3 年了,还是改不掉这个爱脸红的毛病,我很痛苦,我该怎么办啊!

我现在一边上班,一边又开了一家小店,下班就去店里看店,有时候在店里莫名其妙地就会脸红,而且脸一红,就不敢再面对顾客了,真是尴尬!

在生活中,我和男孩在一起也很爱脸红,之前谈了一个对象,就是因为爱脸红的原因,我自己提出分手了,我感觉自己配不上他,和他在一起总感觉有压力,我现在都怕谈对象了,而且很怕和男生接触!

我也不爱去人多的地方,总感觉有很多人看着我似的,我就觉得全身不自在,就开始脸红出汗,越是想控制就越会越红,脸一红,我就开始恨自己不争气,讨厌自己,最严重的时候,自己连镜子都不敢照!那种感觉就好像世界末日要到了似的!做什么事情都烦,好像自己就是多余的!

我该怎么办啊?我现在每时每刻都在担心我是不是又脸红了,脸红真的很丑啊,重点是现在没人的时候我的两个脸蛋儿都是红扑扑的,我真的很讨厌这样的自己,我很想摆脱这种困境,望老师一定要帮帮我啊!

专家答疑

你好!根据你所讲的情况,你可能有"赤面恐惧症"的表现。但鉴于你和自己认识很久的朋友在一起玩,就很开朗,很自信,很会说话,可以断定你还达不到"病"的程度,所以你也不必紧张。不过,为了帮助你改善自我,还是"未雨绸缪",向你介绍一下"赤面恐惧症"吧。

有的人在同不太熟悉的人交谈时,本来还好好的,突然心里"咯噔"一下,就会心跳加快,一股热血直往脸上冲,自己难堪不说,还叫别人莫名其妙,常常被别人笑话,致使与人交往时几乎成了"惊弓之鸟",不敢与人交往,由此感到生活真是太沉重、太累了,这就是"赤面恐惧症"。①

每个人在与自己不熟悉或比较重要的人交往时,都会出现一种紧张感或激动感,并反射性地引起人体交感神经兴奋,去甲肾上腺素等儿茶酚胺类物质分泌增加,从而使人的心跳加快,毛细血管扩张,即表现为脸红。这本是人际交往中的一种正常反应,随着时间的推移会习以为常。但由于你缺乏自信,因而特

① 参见百灵.见人易脸红的心理调适[J].中国健康月刊,2016,(8):51-52.

别注意别人对你的评价，注意自己在别人面前的表现，以致对脸红特别在意，时间一长，就在大脑的相应区域形成了兴奋点，只要一进入与人交往的环境，就会出现脸上发热感和内心的焦虑不安，再加上别人对此的议论或讥笑，就更使你紧张不安，惧怕见人，从而形成了“赤面恐惧症”。

赤面恐惧症的病因不是单一的，一般认为有生物学上的因素，即遗传的性格脆弱，这类人天生紧张而敏感，最易在人际交往中产生恐惧感。另一个因素是无法解决自身承受的精神压力，这在发病中常起着更为重要的作用。例如，某人在遇到车祸后，从此就对乘车产生了恐惧感，正所谓“一朝被蛇咬，十年怕井绳”。心理学上的精神分析学派认为，这是在焦虑的背景上恰巧出现了某一情境，或在某一情境中发生急性焦虑而产生恐惧，并固定下来成为恐惧对象。

另外，父母的不良教养方式也是“赤面恐惧症”发生的重要因素。如果父母对子女缺少关爱、情感温暖、理解和支持，就会使子女在社交中产生被冷落、被孤立等相似的体验；父母的严厉惩罚、拒绝和否认则会使子女在社交中对自己要求过高，过分苛求自己的言行举止和态度，渴望他人的赞誉和外界的认可，害怕失败而受到惩罚，从而极易产生害羞、挫败感和恐惧感；父母的过分干涉和过度保护会使子女在社交中缺乏自信、独立和热情，被剥夺自身实践的机会而使依赖性增强。因此，父母的不良教养方式会使子女在社交中极易产生焦虑、恐惧，进而常常出现回避行为。

“赤面恐惧症”是可以调节和治疗的。首先要做到顺其自然，你对脸红要采取顺其自然的态度，允许它出现和存在，不去抗拒、抑制或掩饰它，不为有脸红而焦虑和苦恼，要进行自信心方面的训练。要改变只看到自己的短处，用自己的短处比别人的长处的思维方式，反过来经常想想自己有哪些长处或优势，以自己的长处去比别人的短处，从而逐渐改变对自己的看法。其次是将注意力转移到自己感兴趣，也最能体现自己才能的活动中去。这样，每成功一次便强化一次自信心，逐渐地自信心就会越来越强。具体方法如下：

第一步，把能引起你脸红的各种场面，按由轻到重依次列成表，分别抄到不同的卡片上，把最不令你脸红的场面放在最前面，把最令你脸红的场面放在最后面。

第二步，松弛训练。方法为坐在一个舒服的座位上，有规律地深呼吸，让全身放松，然后拿出上述卡片的第一张，想象上面的情景。

第三步，如果你觉得有点不安和脸红，就停下来，做深呼吸使自己再度松弛下来。完全松弛后重新想象，若不安和脸红再次发生，就再停止后放松，如此反复，直至卡片上的情景不再使你不安和脸红。

第四步，当你想象最令你不安和脸红的场面也不感到脸红时，便可再按由轻至重的顺序进行现场锻炼，若在现场出现不安和脸红，亦同样让自己做深呼吸放松来对抗，直至不再脸红为止，又进入下一步的锻炼。

当然，正如恐惧非一日形成的，赤面恐惧症的改变也需要很长的时间。而且，在这个过程中，需要我们付出许多努力，尤其要有具体的尝试性行动，因为这同时是一个改善性格的过程，其中的关键是要对自己的“毛病”不必太在意。脸红只是一种“不太好”的习惯而已，谁也不是完美的，要接纳和容许它的存在。人的一切行为都是本体能量激发和释放的过程，有的行为受意识能量支配，有的行为受潜意识能量驱使，有的行为受两种能量的联合策动（这是最理想的情况）。人的任何一种行为都是有道理和有意义的，它不是得到理想我的认可，就是得到真实我的认可，或者是得到两者的共同认可，绝不存在两者都不认可的情况。真实我和理想我都是自我的一部分，我们必须公正地对待之，尊重其任何一方认可的行为。这样，我们就没有理由为自己的“过失”或“错误”过分地后悔自责了。比方说，当我们说了“不该说”的话，做了“不该做”的事，导致了理想我的不满，殊不知那正是真实我驱使自己那样做的。这样一想，一切也就释然了，没什么大不了的，不必跟自己过不去。越是过分关注自我，越会过分在乎别人对自我的评价，恐惧症状就会越重。

如果上述自我调节方法仍不能解决这类问题，可以找心理医生进行系统调节和治疗，也可在正规精神科医生的指导下服用药物进行辅助治疗。

其实，任何性格和特征都有两面性。“怕”是许多善良和成功人士的性格特征，是他们严格要求自己、谨慎从事的表现，只要不过分，这种人反而更容易成功。

就你的情况而言，你的脸红只是不太自信而已，其实如果你和领导等其他陌生人熟悉了，你会感到他们和你的朋友们一样可亲。哪怕他们偶尔对你不满，也是年轻人成长过程中的必然情况，尽量改正就是了；即使改不了也要接受现实，毕竟人和人是不同的，不必太在意。

祝你像面对朋友一样面对其他人和事。你会发现，只要你自己放松了，或者在自己又脸红之时自嘲一下，你的能力会更好地施展，你也会受到更多的人的喜爱的。

（山东警察学院　丁文俊）

7.怕血的交警

老师您好！我刚刚从山东省交警大队教导员培训班学习归来，谢谢您给我们讲的交警心理健康工作方面的知识。您在讲课中提到的“年轻交警吞玻璃碴减压”的例子，可能因时间关系没讲处理方法。我想请教一下，遇到这种情况该怎么办？

▶ 专家答疑

这位教导员朋友，你好！

为你的认真精神所感动，现在借此机会谈谈那个案例：一名20多岁的年轻民警，是名牌大学毕业生，通过公务员考试后当上了交警，在2个月的时间里，处理了近10起事故，最惨烈的一次中，一位当事人的头部被削去了一半，浑身鲜血。正是这个事故，让这位才结婚不到半年的小伙子深深陷入了痛苦之中，据他回忆说：“晚上一闭眼，眼前就是事故现场，全是血！”饱受折磨之后，这名交警白天还得继续上班。由于找不到排解的方法，后来，连爱人都觉得他“神经质”。结果，这名交警竟用从电视上学来的方法，将玻璃碴裹进馒头吞下，最终因胃出血被送进了医院。

这种情况类似“创伤后应激综合征”的状况，这在年轻的刑警中也会出现，只是那位年轻的交警可能在大学里没受到过“血”的惨烈刺激，也没学过这方面的应对知识，从而采取了错误的处理方法而已。

关于“创伤后应激综合征”的症状和发生原因，你可参考咱们网站中“危机干预”栏目里的有关内容。一般而言，处理这方面的问题有以下几种途径：

一是找心理医生咨询。心理医生会运用系统脱敏治疗、认知加工治疗、延长暴露和视觉暴露治疗等方法帮助当事人恢复(参见站内资料)。

二是通过领导和同事们帮助调整。周围有经验的领导和同事们应当对新同事予以更多的关怀和帮助。在发生有关事件后，要及时向新同事传授正确的职业观念和方法，促使其尽快摆脱负面想象和不良情绪。不能低估“过来人”的支持，大家是他的支撑和榜样。最需注意的是绝对不要讽刺他！要让他感到“谁都是从那时候过来的”。

三是自我适应。即使是专业方法，最终也得靠当事人自己战胜自己。战胜自己的过程往往是痛苦、艰难的，但也是必需的。可以让当事人借助于专业方法来自我调适。各种方法的关键是放松和适应，对此，首先要认可看到这类现场时当事人的反应是非常正常的，与觉悟高低和能力强弱无关；然后，可以用改变认知（死亡有时是不可避免的，但意外毕竟是意外）、纯职业化情感转换（看到的不是“人”，而是工作客体）、层级放松式逐渐适应（多看些事故照片，边看边有意识地放松）等方法，让当事人慢慢地适应。

最后，祝警察朋友们都有更强的“免疫力”，用平常心态去完成工作任务！

（山东警察学院　丁文俊）

8.怎样面对凶案现场

我是一名刑侦技术民警，刚干这行2个月，这是我第一次出凶案现场，是凌晨2点左右去的。现场满地的血有一层厚，还有倒地的死者。回家后，脑子里总浮现出现场的影像，心里有一些发慌，开着灯才睡着的。第二天又泡在现场做勘验，也没觉得怎样，可是凌晨5点左右被雨声吵醒后，我就仿佛看到倒地的死者和晚上自杀的老人站起来，走过来，心里突然慌得难受，后来想着看过案发现场的目击者、出过现场的民警可能都有被同样的场面所影响的经历，然后我就看到目击者和民警挽起手形成一道围墙，将死者围着，死者变得很小，然后我就睡着了。

白天都很正常，可是由于第一次勘验现场是在凌晨，所以凌晨这段时间就会有一些不良反应。

今早起床后，与我合住的同事由于看了现场的照片，她也说昨晚挺怕的，并且不敢一个人在屋里住。听她说怕，我好像也觉得心里有点毛毛的。

我不知道要被这种状态影响多久，可我知道我还要做现场勘察，对现场的印象只会进一步加深。对我来说，这也不是唯一的一次。我觉得，我需要点心理治疗来让自己感觉好一点。

▶ 专家答疑

这位尊敬的女刑警，你好！取证是侦查中的核心工作，可以说刑事技术是“侦查之母”吧，所以首先向你致敬！

你所提到的困惑是很有代表性的。我过去做测谎时，见到现场或照片时偶尔也曾有恶心和害怕的感觉。我已是第三次在咱们的网站上答复这个问题了。

你也可以浏览一下以前的相关答复。在此，让我们一起再反思并总结一下摆脱夜晚脑海中的恐惧影像的方法：

(1)产生恐惧是必然的。恐惧的实质是面对自己不能确定或不能控制的人和事时的不安全感，担心这类人和事危及自己，发生不利于己的事情。有时，咱们还会因幼时听过的鬼故事、看过的恐怖片等而对妖魔鬼怪等“超自然”的东西感到恐惧。有些案件本身就是警察难以控制的，而现场中死亡的场景更是容易让人产生伤感。特别是在夜间勘查时，阴森森的场景和无奈之感更易激活我们潜意识里的可怕镜头，但因当时忙于工作而未能顾及。等到之后的某天深夜里，这种有夸大和虚构成分的恐怖场景就会在咱们的头脑中再现。因此，在新警甚至老警身上出现这种情况是必然的，与个人觉悟和能力无关。

(2)正视恐惧是必需的。恐惧是一种消极情绪，它不仅使我们不能正常休息，而且会影响职业感情。所以，你想尽快地减少或消除这种恐惧是非常明智的，我们不能让这种“毒气”在自己身上蔓延。特别是自己潜意识里对妖魔鬼怪的恐惧更应正视：这些“妖魔鬼怪”实际上是人们在自己不能左右事态时编造的一种自我安慰式的故事，信则有，不信则无。

(3)系统脱敏是逐步的。恐惧情绪如同过敏，如果想从容接受现场的各种刺激，就必须彻底脱敏。自我脱敏的具体方法如下：

第一步：有意地收集能引起你紧张、恐惧的各种现场画面(越具体越好，细节越丰富越好)，按刺激程度大小由轻到重依次排列。把最不令你恐惧的场面放在最前面，把最令你恐惧的场面放在最后面。

第二步：进行松弛训练。坐在一个舒服的座位上，有规律地深呼吸，让全身放松。进入松弛状态后，看上述系列图片中的第一张，并想象上面的情景，想象得越逼真、越鲜明越好。

第三步：如果你觉得有点不安、紧张和害怕，就停止想象，做深呼吸使自己再度松弛下来。完全松弛后，重新想象刚才失败的情景。若不安和紧张再次发生，就再停止后放松，如此反复，直至图片上的情景不会再使你不安和紧张为止。

第四步：按同样的方法继续下一个更使你恐惧的场面。注意，每进入下一张图片的想象，都要以你在想象上一张图片时不再感到不安和紧张为标准，否则不能进入下一个阶段。

第五步：当你看到或想象最令你恐惧的场面也不感到特别紧张时，便可再按由轻至重的顺序进行现场锻炼，若在现场出现不安和紧张，亦同样让自己做深呼吸放松来对抗，直至不再恐惧、紧张为止。

(4)淡化影像是可行的。与上述脱敏后的放松训练相对应，还有一种淡化恐惧记忆法：深夜出现恐惧想法难以入眠时，可有意识地把连续的、彩色的、清晰的、有边框的、静态的、近处的恐怖画面逐渐变得断裂、黑白、模糊、无边际并渐渐推远。注意，以上的演变要依次进行，即先反复数次，让画面在脑海中渐渐地停止运动，再去掉画面的色彩，如此反复，最后让画面离开我们的脑海，就像一艘小船越来越远，直到被茫茫大海吞没，消失不见。

(5)积极调整是必要的。工作之余，应当多听听轻音乐，多看看美图和美文，多交往好朋友，多向老警察请教，这本身就是一个调解过程。当然，如果以上方法仍无效，则建议你找当地的心理医生开展专业治疗或向领导提出调整工作。如果你幼时受到过类似的惊吓，也可通过催眠治疗来根治自己的恐惧。

最后，祝你能够认识到黑夜来临是正常的，但我们的工作和生活中仍然可以充满阳光！

（山东警察学院　丁文俊）

9.烦工作了

我上班10年了，一直从事刑警工作，但是进步不大。最近两年，我不知怎么的，一接案子就烦，不愿搞案子，只想安安静静地过每一天，可每天不是出警，就是办理检察院、领导交办的事，心里特烦。有时真没事干了，又担心完不成任务而落后于他人。我该如何摆脱这种状况呢？

▶ 专家答疑

这位刑警朋友，你好！

其实，你的来函我们收到已近1个月了，拖到现在才在此答疑栏目中给你回复，估计是因为我们的值班老师可能太忙碌了，或是有了点和你类似的心态，所以回复心理问题的主动性差了点，或许是想让勉强也算是个老刑警的我来答复吧。而且，我们像你一样，把应干的事儿拖一拖，也可让你体验一下拖延行为会使相关人员产生怎样的心理。大家都是普通人，心病谁都有。我觉得，你的状况基本属于职业倦怠的表现，这对现代人来说太正常不过了。

一份对上海企业员工的调查显示，40%的白领处于工作倦怠期，但大多数接受调查的白领并没有意识到有必要采取措施帮助自己克服这种特殊的状态，因此继续沉浸在对工作的不满和意志消沉里，越来越郁闷。美国近年来做的一个民意调查也显示，55%的职员工作十分空闲，另有19%的职员完全处于闲职，只有25%的职员真正感到有事可做。

不过，虽然有许多人都倦怠，但这种“半死不活”的状态毕竟不是什么好事。按照国际上的分类，一般把工作倦怠的表现分为三个方面：情绪衰竭、玩世不恭和成就感低落，下面咱们就一起来分析一下。

第一个表现情绪衰竭是指个人认为自己所有的情绪资源都已经耗尽，感觉特别累，压力特别大，对工作缺乏冲劲和动力，在工作中会有挫折感、紧张感，甚至出现害怕工作的情况。

第二个表现玩世不恭是指个人会刻意与工作及其他与工作相关的人员保持一定的距离，对工作不热心、不投入，总是很被动地完成工作，对工作的意义表示怀疑，不再关心自己的工作是否有贡献。

第三个表现成就感低落是指个体会对自身持有负面的评价，认为自己不能有效地胜任工作，或怀疑自己所做工作的贡献，认为自己的工作对社会、对组织、对他人并没有什么贡献。

如果你的心情符合以上三点，便说明你正处于工作倦怠期。人的生理和心理都会出现波峰和波谷，职业倦怠期和人的生理周期一样，有一定规律可循。职业倦怠的原因有以下几种：

1.主观原因

(1)工作压力或挫折打击的长期叠加。像你这样工作已经10年的民警们，经过多年的打拼，在事业上小有成就，工作压力也日渐加大；再加上新人不断涌现造成一定压力，会使自己感觉好像穿上了“红舞鞋”，感到身心俱疲；工作的不顺利也会不断给人造成不同程度的挫折和打击，令人怀疑自身的能力，自信心逐渐降低，并且不断为自己的失败和工作不力找借口，产生疲乏和焦虑。

(2)攀比心态。35～40岁的民警往往会期望得到比其他人更高的待遇，见到经历和能力和自己相似的人升职加薪，往往会觉得没面子，心理不平衡，抱怨越来越多，心态逐渐由波动发展到失衡、抑郁，失去了平常心和工作热情。

(3)工作多年进步不大或出现发展瓶颈。社会的发展对刑警的能力提出了更高的要求。以前优秀的刑警，一方面还沉浸在过去的豪情与骄傲中，另一方面却要面对如今能力无法提升、工作力不从心的落差与困惑。面对过去的辉煌业绩和如今的发展瓶颈，面对社会和家庭的多重压力，长期难以调整，会感到心里纠结和身心俱疲。

2.客观原因

(1)重复的工作内容。如果工作内容缺乏新意,随着个人能力的不断提高,对工作应付自如,每天用同一种思考模式和同一种方法处理问题,工作就会变得枯燥无味,对已经取得的成绩不再兴奋,失去了提升专业水平的动力,导致厌倦工作,心情烦躁,精神不振。

(2)管理上的负面因素和一些遗留问题长期得不到解决。由于沟通、理解以及思想工作的不顺畅、不到位,自己不满的领导和同事的某些处事原则、行为作风看不到改善迹象,负面因素、遗留问题和矛盾长期得不到解决,这样的管理和关系会让民警对领导和同事的信赖度逐渐降低,从而对自己的职业选择产生怀疑,长期得不到心理缓解和满足会引发心理失衡,造成焦虑或抑郁情绪。

该如何重新调整自己的心态,尽快走出"职场倦怠期"的心理泥潭呢?我们在此为你开出了以下"药方":

药方一:提升职业境界,发现工作意义。职业态度是分不同层次的,对待同一工作,人们有不同的动机和价值取向。一位心理学家在研究过程中,为了实地了解人们对同一件事情在心理反应上的个体差异,便来到一所正在修建中的大教堂,对现场忙碌的敲石工人进行访问。心理学家问他遇到的第一位工人:"请问你在做什么?"工人没好气地回答:"在做什么?你没看到吗?我正在用这个重得要命的铁锤,来敲碎这些该死的石头;而这些石头又特别地硬,害得我的手酸麻不已,这真不是人干的工作。"心理学家又问第二位工人:"请问你在做什么?"第二位工人无奈地答道:"为了每天500美元的工资,我才会做这件工作。若不是为了一家人的温饱,谁愿意干这份敲石头的粗活?"心理学家又问第三位工人:"请问你在做什么?"第三位工人眼光中闪烁着喜悦的神采:"我正在参与兴建这座雄伟华丽的大教堂。落成之后,这里可以容纳许多人来做礼拜。虽然敲石头的工作并不轻松,但当我想到,将来会有无数的人来到这儿,再次接受上帝的爱,心中便常为这份工作献上感恩。"可见,这三个人手中做的事情是一模一样的,但是他们给出来的解读却分三个层次。

第一个层次的人的态度我们称之为"悲观主义",也就是说我们今天做的每一件事情你都有理由认为这是生活给你的一份苦役。第二个层次的人的态度我们称之为"职业主义",对这类人来说,工作就像一份薪水、一个职务和职称,你知道你要对得起今天的岗位,但是没有更高的追求。这个境界就是孔子所说的"器"的境界。第三个层次的人的态度我们称之为"理想主义",也就是说,你眼前的每一块石头、每一滴汗,你都知道它通往一座圣殿和教堂,你知道,你最终会有一个梦想,你是为了梦想在走着从脚下到达梦想的历程,你的每一步路都是有价值的，你的这种付出一定会有最终的成全。走在这样一条路上，你所做的事情绝不仅仅是一个“器”，这就是孔子所说的“君子不器”，但这四个字的深刻内涵就在于当我们真正把自己投入到使用中时，不要满足于眼前所做的当下的事情，而要看到这件事情背后的诠释，这关乎我们的生命，也关乎我们的梦想，关乎我们自己在整个社会中能不能建筑起一座“教堂”。可能由于一个人自己的努力成全了这座教堂，也可能因为有一个教堂的梦想而成全了一个个体。当然，不是所有的人都能达到第三种境界的。

王国维说过，古今之成大事业、大学问者，必经过三种之境界：“昨夜西风凋碧树，独上高楼，望尽天涯路”，此第一境也；“衣带渐宽终不悔，为伊消得人憔悴”，此第二境也；“众里寻他千百度，蓦然回首，那人却在灯火阑珊处”，此第三境也。此等语皆非大词人不能道。

你干刑警10年，开始的新鲜感和快速提高的感觉已过，可能现在正处于第二境的“衣带渐宽”的憔悴期，此时，如果能从工作中发现侦查破案的成就感和打击犯罪、维护社会治安的深层意义，可能就会有“那人却在灯火阑珊处”的自豪感、价值感和愉悦感吧。

药方二：确定工作目标，明确努力方向。走上职业道路，就等于走上了一条连环衔接的道路。从长期来看，现在的工作是为未来的工作积累能力，还可以帮助你了解自己的优势和劣势，提供可持续发展的机会，积累可持续发展的能力、观念、习惯、资源等。今天的努力将成为明天的积累，今天的成绩将成为明天的起点。所以，应认真考虑清楚有关自己职业下一步发展的每一件事，循序渐进是改变不称心工作的最好方法。不妨在自己感到困惑和倦怠的时候，进一步明确自己的工作方向，确定下一步的计划该怎么走。这个目标要切实可行，外在条件和自身条件都要具备；并应将行动计划划分成足够小的步骤，确保你的计划一定可以完成，每天都有哪怕很小的进步。

药方三：发现崭新的太阳，从工作中找快乐。工作时间长了，会对表面重复烦琐的事情产生厌倦，但世界上没有一条同样的河流，而且刑警工作最吸引人的地方就是没有任何两起案件和案件中的人是完全相同的。所以，刑警的太阳更应当每天都是新的。其实，任何一种职业都有其重复单调的一面，这要看你怎样去把握。每个人的专业绝不是一成不变的重叠与累加，而是每天、每月、每年都会有新的变化，你可以从中找到乐趣。一项工作干久了，轻车熟路，会有一种“吃剩饭”之感。其实，“剩饭”也罢，“鲜菜”也罢，关键是要调整好自己的“口味”，不断地变换一些花样，调配油盐酱醋的比例，适时地加些鸡精或辣酱，一定会有新意出来的！同样，在工作中，也要让自己对所从事的职业不感到倦怠，除了我们通常所说的“责任感”外，还要抗拒机械的“搬砖”心理，不断地创新，不断地进步。只有创新才有动力！

药方四：提高为人处世的能力，培养自信和兴趣。多变的形势要求包括刑警在内的所有人都要不断提高工作能力，尤其是要提高解决问题的能力。比如，在办理案件时，一定要抓住侦查破案中的要点，如可用点、线、面相结合的“立体思维法”，从何时、何地、何人、何物、何事、何过程、何原因（“5W2H”）之“点”入手，逐渐把案件串连为“预备—实施—逃避”的三个阶段之“线”，然后，再用《刑法》中的四大构成要件理论审视一下是否已查清案件的主体、主观要件、客体、客观要件四个“面”，这种“去粗取精、去伪存真，由此及彼、由表及里”的规律性东西总结得多了，自己的能力提高得快了，对新问题的解决能力就强了，工作的效率也高了，效益和效果也好了，可能工作兴趣就多了。

另外，人际关系处理不好，往往是最大的烦恼。著名心理咨询专家唐汶告诫大家，做人要把握以下“五不”原则：倚老不卖老，弹性不固执，幽默不伤人，关心不冷漠，真诚不矫情。古人云，退一步海阔天空，给自己创造良好的人际环境，就是为自己积累财富和快乐。

药方五：培养良好的心态，让工作和生活充满阳光。良好的心态是生活快乐的秘诀，我们应先处理心情再处理事情，不要带着怒气去工作和生活。再聪明的人也会因为情绪不良而失败，做一个情商高的人不是什么难事，只要你每天注意那么一点点就行，如回到家前先告诉自己笑一笑；周末放下所有的负担，和家人一起逛逛公园；生气的时候伸个懒腰，站起来走走；经常换不同的衣服穿……有心的人永远会快乐，生气是拿别人的错误惩罚自己。无论工作还是生活，都是有喜有悲，有苦有甜，有光彩也有黯淡，不论人生展现哪一面，我们都应该心中充满阳光地去面对，养成健康的休闲方式，体验自然，参与有趣的活动，与亲人共享晚餐、品味热茶，与孩子一起玩耍；戒除奢华，放慢脚步，享受生活，不要放弃追求和忘记享受高品质的生活，但要切记：奢华并不等同于高品质；不要让无休止的工作侵占你的全部时间，在日常生活中要安排休息与放松、充电与思考；多与人交往，尤其是与那些心态积极的人交往，让他们积极、乐观的生活态度感染你，帮助你实现身心平衡，走出倦怠，以更加健康、快乐、淡定的心态迎接你人生中的风雨与阳光。

有人说，“职业倦怠”就像五线谱上高高低低的音符，总是埋伏在不同的工作周期之中，伺机而动，成为左右你前进的绊脚石。让我们一起踢走这些石头，继续潇洒上路，快乐前行吧！

（山东警察学院　丁文俊）

10.派出所工作压力大

老师您好！我是一名基层派出所的负责同志，由于辖区情况复杂，群众工作难做，所以总是有一种如履薄冰的感觉，总是担心难以预料的问题出现，业余时间心里也难以踏实，放不下心理包袱。请老师在百忙之中帮我一把，谢谢！

专家答疑

这位所长或教导员朋友，你好！

首先向你致歉！你的留言我在8月底就已经看到了，但因自己一直忙个不停，而且你的问题与心理直接相关的信息又少一些，我的思考和认识也有个过程，本想如能给这学期的派出所所长班上课的话，可以把你的留言当作一个典型问题组织所长们讨论一下，再给你一个较好的答复，但第一期开班后，发现没有心理课，所以拖至今天才来加班答复。真的很抱歉！

同时向你致敬！基层派出所历来是公安工作的基石，而所里的负责人又在很大程度上决定着一个所工作的好坏，所以，在“千条线一根针”的所里，相信你和你的同志们为公安工作和当地老百姓付出了很多，也贡献了很多，你们就是公安工作的脊梁！

你如此信任我们，因此真心想通过聊天为减轻你的心理困扰多发挥点作用。但限于留言内容，只能抽出你留言中的几个关键点，结合我看到过的几个所长的文章和自己的工作体会，尽量把派出所领导的工作方法与心理问题的处理方法结合起来，简单且稍抽象地聊一聊自己的观点了。

1.你的困惑有一定的普遍性

派出所是集防范、管理、打击、服务等多种职能于一身的综合性战斗实体，要承担公安机关向其下达的任务指标，还要从事大量的土地征用、房屋拆迁、信访安保、计划生育等非警务活动。出于多种原因，派出所“综合性战斗实体”的职能被放大了，当前派出所职能泛化已是大家的共识，许多派出所领导都有与你类似的困惑。我们的网站刚刚开办时，一位派出所所长就曾有过题为“派出所出路在何方”的留言，所以你并不孤单，感谢你提出了一个大家共同关心的问题！

2.客观分析你和你的派出所存在的问题

职能泛化导致派出所极易出现以下具有普遍性的问题：职能定位不清，角色概念模糊；重办案轻防范，工作重心偏离；非警务活动繁重，基础工作难以深入；基础台账不规范，难以反映工作状况；报表材料繁多，派出所不堪重负；考评机制不科学，派出所被“绩效分”捆绑；任务重、待遇低，民警不安心于基层工作。所以，作为负责人的你，压力源多多，问题多多，而且有许多问题源于难以自主的外因，所以你的肯定压力不小，但你只能面对问题。不妨先分析一下，你的所里目前到底问题何在？“辖区情况复杂”在何处？哪些“群众工作难做”？为何难做？为何“总是有一种如履薄冰的感觉”？“薄冰”可能处于何方？为何“总是担心难以预料的问题出现”？难以预料的问题可分为几类？发现问题是解决问题的一半，如果你自己想不全，可以做个调查，做到“问计于警，问计于民”。

3.善于从现有问题中抓住重点

问题，一般指要求回答和解释的题目，需要讨论研究并加以解决的矛盾和疑难，事情的关键之点或麻烦之处。在心理学和管理学中，问题则指现实状况与期望状态之间的差距。一般来说，问题解决的主要历程通常包含的要件有发现问题，分析问题的原因，采取可能的对策，验证对策，综合整理新概念，发现新问题。其中，每个步骤都需要进行状况、条件或情境分析和策略性思考。在此过程中，忽略任何一个阶段都可能无法解决问题。你可以根据所里和自己的现状，分析一下你目前面临的主要问题何在，并从中找出亟待解决的主要问题或影响人与事发展的主要矛盾方面，作为下一阶段着力解决的重点，这就是管理心理学中的“二八定律”所揭示的道理，该定律又叫“80/20 定律”“最省力法则”“不平衡原则”等，是 19 世纪末 20 世纪初意大利经济学家帕累托提出的。帕累托认为，在任何一组事物中，最重要的只占其中的一小部分，约 20%；其余 80% 的尽管是多数，却是次要的。所以，在带好队伍方面，领导要主要抓好对 20% 的骨干力量的管理，再以 20% 的少数带动 80% 的多数，以提高工作效率；在干好工作方面，应抓住所里的普遍问题中的最关键性的问题进行决策，以达到纲举目张的效应。

4.厘清内部关系，创造团结向上的氛围

一是认真抓好队伍管理。什么是管理？管理，就是管理者根据事物发展的客观规律，通过综合运用各种资源，有效地实现组织目标的活动过程。在开展现代管理活动时，首先要有“以人为本”的管理理念，采取精细严密的管理程序；其次要有绩效引领的管理导向和奖罚分明的管理政策，最后要有团队共进的管理目标。提高管理能力涉及方方面面，包括计划、组织、指挥、协调和控制等，对于公安基层领导而言，提高队伍管理能力的重点应该放在两个方面：一个是抓好从严治警，另一个是抓好从优待警。

二是切实抓好制度落实。落实是连接决策和结果之间最关键的一环，习近平总书记在《求是》杂志发表的署名文章《关键在于落实》中就强调了抓好制度落实的重要性。可见，抓落实是第一等重要的，再好的理想和愿望也需要落实，没有行动，理想和愿望就都是"空中楼阁"。要抓好落实，领导需要做到以下三点：首先要以身作则，其次要公平公正，最后要全力投入。落实制度要大力倡导"说了干、定了算、敢负责、不畏难"的风气，以坚忍不拔的意志和一竿子插到底的精神狠抓各项制度落实，不能抓抓停停、忽紧忽松，更不能将制度挂在墙上、写在本上、讲在嘴上、留在会上，要切实落实在行动上。一句话：说了的就要做，做好了就要奖励，做不好就要罚。否则，如果领导自己应付上级，所里的同志们也会见样学样地应付所领导。如果能把所里的管理从"以人管人"变为"以制度管人"，可能同志们的工作程序会更清晰一些，领导的负担也会稍轻一点。

三是用活、用足现有警力。在运用所里的警力时，要注意根据民警的年龄、文化、个性、特点、思想意识和责任心等基本情况，按照"取长补短，优势互补"的原则，将这些人员分配到不同的岗位上，以有效弥补警力的不足。

四是重视信息化工作。越是"辖区情况复杂"，越要提高信息化工作水平。如果派出所民警对辖区各类基础信息实时采集，动态录入到位，就能为全警信息共享、研判预警、主动防范、整体管控提供基础信息服务，长期来看，可能会取得事半功倍的效果。

5.处好外部关系，营造科学的发展环境

目前，应尽量将派出所从中心任务、专项行动、非警务活动等工作中解脱出来，至少要解脱出一部分警力和精力来，保证民警有充足的精力、时间和经费去应对基层基础工作、矛盾纠纷化解和案件查处等治安防范和管理工作，具体来说要做到以下几点：

一是尽量从非警务活动中淡化出来。派出所从事非警务活动不仅分散了有限的警力，而且还严重妨碍了警务工作的开展，严重影响了警民关系，如征地拆迁、计划生育工作等，如果民警参与，群众便会将矛头指向公安机关，从而有损于警民关系，严重影响公安机关的声誉，甚至导致人民警察因执行违法的指令造成严重后果而受到法律的追究。因此，让警力从非警务活动中淡化出来是当务之急。在实际的执行中，派出所领导面对越权指令，应该有权拒绝执行。当然，这种拒绝既要慎重又要采取策略。

二是协调好与其他社会服务职能部门的关系。在实践中，派出所经常在出警后发现有些是非警务活动，其实这些问题是制度缺陷所致。负有社会管理职能的一些部门晚上无人值班，群众遇到险情、需要援助或者要向有关部门举报投诉时，就只好打“110”求救。另外，有些事到底归哪个部门管不清楚，很容易发生互相推诿、扯皮的问题，社会联动方面也还存在一些“瓶颈”问题没有得到很好的解决。应建议局里的领导尽快完善联动机制，减轻派出所民警的负担。

6.抓住化解社会矛盾的关键环节

可能你“总是有一种如履薄冰的感觉”“总是担心难以预料的问题出现”的核心在于怕“出事儿”吧，这就是心理学上所说的“不确定性”引起的焦虑感。而如果想减少不确定性因素，就派出所工作而言，可能最关键的是善于防患于未然，善于化解社会矛盾，具体来说要做到以下几点：

一是要全面排查，尽早掌握社会矛盾。可以通过“四个依靠”(紧紧依靠社区、驻村民警，紧紧依靠居委会、村干部，紧紧依靠治安信息员，紧紧依靠执法)，对本辖区内的不稳定、不安定因素进行全覆盖、拉网式排查，并将此项工作纳入日常工作之中。

二是要提前介入，及时化解社会矛盾。基层派出所在化解社会矛盾的过程中，必须实现由“被动化解”向“主动化解”的转变，这就要求基层派出所在极早发现社会矛盾的同时，要主动靠前，提前介入，尽早引导，通过“超前研判——快速反应——果断处置”来及时化解。要解决好小纠纷，化解好小矛盾，办好小案件，坚决杜绝“小事拖大，大事拖炸”。

三是要当好“参谋”，通过整体联动调解处理社会矛盾。要主动为当地党委、政府当好“参谋”，主动与相关职能部门加强沟通与协调；主动参与当地党委、政府组织下，由综治、司法、公安、民政、人力社会保障、卫生、土地等部门参与的“大联调”机制建设，确保遇到社会矛盾纠纷时，在党委、政府的统一领导下，相关职能部门能整体联动、快捷反应、互通信息、高效处置，真正形成党委、政府领导，相关职能部门参与，齐抓共管，联调联处的工作格局，而不是派出所自己孤军奋战。

如果你们所里能针对以上原则，制订好应对常见突发性问题的预案，估计“不确定性”就会降低，你的担心就会少些。

7.业余时间放下心理包袱

不知你担任派出所领导有多长时间了。一般来说，如果刚刚上任的话，面对新工作、新职务、新环境，都会有一个适应期，有人甚至会有明显的“适应期综合征”。此时，会有比你更严重的焦虑或抑郁等“想不明”“放不下”的症状。但过个一年半载之后，就会慢慢“熟能生巧，巧能生华，华能生辉”，所以不用着急。如果你已经是老领导了，也不必太为自己的这种反应担心——老革命总有新问题吧，何况现在“本领恐慌”也是一种普遍的现象，慢慢来就是了。每个人的能力都是有限的，绩效排名也总要有排在后面的，排在后面也不单纯只是领导的原因。而且，越是焦虑，心理能量损耗越大，思路就越狭窄、封闭。乐观、从容了，思路反而会打开，思维也会更活跃，能量就会更强大，就能形成良性循环。你可以用一些心理放松方法来自我调节一下，这里就不再多说了，你如果想进一步交流的话，可以打电话给我们，也可以借着到济南来的机会，来学院找我们聊聊，我们可以借助沙盘发现一些你内心的潜意识问题，并进而帮你发现并改进自己性格上潜在的不足。

让我们共同努力吧！

（山东警察学院　丁文俊）

11.看守所的焦虑与烦躁

我是一位在看守所工作了 7 年的干警，不知道为什么，这段时间心情一直很不好，非常烦躁，特别是值 24 小时班的时候，心情郁闷到了极点，满脑子都是想着能砸烂点什么东西，看到所里的摄像头，心里有种想拽下来的感觉，而且感觉非常强烈，都有些压抑不住了，真不知道哪天能干出什么事来，自己都快约束不了自己了，请求老师开导。

▶ 专家答疑

这位警察朋友，你好！

根据你的描述的，建议首先针对具体表现进行自我调节，比如在 24 小时值班时，因为工作的枯燥会心情郁闷，这其实是可以理解的。但这种工作又不可回避，如何从工作中发现乐趣和兴奋点就尤为重要了。尽管每天从事的是同一种工作，但看守所民警还是存在很多积极主动的空间的，如能否及时发现被监管者的异常表现，能否在看管的同时对被监管者进行思想改造，甚至发现其他违法犯罪行为。被监管者是有血有肉有情感的，只要讲究方法和善于发现。教育改造内容和方法是动态的，在这种充满变化的环境中，每一天都不可能是单一和重复的。因此，在值班工作中也应该善于发现工作的变化和乐趣，以此来刺激自己的精神，唤起自己的兴趣和热情。从这一点来讲，作为看守所警察，千万不要作茧自缚，只关注生活中机械重复的一面，而忽视其动态变化、生动活泼的一面，这样容易产生工作的乏味感。①

如果因为郁闷而导致的烦躁使自己产生了破坏的冲动，就要有理性地及时发觉和警醒，避免在冲动之下做出令自己后悔不及的事情来。当产生这种冲动时，可以理性认识，可以尝试压抑，也可以舒缓发泄，最好是寻找一种最适合自己的方式，比如觉察到烦躁情绪时做几十个俯卧撑，然后深呼吸使自己平心静气，并让这种缓解的方法形成习惯。

另外，要总结产生困扰的深层次原因。根据你描述的状态，似乎是职业倦怠引起的焦虑和烦躁，并且已经到了较为严重的程度。所谓“职业倦怠”，指的是个体在工作的重压下所产生的身心疲劳与耗竭的状态。一般认为，它是个体不能顺利地应对工作压力时的极端反应，是个体在长时期压力体验之下所产生的情感、态度和行为的衰竭状态。职业倦怠最常表现出来的症状主要有三种：

(1)对工作丧失热情，情绪烦躁、易怒，对前途感到无望，对周围的人、事、物漠不关心。

(2)工作态度消极，对服务或接触的对象越发没耐心、不柔和，如教师厌倦教书，无故体罚学生，或医护人员对工作厌倦而对患者态度恶劣等。

(3)对自己工作的意义和价值评价下降，常常迟到早退，甚至开始打算跳槽甚至转行。②

看守所警察也易出现职业倦怠，其负面影响是非常明显的。长期处于职业倦怠状态的警察，在精神上表现为萎靡不振、缺乏活力，在工作上表现为安于现状、害怕挑战、不思进取，在情绪上常常表现出性格急躁、紧张、不安、自我效能感降低等。看守所警察存在这种消极的情感，一方面会影响工作效率，另一方面会严重危及自身的身心健康，也必定会对看守和改造对象造成直接的消极影响，甚至会出现粗暴对待看管对象的现象，极易发生工作事故。

从个体的角度寻求改变，避免职业倦怠，应从以下几个方面做起：

(一)认识自我

认识自我就是要认清自我价值，掌握自己的优势与不足，预测自己倦怠的征兆，了解自己的主观情绪是否影响了自己的生理和心理变化，有无作好应激的积极准备。③ 有了积极的自我认识，才能正视应激情境的客观存在，也才能勇于面对各种现象，准确地对待周围环境中的一切人和事，有针对性地对自己进

---

① 参见皮华英.警察职业倦怠的预防与干预[J].云南警官学院学报，2008，(3)：47-49.

② 参见黄淑婷.高校辅导员职业倦怠研究[J].教育与职业，2008，(8)：141-142.

③ 参见朱燕.昆明市公务员职业倦怠、自我效能感和工作绩效关系研究[D].杭州：浙江大学，2007.

行心理控制，并尽量与周围环境保持积极的平衡，成为自身行动的主人，从而避免遭受应激给自己带来的生理和心理上的损伤；才能对可预见的应激进行自我调整，主动设置缓冲区，提高自己的心理应付水平。因此，只有从自我的阴影中摆脱出来，正确地认识自己及周围环境，才能把变化视为正常的事，不断接受变化的刺激，积极、愉快、主动地迎接生活的挑战，走出倦怠。①

（二）改变认知

改变认知要求个体更清楚地认识自己的工作职责、能力和机会，不会因为不恰当的期望和努力失败产生职业倦怠。② 如看守所警察的职责是对羁押的依法被刑事拘留、逮捕的犯罪嫌疑人、被告人以及留所服刑人员实施警戒看守，同时加强教育，维护安全，保障侦查、起诉和审判工作的顺利进行。值班和看守工作不仅相对枯燥，而且看守所监管民警每天同被监管人员打交道，经常接触的都是阴暗面，面对被监管人员扭曲的心灵和不良习性，心理健康者也极易受到干扰。即便存在这样那样的困扰，值班和监管是其职责所在，从客观实际来讲，我们不可能随意地放弃工作，因此，首先应正视和接受现实工作的要求，其次也要注意改变自己内在的不良认知，比如重新认识监管工作的意义，承认我们很难完全按照自己的意愿去要求被监管者。总之，要注意改变自己，尽量从积极的角度去接受现实，这样才能很快地适应环境，同社会、他人和职业和谐起来。

（三）寻求积极的应对方式

应对是指成功地对付环境挑战或处理问题的能力。通常，积极的应对方式可以使自己有效地面对心理应激，重新恢复生理与心理的平衡状态；消极的应对则往往会使人继续停留在充满压力的应激状态中，继续消耗自身潜在的能量，产生倦怠，甚至导致心理疾病。③

1.运用心理暗示的策略

暗示是指在无对抗态度的条件下，用含蓄、间接的方法对人的心理和行为施加影响，这种心理影响表现为使人按一定的方式行动，或接受一定的意见、信念。暗示对人的心理和行为有着很大的影响。④ 积极的暗示可帮助被暗示者稳定情绪，树立信心及战胜困难和挫折的勇气。可以把自我暗示作为提高自己应付应激能力的策略。当工作千头万绪、不知所措时，绝不要抱怨、退缩、自怨自艾，否则人就很容易陷入倦怠并不可自拔。这时，要用言语反复提醒自己："一

---

① 参见孙彬．高校辅导员职业倦怠现象与对策研究[D]．南京：南京师范大学，2010.

② 参见严蔷薇．基于上级社会支持的警察职业倦怠研究[D]．武汉：华中科技大学，2006.

③ 参见丁波．中小学教师职业倦怠与应对策略[D]．沈阳：沈阳师范大学，2006.

④ 参见梁威．关于职业倦怠问题的思考[J]．现代企业文化，2008，(20)：85-86.

次一件事，我一定能做完所有的事”，“走过去就是个天”，“工作着就是快乐的”，“与其痛苦地做，不如快乐地做”。①

如果工作中暂时体会不到认同感、成就感，就要学会善于奖励自己。保持乐观的工作态度，就是要学会称赞自己、奖励自己，要多关注自己成功的点点滴滴，哪怕是一丁点儿的成绩，也要积极地进行自我肯定，增强工作的效能感。这是一种积极的心理暗示，可以激起自己昂扬的工作热情。

2.归因训练

归因是指个体对自己或他人的行为的原因加以解释和推测的过程。归因是一种非常普遍的现象，它反映的是个体对引起某个事件的原因的认识。因此，由归因所得出的原因其实是个体的一种主观解释，而未必是引起事件的真正原因。② 但是，这种未必正确的主观解释往往比真实的原因更能影响个体的情绪、行为等各个方面。

对行为结果的归因进行系统探讨后，可把归因分为内部归因和外部归因。内部归因指存在于个体内部的原因，如人格、品质、动机、态度、情绪、心境以及努力程度等个人特征，如将行为归因于个人特征就是内部归因。外部归因是指行为或事件发生的外部条件，包括背景、机遇、他人影响、工作任务难度等。

内控者倾向于内部归因，即将产生结果的原因归结为自己的内部因素，如行为、技能、努力的程度等，认为成败主要取决于自己；而外控者更容易将产生结果的原因归结为外部因素，如社会背景、任务难度等，认为成败主要取决于外在环境。③

一般来说，把行为结果成败的原因归结为外部的或不可控的因素，会降低个体对后继行为的动力；而把行为结果成败的原因归结为内部的、可控的因素，则会增强个体对后继行为的动力。因此，遇到问题时，可以试着把问题的原因归结为个体可以控制的因素，如能力和努力等，这将帮助你成为对问题、对生活、对工作更加积极主动的人，也将成为更能主宰自己命运的人。

3.学会适应的策略

在各种应激事件和压力面前，要及时调整心态，学会适应，换一种角度看压力。要学会对让我们曾经头疼不已的压力心存感激，因为没有压力，我们的生活也许会是另外一个模样。应积极地投身于变化之中，这样才不至于感觉受到

---

① 参见付民．警察职业倦怠，社会支持，自我效能感及其关系研究[D]．聊城：聊城大学，2009.

② 参见王丹．航空机务人员心理健康及其影响因素研究[D]．西安：第四军医大学，2011.

③ 参见杨奕．中小学生情绪管理、人际归因与攻击行为的关系研究[D]．武汉：华中科技大学，2013.

了极大的伤害。[①] 很多人停滞在一个阶段感到失败，很大一个原因就是不愿改变现状。随着应激而改变，这是适应的最关键的问题，只有自己才能帮助自己。

4.适度地寻求改变

(1)适时进修，加强实力。职业倦怠在很多情况下是一种“能力恐慌”，这就要求我们不断为自己充电加油，以适应社会环境的压力。[②]

(2)寻找人际支持。除了同事，人要有其他可谈心的人，否则容易持续陷入同样的思维模式，一旦有了压力反而很难缓解。工作、生活、感情遇到困难要说出来，倾听者虽不一定能帮你解套，但这是抒发情绪最快速有效的方法。

(3)丰富文化生活。丰富的文化生活可以极大地改善一个人的心态，调节一个人的情绪。无论工作多么忙，都应该善于忙里偷闲，参与一些有益身心健康的活动，在多彩的生活中培养自己的生活情趣，增强自己的生活乐趣。生活情趣和乐趣可以对职业心理产生积极的影响。

另外，要更积极地表达自己的意见，尽最大努力去改变环境，合理地饮食和锻炼，这些都有助于你摆脱职业倦怠的困扰。[③]

以上就是应对职业倦怠的方法，希望对你能有所帮助，这也是为了维护心理健康自身可以做出的调整。如果这些调整还不能缓解你烦躁的情绪，建议你可以去当地的专业心理咨询机构，以寻求系统地帮助。

（山东警察学院　丁文俊）

12.如何针对邪教人员开展相关的工作

我在接触“法轮功”“全能神”等邪教人员时，发现他们中的一些人因为被洗脑而“中毒”很深，很难让他们根除对邪教的信仰，我觉得邪教对他们也是一种心理依赖。请问如何从心理学的角度开展相应工作，让这些人不再痴迷于错误的信仰？

---

① 参见梁威.关于职业倦怠问题的思考[J].现代企业文化，2008，(20)：85-86.

② 参见刘永翼.强戒场所民警心理问题及预防策略探讨[J].中国药物滥用防治杂志，2016，22(1)：32-34，21.

③ 参见张九铃.警惕职业倦怠[J].新教育，2006，(5)：62.

专家答疑

这位警察朋友，你好！

你提的问题也是我曾比较关心的，但这个问题涉及面太广了，现在仅从心理学的角度，简单地谈谈我的看法。同时，围绕这个主题，在网站“警务心理”栏目里编辑了一组文章，供你和大家参考。希望以后继续交流，更希望能有机会看到你的经验文章。

你在留言里提到了几个关键词：洗脑、痴迷、依赖。其实，搞清了这几个词，就可以总结出相应的方法。

洗脑是一种被强行精神控制的过程，而痴迷与依赖便是被洗脑的结果。洗脑的实质是利用人的认知、情感和行为习惯上的弱点，运用心理暗示实施催眠。一旦被“洗晕”了之后，就容易“一条道走到黑”了。

所谓“暗示”，就是不以命令或者强迫等方式对人的思想、意识发生作用，而是以诱导等含蓄、间接的方式产生效果，使人不加批判地接受一种意见或者信念，从而导致对方的判断、态度和行为方式发生改变的心理过程。暗示者的权威性、对暗示者的信任感、被暗示者的心理期待与心理恐惧等因素都会对暗示的效果产生巨大的影响，也能使人的生理状况发生较大的改变。现代心理学以大量的事实和实验证明，心理暗示对人的思想和行为能够产生巨大的作用，它实质上是一种心理和思维高度集中于某件事物或某个问题的形式。当人的注意力长期高度专注于某一件事时，人的意识就容易进入催眠状态。

催眠状态是一种特殊的意识状态，它既不是普通的清醒，也不是普通的睡眠，而是介于清醒与睡眠之间的似睡非睡、似醒非醒的恍惚意识状态。当人的注意力长时间高度集中在一件事物上，或感觉受到外界反复单调的刺激时，意识就容易进入催眠状态。催眠师也主要是利用这一点来催眠受试者的。在这种状态下，受试者只对暗示者的指令或者自己关注的内容发生反应，对其他则毫无反应或者漠不关心。

从心理学和精神病学的角度可以看出邪教组织的毒化机制和部分练习者痴迷的原因。邪教组织充分利用心理暗示的手段，使练习者的注意力全神贯注地集中于为他们构建的对象和描绘的情景中，使他们的思维随着邪教歪理邪说所描绘的情景进行尽情地想象，其积极的怀疑——分析——评价思维随着想象的越来越丰富和注意力的越来越集中而逐渐消失，从一种积极主动的思维状态滑入了被动接受的思维状态，从而停止了理性分析和独立判断。这种特殊的方式对虔诚的练习者具有极强的催眠作用，一套本来不难辨别的歪理邪说在催眠状态下变成了练习者心目中的真理，起到了毒化思想观念和操纵控制练习者头脑的作用。

所以，我们对这些痴迷者进行说服教育的方法，恐怕也只能是“以其人之道，还治其人之身”，或者是“以子之矛，攻子之盾”吧！也就是说，对付他们非一日之功，也不能只是纯理性说教，得先找到他们的弱点，认清他们的需要，再找出我们与他们在人性某方面的认同点，让他们对警察产生信任感和亲切感，然后再迂回与直接结合，虚实结合，晓之以理与动之以情结合，改变心态与改变行为习惯结合，慢慢地“反洗脑”。

我也算是个老预审了，在这些年教讯问课的过程中，感觉与各种犯罪嫌疑人打交道时，最重要的是要对人的善恶并存的本性和趋利避害的本质心理有深刻的理解。在讯问或教育中，必须发自内心而非欺骗诈哄地想想：我们对对方提出的要求、所讲的道理、所用的方法，对对方有什么好处？能满足对方的什么需要？在此基础上再反复、多角度、多方法，类似“催眠式”地开展工作，对方才有可能心服口服。

改变已经痴迷甚至几乎有精神病态的幻想和妄想的“被洗脑”者，必定是一个漫长的过程和艰巨的任务！不过，任何事物都有它的规律性，只有把握了规律，才能提高效率、改善效果。祝你在工作中寻到规律，找到战胜邪教的方法！

（山东警察学院　丁文俊）

13.看守所如何管理死刑犯

老师您好！我是一位潍坊市的民警，二级心理咨询师。我们看守所遇到了这样一个问题：一名男性犯人，48岁，河南人，有前科，2013年8月因故意杀人罪被判处死刑，犯人求生欲望强烈，春节后该犯人检举他人犯罪被排除后内心焦虑不安，脾气暴躁，殴打其他犯人，带头违反看守所的纪律，常提出无理要求，得不到满足即寻衅滋事。我们在这方面没有处理经验，请各位老师予以指点，谢谢！

▶ 专家答疑

感谢这位民警朋友提出的这个有代表性的问题，这也正是山东省公安系统提出的心理工作要与业务工作相结合的一个方向性的例证。为了有针对性地讨论,我已经打电话给这位留下手机号码的民警,交流了彼此的看法,原来他是法制部门的二级心理咨询师。这里简单记录一下我们一起商量的下一步工作思路,与大家分享。

总的来说,心理咨询师应及时介入,对该在押人员进行深度心理访谈。从工作出发,可防止其自杀、伤害他人或脱逃等事故出现;从人性关怀的角度出发,可对该等待死刑复核结果、已基本没有继续生存可能的在押人员予以心灵的抚慰,具体方法包括:

(1)分析其性格特点,注意其急躁甚至暴躁的性格。

(2)针对其性格特点选择同室关押人员,尽量避免与同样暴躁的人同室关押。

(3)分析其内心所需,一是想九死求一生,对此仍可让其心存一线侥幸,促其遵守监规;二是对家人有所牵挂,对此可允诺帮其联系家人,并做其家人的思想工作,减少家人对其的怨气,理解其性格所致的行为。以上工作均可使其避免悲观绝望的心态,令其和警察一起小心呵护其心灵的火苗,让其感到即使早晚必死,也要死个心安,特别是能对妻儿有所交代。

(4)确定深度访谈的重点一是成长经历,尤其是童年经历,寻找其性格形成的原因和性格弱点所致走向歧途的过程,对其予以人性上的理解;二是激发其自责心理,促其反思其在家中性格急躁、经常打骂妻儿的原因及带来的后果,特别是对儿子性格的影响,令其产生悔恨感。

(5)必要时安排其与妻儿见面。给该在押人员一个表达悔意、留下临终遗言的机会,使他的真心悔悟成为对妻儿的安慰和对儿子的警示,这也是民警对在押人员及其家属予以人文关怀的体现。

希望更多的已考取心理咨询师资质的同行向这位同志学习,尽自己所能地把心理工作与思想政治工作和业务工作结合起来,让心理知识学有所用。

(山东警察学院　丁文俊)

14.派出所出路在何方

丁老师您好!我是您2010年培训的派出所所长班的第二批学生,在学校深为您的讲座震撼和鼓舞。学习的10天,是充电的10天。作为一名工作了11年的年轻“老所长”(我38岁),我有理由和信心带好队伍,创出本单位的亮点,争创一流业绩。可是，在实际的操作中，我发现真的好难好难，分析一下原因，工作中自己带头，任劳任怨；业务在单位甚至公安局可以说是名列前茅，但是派出所的同事们年龄和我都差不多，看前途一片渺茫，多年不调整，调整也很难从基层出人；看经济，我们是经济落后地区，全年能争取到的经费不足10万元，可以说是捉襟见肘；我们这里基本没有黄、赌、毒，没有也不敢搞其他收入，所以民警在经济上除了工资(有时工资也领不全)外什么收入也没有。感觉这些问题都不是我一个所长能解决的。带领同志们工作全凭感情，但这种感情不是维持长久工作积极性的动力啊！一方面是上面的层层铁箍，另一方面是下面同志们的迷茫和无奈，丁老师，我真的好累好累，其他同志可以发牢骚，可以懈怠，我不能啊，我真的看不到派出所的出路在何方……

专家答疑

这位所长朋友，你好！

同为警察，能通过上课的方式为警察朋友们做点事情，心里有种幸福快乐感，也希望所有的警察朋友天天快乐！当然，上课的内容和形式方面都有缺憾，现正在不断修正中。

算起来你27岁就当上所长了，一定是各方面表现都比较出色，而且已为咱们的派出所保一方平安出了很多力，在此向你致敬！

你在留言中提到的感觉，其实许多人在许多时候都会产生。也正因为如此，目前大受欢迎的心理学门类是哈佛大学幸福课一类的“正面心理学”和“积极心理学”。比如哈佛大学心理学家丹尼尔·吉尔伯特就认为，能给自己带来快乐的主要是爱情的承诺、微小的快乐、坚持、去教堂(或者其他团体)祈祷、付出和体验。

我和同事曾在暑期做过一个警察工作幸福感方面的调查，也发现决定警察工作幸福感的因素依次是工作价值、自我接受、发展前景、环境驾驭、人际关系、自主性、福利待遇等。这说明，如果咱们有一种正确的职业价值观，能在日常工作中体验到工作和生活的意义与价值，尊重自己的职业和工作，在工作能力的提高中感受到发展的快乐，处理好周围的人和事，就能够感到幸福和快乐。换句话说，如果只把干警察当作谋生的职业，就会感到无聊；如果把干警察当成事业，会不断追求；如果从中寻求艺术美感，则会其乐无穷，找到心灵的归依。

当然，目前我们的工作环境的确也还处于“社会主义初级阶段”，所以我们的目标也只能在切合实际的基础上有所创新和进步。而且，在一个单位里，领导的情绪就是大家的情绪，领导的性格影响着大家的性格，相信你会及时调整好心情，带领大家快乐前行的。

丹尼尔·吉尔伯特说：“为了提高幸福感，少担心那些遥不可及的欢乐，而要找到微小但是源源不断的快乐源泉。当小快乐接连不断地发生，随着时间的推移，聚沙成塔，它就能改变你的生活。”“人是相当坚强的，绝对比他们自己认为的要更强大。我告诉那些刚刚经历过困境的人们的忠告只有一条，那就是——坚持下去。把一切都交给时间，时间会抚平一切坎坷。如果你坚持下来，一年之后，你会很惊讶地发现自己已经好多了！”

有人说，幸福三要素是有事儿干、有希望、有人爱（包括爱别人）。以此衡量，每一位警察都会在工作中发现和享受快乐的。祝福大家！更祝愿你的派出所成为一个快乐工作、幸福生活的集体！敢问路在何方？路在脚下！让咱们一起把历经磨难当作修炼，把惩恶扬善当成快乐吧！

（山东警察学院　丁文俊）

15.领导班子不团结怎么办

领导班子不团结已经到了极其公开的程度！下属除了尽职尽责地完成好工作，还能怎么办？该受到的影响还是避免不了，头疼！

▶ 专家答疑

2009 年 5 月，孟建柱部长在与公安现役部队新任师职干部集体谈话时强调，境界也是一种胸怀，干部要有宽广的胸怀，更加注重发扬民主，团结协调，着力营造和谐融洽的工作氛围。要像爱护自己的眼睛一样爱护班子的团结，善于听取其他同志的意见，特别是不同意见，善于调动班子成员的积极性，努力以自己的模范带头作用，带领广大官兵心往一处想、劲往一处使，形成齐心协力干事业的良好氛围。要树立正确的用人导向，把政治上靠得住、工作上有本事、作风上过得硬、群众信得过的同志选拔到各级领导岗位上来。[①] 要从讲政治的高度，自觉接受地方党委、政府和公安机关的领导，加强与有关部门、警种的协作配合，不断推进部队建设上新台阶。可见，一把手和班子成员本身的境界和水平

① 参见宗禾策. 国家领袖选人用人精言录[J]. 决策与信息，2011，(2)：10-13.

直接影响着集体的氛围和绩效。

但也正如你所言，实践中领导班子也的确存在着不团结的现象。造成领导班子不团结的心理因素主要有自以为是、互相猜疑、逆反对抗、嫉贤妒能、表里不一、自私自利等。总之，根本原因是有的领导干部不从党的事业和班子内部的团结出发，在“名、权、位”上斤斤计较，把争名夺利作为价值取向，不是对分工不满意，就是对用权有看法；不是对批评自己有意见，就是对表扬别人有想法；不是嫌自己露面少了，就是嫌别人露面多了等，于是造成了不团结。

如果你不是领导班子成员，可借鉴以下方法消除心理障碍：

(1)认可非理性。心理学认为，没有一个人是纯理性的。领导也是人，也有他们的缺点和不足。同时，不团结也常常是缺乏理智的不良感觉所致。所以我们应当理解包括领导在内的他人的“感情用事”和“跟着感觉走”的现象的合理性。不妨想一想看，我们自己不也常常做出不理性的举动吗？比如在生活中和家人闹矛盾，言谈举止不合事实，不愿接受批评意见等。

(2)正面思考。人际交往的一条黄金定律是“你想让别人怎样对你，你就怎样对待别人”。要善于把自己摆在对方的位置，从他人的角度来观察和分析问题，做到“四个互相”：人人都有长处，互相学习；人人都有短处，互相弥补；人人都有难处，互相帮助；人人都有利弊，互相谦让。一般来说，某些人能被提拔到领导岗位上是有一定道理的，即使他们之间有矛盾，也应当辩证地看待，取其之长，补己之短。而且，从好的方面讲，乱中生存本身就是对自己的一种磨炼吧！至少你能看到别人的错误与可笑之处，从而避免自己以后出现类似的问题。

(3)换位思考。造成误解的原因常常是“反黄金定律”，即“自己怎样对别人，就要求别人怎样对自己”。但要知道，没有任何两个人的价值观念和行为方式是完全相同的。而且，俗话说“屁股决定脑袋”，领导一般必须站在全局的角度考虑和处理问题，所以有时大领导和小领导之间的矛盾可能是全局利益和局部利益之间的矛盾。这是客观存在的，不必太在意。我们在严格要求自己的同时，遇事不妨先“升一格”，从不同领导的角度来剖析问题，然后在理解别人的前提下调整自己的心态。

(4)寻求一致。人的本质心理是趋利避害，人际交往的白金定律是“别人需要什么，你就给他什么”。但领导拥有的资源和权力也是有限的，同时，不同的领导为人处世也有各自的局限性。所以领导和下属都要豁达大度，心胸开阔，要有容人、容言、容事之量，大事讲原则，小事讲风格，当听到逆耳之言或感情受到挫伤时，要有“宰相肚里能撑船”的宽阔胸怀，不因“小事小非”争高低、搞摩擦。要顾全大局，遇事从工作出发，从大局出发，不要因为自己的言行加重甚至激化矛盾。还要真诚待人，坦诚相见。不管别人如何不团结，自己都要先注意与领导和同志们互相关心、帮助、支持和信任，在工作上保持一致，做到“四个一起”：心能想到一起，话能说到一起，活能干到一起，玩能玩到一起。如果在某件具体的工作中领导之间本身就不一致，那你只好服从直接领导你的领导了。

(5)谨言慎行。当然，作为下属，常常会对上级的矛盾无能为力。此时，只能选择独善其身，清者自清，坚持原则，不要背后议论，避免“惹是生非”。即使被动地陷入了矛盾，也应当冷静处置，树立忍让、不怕委屈的良好习惯，“等身上的泥点干了之后再擦掉”，等待矛盾缓和及解决。

当然，我们也应当认识到，人际间有矛盾存在也是正常的。去西天取经的唐僧师徒四人还常常闹矛盾呢！只要出于公心，有时，矛盾本身反而可能是一个互相弥补的过程。

“同心山变玉，协力土变金”，让我们一起期望领导们能够保持良好心态，带领大家团结向上吧！

（山东警察学院　丁文俊）

16.亲人涉案怎么办

我是一名新警，前一段时间，弟弟出了点事，因为打架被抓到派出所，在所里受到了不公正的待遇，比如民警动手打他耳光了，在查明情况的情况下还是被关了24小时才被释放，等等。但事实是，我弟弟确实是动手打人了，但真正构成伤害的那一下不是我弟弟打的，他是被挨打的那一方所冤枉的，以至于现在交到所里的所谓“医疗赔付金”还难以要回。我知道打架不对，也严厉地批评他了，可是面对被陷害、虐待，钱要不回来的窘境，我真的感觉自己好无力、好渺小！我的家庭情况不好，父母辛辛苦苦供我上学，就是想让我振兴家庭，为家撑起一片天，可我却什么忙都帮不上，甚至无法维护最基本的正义！我好失望，对警察这个职业也有点抵触，更多的是想知道以后应该怎样保护家人不受无理的侵害，维护自身的合法权益。

▶ 专家答疑

这位警察朋友，你好！

因为工作较忙，所以拖到今天才给你回复，请原谅。为了不被其他留言淹没,所以刚刚把你最初的留言重新粘贴到首部了。

你弟弟的事情让你情绪不好,我深表理解。下面咱们一起以旁观者的身份分析一下这个事,好不好?

首先,办案过程中有关人员为何要回避?人对与己有关之事的理解总会带上感情色彩。在人的感情圈子中,亲情总是处于中心地位的。当亲人遇事时,我们会不由自主地站在亲人的立场上,与其产生同理心和同感心,“幸福着你的幸福,痛苦着你的痛苦”,这是人之常情。但这种“感情用事”就好像戴上了有色眼镜,会影响自己对人和事的正确判断。所以,无论是刑事法还是行政法律,都有办案人员回避的规定。

现在分析一下你的思路:弟弟打架—被民警打耳光—关了 24 小时—伤害的那下不是我弟弟打的—被打的一方冤枉我弟弟—交医疗赔付金—被陷害、虐待—自己感觉无力、渺小—回忆起小时候家庭情况不好—上学为振兴家庭—帮不上家里的忙—无法维护正义—失望—职业抵触—渴望保护家人并维护自身利益。再把自己当作旁观者审视一下上面的逻辑是否合理:前半部分中,是不是符合办案的一般程序(当然,打耳光另当别论,因为在实践中伤害案实际上最难办,连美国都规定,如果当事人不能自证责任的话,就要参与者分担;延长至 24 小时也是继续留置盘问的合理期间,就连刑事大案也只能做到“基本案情清楚和证据基本确实充分”)?办案过程是否能直接推出“被陷害、虐待”的结论?如果是你处理此事会怎么办?后半部分中,上学和从警只是为了帮助家庭和自己吗?否则就“无法维护正义”吗?

其次,应该怎样看待委屈?一座静止的山也会“横看成岭侧成峰”。在复杂的社会中,出现过失、误会、相对不公甚至被冤枉、受委屈,这是很正常的。受委屈是别人给自己“气受”,如果自己长时间不能调整好情绪,甚至影响到职业态度,是否就是自己抗压能力弱的表现或“自我折磨”呢?毕竟世间百态,非己所控,在文明社会更不能有“我是警察我怕谁”的想法,说夸张一点,现在可能是“咱是警察咱谁都怕”了吧(此处之“怕”仅指慎重有度)!

再次,你的情绪似乎属于自怜情结。人都有一种控制欲望,目前“一切皆有可能”的社会环境容易让人的这种欲望升腾,当自己的愿望与现实不符合时,人就会倍感失落,特别是在“自己的地盘”上,丧失这种控制感更会让人感觉心里没底,产生心理失衡,开始自怨自艾,认为世事“不公”,自己无能。其实,自怜也是一种自我察觉,是对自己现状的评价,然后会出现相应的情绪和行为来进行自我调节,以增强自控和外控能力。应该说,自怜虽然暂时会让自己不舒服,但想明白了,也有益身心。比如,你有了这次经历,以后处理案件时,一般就不会出手打人了吧！所以同为警察，咱们现在更应该想到的可能是，假如我来处理这类案件会怎样？

最后，自怜情绪的背后隐藏着什么？作为新警的你，在一定的时间和事件中，有自怜情绪是可以理解的。但为了更快地成为一名优秀的警察，我们不妨对照着心理学原理分析一下自己，以使自己的思维习惯更加全面、客观。心理学里的“ABC理论”认为：不同的情绪由不同的认识所致，对同一个事件（A），若对其的认识与信念不同（B），就会产生不同的情绪（C）。认识积极，情绪也愉悦；认识错误，情绪也消极。造成认知错误大体有以下几种原因：

（1）走极端：这种现象表现为走极端，非此即彼，不是白就是黑。这种人一遇挫折便有彻底失败的感觉，进而觉得自身已不具有任何价值，从而失去自信。

（2）变色镜：有的人遇事总想到消极的一面，就像戴了一副变色镜看问题，滤掉了所有的光明，使整个世界看起来黯淡无光。

（3）公式化：有的人认为事情只要发生一次就会不断重现，在生活中遇到了困难与不幸，即认为困难与不幸会重复出现。

（4）疑心病：有的人经常忧心忡忡，终日担心自己将大病临头，遇事往往自我论断，主观猜疑，杞人忧天。

（5）谬推断：有的人把一般性的过失、欠缺、挫折和困难看得过于严重，似乎做了不可逆转的错事，在生活中总是过分夸大自己的不足和过低估计自身的长处。

（6）失锐气：这是一种人为的情绪失调，表现为把别人的真心赞美当作阿谀奉承，对正常的人际关系想入非非，毫无根据地自怨自艾或愤世嫉俗，导致本来松弛的情绪变得紧张。

（7）自卑心：有的人总是主动承担别人的责任，并且妄下结论，认为一切坏的结果都是自己的过失和无能所致。此种变形的自卑、内疚心理来源于人格的变形和过分的责任感及义务感。

（8）消极化：有的人把自己的不良感觉当成事实的证据，如“我有负罪感，那么我一定是干了什么坏事”，“我觉得力不从心，那么我一定是‘低能儿’”。尤其情绪低沉时，这种感觉会特别强烈。

许多人都会有以上种种不理智的认知，从而导致了不愉快情绪。对照一下后，能否发现自己的内心也有类似的问题呢？这样想之后，情绪好些了吗？

如果你真的爱你的弟弟，是否也应当让他通过这件事受到点启发呢？“兄爱而友，弟敬而顺”啊！祝你在爱家人的同时，成为一名理智和智慧的人民警察！

（山东警察学院　丁文俊）

17.公权力与私权利

在具体工作中,经常碰到这样的问题:有些人会凭借社会关系和个人财力摆平一些事情,犯罪嫌疑人更是藐视法律,认为钱和关系能够摆平一切。有些社会人员的话还真的比国家法律好使,他们凭借自己手中的钱和关系,死不承认违法犯罪事实,法制部门好像对其也无计可施。有群众说,人家有钱有关系,就是你们警察又能怎样,还是省省吧!现在的法律有时只能打击处理老实实在人?实在是无言以对。

专家答疑

这位警官朋友,你好!

首先感谢你对"心理驿站"的信任,把你在工作中的感受在这里表达出来。作为警察,我同样非常理解你,假设我在工作中碰到类似问题的话,也会觉得社会公平和公正还有待完善。而且我相信,你对社会中存在的不公正现象会有一个全面、正确的认识,更不会让自己的认识困扰于此,并让它影响工作。在此,我想与你交流一下我对这个问题的理解。

首先,承认事物在发展过程中的不完美。任何事物在发展过程中都不是完美的,都或多或少存在缺陷,法治建设的过程也是如此。在我国的法治建设过程中,的确存在依靠关系、财力逃避法律制裁和公权私用的现象,这是社会主义法治建设进程中存在的不足,是需要逐步改进的地方,但这是不可避免的。西方国家的法治建设经过几百年的发展,到现在仍然会出现漏洞,更何况我们现在还处于社会主义初级阶段,我国法治建设开始的时间也远远晚于西方。同时,正是因为存在这些不足,才迫使我们不断完善社会主义法治建设,从而使这些不足成为推进法治进程的助推剂。

其次,要全面看待问题。在心理学中,有一个关于情绪的"ABC 理论",说的是人的情绪或不良行为并非由外部诱发事件本身所引起,而是由个体对这些事件的评价和解释造成的。对于同一事件,如果人的信念是合理、现实的,那么就此产生的反应也就是适应的;如果人本身存在不合理的信念,那么就会产生情绪困扰和不适应的行为。人的不合理信念的重要特征之一就是以偏概全,这是我们在看待事物时要注意避免的。在对待我国法治建设这个问题时也不能以偏概全,我们在承认存在不完善的地方的同时,也应该看到我国的社会主义法治建设还是取得了很大成绩的，现在老百姓的法治观念、维权意识，包括我们公安机关的执法水平较之前都有了很大的增强和提高，你所说的问题的确在一定程度上存在，但不是事情的全部，并且针对这些问题，我们正在进行相应的完善和改进。如果你这样全面看待这个问题的话，是不是感觉就和之前不一样了呢？

最后，要树立正确的执法观念。我国法律讲求法律面前人人平等，违法犯罪就应该受到处理，不管是普通老百姓还是有钱有权的，不能因为违法犯罪人员位高权重而惧怕他，也不能因为违法犯罪人员是普通老百姓而同情他、袒护他（当然，对人民群众来讲，能够在严格执法的同时尽可能地帮助他们，为他们服务也是我们警察的职责所在，因为公共服务也是我们警察的基本职能之一，但是要注意，不能因为热情服务而放弃严格执法）。如果我们警察自身都不相信法律和法治是公正的，那么怎么去保证我们执法过程的公正呢？这样的话，不就更容易为一些不法分子提供了可乘之机而使其逃避法律的制裁，老百姓的合法权益不也就更不可能得到保障了吗？你说是不是？

最后，再次感谢你的留言，也祝你工作顺利！

（山东警察学院　鞠丽华）

18.一遇到问题就紧张怎么办

老师您好！我一遇到问题就无法不紧张，也就是不会让自己的肌肉无法不紧张，还老是愿过道家那种与世无争的生活，不愿参与任何人事竞争。请问我该如何调整自己？

专家答疑

河南的这位警察朋友，你好！

遇到问题就容易紧张，不希望与人竞争，希望过与世无争的生活，这是每个人都会有的心理体验。这种体验主要源自人们在社会生活中面对各种压力时，机体所做出的本能的、带有警示性和保护性的反应。

压力不是一种想象出来的疾病，而是身体“战备状态”的反应，这是当意识到某种情形、某个人、某件事情具有潜在的威胁性和紧张状态时做出的反应。压力也可以被视为一种由挫折和失败所造成的反应，这种反应既需要一定的时间去缓解，也需要他人的抚慰与适当休息。[①]

总的来说，心理压力有社会、生活和竞争三个来源。压力伴随着人的一生，谁都不可能避免。但是，有些压力是人生中所必然要经历的，也有一些压力是人无端自寻的，我们将后者称为“自扰压力”，比如权力的压力、社交的压力、试图得到别人的承认、试图得到社会的承认，这在某种程度上就属于庸人自扰的压力。面对压力，有的人会更加努力，进而成功；有的人则会退缩，甚至失败；更有一些人会因压力而出现心理或生理疾病。

自己制造的压力主要来自期望。每个人都会为自己设定目标，并做出相应的规划。压力是身心对外界刺激和既定目标的自发心理准备。适当的紧张和压力是为完成任务、达到目标所必备的注意力集中。如果目标合适，规划性较强，工作节奏也跟得上计划要求的话，压力就会减轻。有时候我甚至认为，压力来自创新和挑战，日常按部就班地做事尽管可能由于职责明确、分工合作而更容易实现目标，但人所受的压力也很小。

现代生活的压力像空气一样，无时无刻不在挤压着人们。我们需要知道，压力也是我们人生的一部分，我们不要过分夸大压力，可以试试以下方法来减轻压力：

(1)学会丢包袱。生活中繁杂的事务会将我们宝贵的时间和精力透支，使我们没有充足的时间和精力去做最重要的事情。这时，你会感受到很大的压力。有效的应对方法是先分析一下什么对你是最重要的，什么对你是次要的，重要的事情先做，次要的事情少做或不做，这样就可以为自己赢得宝贵的时间。

(2)放低标准。不要对自己太苛刻，至善至美只是一个遥远的梦。不要妄想把所有的事情都干得完美无缺。适当放低一下标准，放松一下自己的心情，或许在客观上就会减轻对别人的压力。

(3)远离虚荣。在生活中，许多压力完全是由于自己的虚荣心导致的。例如，为了穿名牌时装，用高档化妆品，住漂亮豪华的房子等，就不得不拼命地赚钱，从而无端地增加了自己的压力。金钱、名誉、地位这些如同过眼云烟，却常常被人视为是最重要的东西并为之所累。要学会真正地享受生活，摆脱虚荣。[②]

(4)给自己留一些思考的时间。压力的产生也可能是因为对事情本身的理解造成的。过分夸大了事情的重要性和后果，就会导致心理负担加重。不少人往往因为急于求成，而忘记了对事情本身的思考。留一点儿时间思考，能让你

---

① 参见孙佳，刘志成. 高校教师科研压力来源及对策[J]. 教师，2010，(15)：39-40.

② 参见夏红杰. 试论压力的形成及其应对机制[J]. 中国急救复苏与灾害医学杂志，2012，7(6)：567-569.

更清楚地看到事情本来的面目,同时也给了自己一个解剖情绪、分解压力的机会。

(5)适当休息。过重的劳动会导致人生理疲劳,工作效率低下,从而导致过分的焦急与紧张。适当的休息不但会缓解大脑疲劳,而且还可以放松一下紧张的心情,减轻心中的压力。

(山东警察学院　曹延彬)

19.如何改掉反复检查的毛病

老师您好!我是一名在基层工作了20多年的老同志,在多年的工作中,总是感到很压抑,对工作过于仔细,经常有怕丢东西的感觉,对自己的包经常检查。请问我应该如何调整?谢谢!

专家答疑

这位朋友,你好!

对于你提出的问题,我认为过分追求完美和要强的性格是产生压抑心理和怕丢东西、经常检查包等躯体症状的主要原因。过分的完美主义容易导致强迫型人格,对完美的执着是强迫性人格的开端。由于真正的完美是不存在的,因此完美主义者总是纠缠在一些细节是否精确上,来回衡量而不能决定。同缺乏自信一样,过于自信和要强同样会导致强迫人格,一旦受挫,患者便会无法控制地做出各种重复的动作。

明确起因是解决问题的关键,当我们对此有了较为明确的认识后,接下来就是如何更好地调整自己的心理,缓解心理压力,改善自己的工作和生活状态。对强迫心理的治疗通常采取"四步疗法",即"再确认"(就是学习、认清强迫症的想法与行动)、"再归因"(就是明确强迫性想法是无意义的,那是脑部错误的信息)、"转移注意力"(就是将注意力从强迫思维与行为中转移开)和"再评价"(就是贬抑强迫症状的价值,不受其左右)。为了便于你理解和把握,你可以做以下训练:

(1)认知调整——正确认识症状。强迫症的本质是心理上的自相搏斗,治疗强迫症就是要以个人意志战胜恐惧心理,即所谓的"知己知彼,百战不殆"。治疗强迫症的关键是要对强迫症有正确的认识,许多患者对强迫症会产生疑病观念和紧张情绪，这在增加心理负担的同时，又会使强迫症状加重。所以，首先要正确了解有关强迫症的知识，包括强迫症产生的原因、性质、结果及各种治疗措施，这样就会消除顾虑，树立战胜强迫症的信心，并积极主动地配合治疗。

(2)性格调整——换个角度去思考。症状只是一种表面的现象，真正起作用的是强迫性人格，即不良个性和思维方式。因此，应该有意识地努力克服自身存在的任性、急躁、好胜等性格，改变过于刻板、过分认真的做事方法，不要过于钻死理，而要换个角度去思考，事情往往会出现意想不到的转机。同时，要树立信心，勇敢乐观地面对挫折，培养乐观、独立、豁达、自信的良好人格。

(3)不做完美主义者——相信努力就好。世界上并不存在十全十美的人和事，只要努力了，对自己来说就是最好的。应该承认和接受自己有犯错误的可能，对生活、对学习也不应太苛刻，追求极端完美只能适得其反。同时，在看问题时不可太绝对，要学会相对比较，同时保持乐观的心态。

(4)转移注意力——做自己更感兴趣的事。当你反复进行强迫思考和做出强迫行为时，思维会专注于一点，这时，最重要的是要想办法转移注意力，尽快脱离现实症状，摆脱痛苦。例如，一旦处于容易使自己产生强迫联想和回忆的环境中时，就开始阅读自己感兴趣的小说或听音乐，这时注意力会全部集中在小说或音乐上，就可能会使你忘掉经常联想的事情。音乐有时候是最好的"心理按摩器"。

(5)调整生活状态——学会自我放松。你应当适当地调整自己的生活状态，如积极参加各种文体活动，这样不仅会使枯燥的日常生活变得丰富多彩，而且还减轻了生活、学习上的压力，进而逐渐减轻引发强迫症的恐惧和焦虑情绪。

有一点需要说明，对于自身心理问题的治疗不能采取硬性对抗措施，要采取循序渐进的方式，要明确它是一个过程。相信通过你自身的努力和我们的协助，你一定能更好地提高自身的生活质量。如果症状通过自我调整无法克服，不要放弃选择到医院就诊的机会。

(山东警察学院　曹延彬)

20.注意力不集中怎么办

老师您好！我在整理琐碎的文件时，总是注意力不够集中，有时候感觉状态很好，头脑很清醒，打印材料的时候很怕出错，都要检查好几遍，老感觉脑子迷迷糊糊的，有心无力似的。而且我很忘事，这并不是因为文件多了，平时我在生活中“不记事”的现象也很严重，有时候甚至会不记得别人认识我，会突然或一直想不起来朋友姓什么、叫什么等，得想老半天。

我以前从不这样，是不是受了什么刺激的影响才变成这样的呢？

专家答疑

这位朋友你好！我想你是否可以做这样的尝试：首先，要学会让自己放松下来，想一想自己为什么会感到紧张，有没有必要搞得自己如此紧张；其次，在打印材料或从事其他文字工作时，能否尝试着先通过深呼吸等方式让自己静下心来，然后再投入到工作中去；至于忘事，尤其是你提到的突然不能想起朋友名字的现象，这在心理学上称为“舌尖现象”，意思是回忆的内容到了舌尖，只差一点，就是无法忆起。这是一种正常的记忆现象，不是病态，不必担心，这与你当时所处的情境及情绪等有关，想来或许是你最近的工作或生活的压力有些大，此时应该注意调整一下自己的工作或生活节奏，给身心一个缓冲，会慢慢好起来的。

如果你还有其他的事情，可以通过电子邮件联系我们。最后，祝你工作愉快、生活如意！

（山东警察学院　程亮）

21.情商不高的烦恼

专家您好！我是一个在医生家庭里长大的男人，父母都是医生，从小就习惯了消毒水的味道，习惯了看父母替患者医治病痛，习惯了父亲那种比较耿直的秉性，穿上警服算是“误打误撞”的“命中注定”。

我会认认真真地做自己工作职责内的事情，会把自己的工作干好，干得漂亮，有一种完美主义者的固执。而且，我在单位的表现有目共睹，经常会代表单位参加一些演讲、演出之类的活动，并且从来不会目中无人，不认为自己有什么值得炫耀的。可是我发现好像自己的情商不高，不太会和领导套近乎，虽然见了领导不会过分紧张，但是却很少有话说，比较尴尬，也很苦恼。要是我给自己的智商打分，我会打 90 分，但情商也就是 60 分。另外，我酒量不好，不能喝酒，总是感觉在聚会和应酬上很被动。但我会以诚待人，只是这样做好像显得很傻。

专家答疑

你好！首先感谢你的信任，其次请你谅解，这么久才给你回复。

从你的留言来看，你是一位上进心和事业心都很强的人，而且工作做得很出色。但是你苦恼于如何与领导、同事处理人际关系。正如你所言，自己感觉不会和领导“套近乎”。谈到你的苦恼，有一个信息很重要，那就是在工作和生活中你的领导和同事们对你如何评价，是正性评价多一点还是负性评价多一点，这一点从留言内容中我们无从得知。一个总体感觉是，你是主观上想做得更好，无论是本职工作还是与领导、同事交往，都想追求完美，或者如你所言，你有着“完美主义者的固执”。

关于完美主义，很多心理学家认为这是一种非多元化的性格特点，主要特征是自我要求极高，甚至是不现实地要求自己。个人精神的完美主义者很容易产生自恋与自傲，其对外部世界的藐视要远远多于认同与包容外部世界，他会为自己的任何错误都精心辩解，但对别人却毫不宽恕，评头论足，这无疑会伤害别人，影响同事、朋友之间的关系。这种人经常不切实际地提升自己的理想与要求，最终导致自己远离实际生活的轨道。有时候，他们会害怕自己的意见不被采纳，使自己的完美形象受到影响。在人际交往方面，为了维护自己完美的形象，完美主义者常常生活在一个狭小的圈子中，他们很想可又不敢融入群体中去，不敢表露自己的感情，不敢表达自己的观点和态度，怕暴露自己的缺点。完美主义者往往给自己制定太多的条条框框，以完美的标准要求自己，带给自己的却只有沉重的压力和深深的自责。大多成事的完美主义者，外人看来光鲜成功，其实他们内心很累。

对自己严格要求本身是好事，但是要避免完美主义人格带来的心理伤害。现实告诉我们：完美是个没有办法定义的东西，再好的都可以说不够好。问题就出在这里。在追求完美的同时，完美主义者未必知道他们到底要的是什么，会认为一切都不够完美，然后不停地追逐，不停地失落。最后，直到追逐得不能再追逐了，还是认为不够完美，从而在理想的完美和现实之间出现了巨大的落差。

在工作和生活中，我们要知道自己想要的是什么，而不是一味地追求所谓的“完美”。比方说，不能喝酒这不是缺点，你没有必要自责，喝酒绝不是人际交往的唯一手段，不会喝酒、不能喝酒的大有人在，但你不能说这些人的人际关系不好，你说是吗？为避免完美主义人格带来的心理伤害，首要的是不要不现实地要求自己，不要给自己设定不现实的目标。在工作中，干好本职工作，以诚待人最为关键，相信你能干好工作，处好人际关系。

祝你工作顺利！

（山东警察学院　公维友）

22.到了新单位如何与同事相处

老师您好！我的一位朋友到了一个新单位后，在业务方面还不熟悉，好员工也不主动教她。她性格很内向，与生人更不怎么交流，想问老员工业务方面的问题也不知该如何问，整天闷闷不乐的，我也不知道该怎么帮她，想请老师帮忙支个招，帮帮我这个朋友，谢谢！

▶ 专家答疑

朋友你好！由于你提供的关于你朋友的资料比较有限，在此只能根据这些有限的信息提出个人的一些看法。

首先，关于适应新环境的问题，任何人都会遇到。在心理学上，适应不良是一类常见的心理问题，只不过有些人适应得比较快，有些人适应得比较慢，你朋友应该属于后者。

其次，作为朋友，你首先要让她明白，遇到适应问题是非常正常的，每个人都可能会遇到，要以平常心来对待，关键是要采取一些有效的方式来积极应对新的环境以及提高人际沟通的效果。

关于如何适应环境以及如何有效与人相处，你可以给你的朋友提出下列建议：

(1)刚到一个新环境，毕竟自己属于“晚辈”和“后来者”，一定要抱着谦恭的态度，对周围的领导、同事一定要有礼貌，要把“您好”“谢谢”“对不起”“不好意思”等客气的礼貌用语挂在嘴边。另外，在与人交往的过程中，一定要经常把笑容挂在脸上，有的时候一个微笑要胜过十句话语。

(2)少说多做。在做好自己工作的同时，要尽可能主动地为大家服务，如打扫卫生、帮忙倒水、接个电话、跑跑腿之类的事情。另外，要多听少说，尤其不要随便评价和议论别人。

(3)由点及面地接触同事。首先开始交往和熟悉自己在空间上和心理上相距比较近的人，如和自己一个办公室的身边同事，或与自己的兴趣、爱好、价值观、个性比较接近的同事，然后再逐渐扩大。

(4)多学习一些与人交往的技巧。可以通过读书、看报或从网络上学习一些人际交往的技巧方法，并在实践中尝试，找到适合自己的交往方式。在这里给你的朋友推荐一本书：《卡内基沟通与人际关系》。

(5)尽快熟悉业务。业务熟悉了，自然会提高你朋友的自信心，减少交往的障碍和自卑情绪。要让你的朋友明白，不要期望老员工会主动教她，没有任何人有义务帮助自己。要想熟悉业务，关键还要看自己，自己要有“眼色”，要善于观察学习，要苦练基本功，由生到熟是一个过程。

(6)适度的自我表达。在适当的场合要进行适度的自我表达，使别人能认识、了解自己。

作为她的朋友，我给你的几点建议是：

(1)要多关心朋友，多鼓励朋友，多接纳朋友。你作为她的朋友，要成为她的后盾，要成为她真正可以信赖的对象，当她在工作中遇到挫折和困扰时，你就是她获得勇气和力量的源泉。

(2)多给她创造一些与陌生人交往的机会，如把新朋友推荐给她认识，或带她参加一些集体活动，让她在交往中提高自己的交往能力和技巧。

(3)与你的朋友共同成长。你的朋友在适应环境和人际交往方面还存在一定的障碍，而且在情绪上也有不良表现，这说明她在职业生涯发展过程中还有很多问题需要解决，有很多障碍需要克服，作为她的朋友，你要积极地帮助她成长，要知道，帮助别人成长其实也是一个自我成长的过程。如果经过一段时间的努力，你的朋友仍然不能适应新的环境，也可以带她到专门的机构去寻求专业帮助。

最后，祝你的朋友工作顺利，也祝你们的友谊之树长青！

（山东警察学院　王成义）

23. 太在意别人的看法

老师您好！我是一名刚刚工作的民警，在单位里面总是很在意别人的看法，而且心里总是空荡荡的，不知道怎么样与人交流，也不知道该和别人说什么好，说话总是有气无力的，不知道这是什么问题。

专家答疑

你好！你的问题我们已经收到。

从你的描述来看，你主要是在单位的人际关系处理上遇到了问题，表现在两个方面，一是在单位里总是很在意别人的看法，二是在单位里不知道怎么样与人交流。

看到你的问题后，我非常理解你的感受，你的一些想法在一定程度上是很正常的。然而，在看到你的问题的同时我也看到了，你已经意识到了自己的问题，并且希望通过向我们求助等方式来解决，这说明你是希望改善目前的状况，希望让自我得到不断发展和完善的，我觉得这一点非常好，也非常重要。

下面我们就来说一说你的问题。上面说到了，我非常理解你的感受，而且这种感受也是正常的。为什么这么说呢？首先，人怎么认识自我？在“自我”的概念中有一个核心的组成部分，即社会自我。什么叫“社会自我”？所谓“社会自我”，即“我意识到的社会是如何看待我的”，通俗地说，我们对于自身的认识在很大程度上来源于别人对自己的评价，因为我们总是需要通过别人的看法来帮助我们建立自我概念，所以，在意别人的评论是十分正常的。但是，对待别人的评论，我们要做到“有则改之，无则加勉”。别人的看法也未必是正确的，这只能代表他们个人的看法，而不是真理，我们可以选择拒绝接纳。而且，如果你认为对方是无心的，就更没有必要去在意了。

其次，你刚刚参加工作，对工作环境肯定需要一个适应的过程。你对工作环境还不太熟悉，对周围的同事也不太熟悉，而且你刚刚参加工作，社会交往经验也不会很丰富，因此，除非你是个特别开朗的人，否则你不知道怎么样与人交流，不知道该和别人说什么好，这也是很正常的。我刚参加工作的时候，也不知道怎么和同事、领导交流，也为此而感到苦恼过。

非常庆幸的一点是，你已经意识到了自己的问题并希望改善，那么我们就来看一下怎样解决这一问题。

首先，分析例外情况。我想你肯定有过和同学、朋友在一起无拘无束地谈论、交流的时候，一定有和朋友敞开心怀无所顾忌的时候，也一定有取得成功、奖励和赞美的时候，你想一想，在这些时候，你都是怎么做到的？为什么这些时候自己如此安全而快乐？是因为有什么样的原因？这些原因对于你处理和同事的关系能起到什么样的借鉴作用？如果你觉得很少有上述情况发生，那么就认真思考仅有的那几次例外，看看能给你什么启发？然后像滚雪球一样把这些例外情况扩大，渐渐地，你和同事的关系可能就会有改变发生。

其次，改变认知。心理学把人分为两种类型，一种是内控型，另一种是外控型。内控型的人认为许多事情是因为自己的原因而引发事情的结果，认为自己的付出和努力可以改变许多事情，而即便在无法改变的情况下，也可以通过其他方式来达到目的。相反，外控型的人常常将许多事情归结为外部的原因，认为人的快乐和痛苦是无法自主的，一切都在他人或是命运的主宰下。外控型的人往往容易在意别人的看法，他们一方面对别人的情绪和行为比较敏感，另一方面会压抑自己的情绪和行为以使别人满意。其实，内控型和外控型的划分只是人们对自己和外界作用的认识不同，是可以改变的。在认知上要有所改变，我是我，别人是别人，别人没时间关注我，我也没时间关注别人，别人不需要对我负责，我也不需要对别人负责，我有太多的事要做，没有必要让别人来控制我，难道别人比我自己还重要吗？这样一想，就会慢慢地把控制点移到自身内部来。

最后，要改变行为，做好自己的事情，建立自信。在行为上要有所改变，那就是把自己负责的工作做好，同时主动、真诚地和同事交往，主动去帮助人，把自己的想法用行动表达，自己与别人不同的看法也要表达，自己做错了事也要道歉。同时，掌握一些必要的人际交往技巧，比如与同事交流时，要谈论一些你和对方都熟悉的话题等。时间是解决问题的良药，相信随着时间的推移，加上你自己的努力，你对工作、同事都熟悉了，与同事们之间的话题自然就变多了。相信你一定可以找到一些适合自己的方法去正确地看待他人对你的看法，并逐步形成对自己的正确认识，进一步促进自我的成长！

（山东警察学院　鞠丽华）

24. 一说话就紧张怎么办

老师您好！我虽然是一名老警察，经历的场合很多，但我有个缺点却总也改不了，那就是每每开会时讲话紧张，特别是遇到领导听汇报和集体场合谈体会之类的活动，尽管满腹经纶，可谈起来就会语无伦次，更谈不上逻辑思维了，可是酒醉后却思维敏捷甚至口若悬河，但一到正式场合就什么也不行了，即使想好的话也说不出来，心跳得无法把话表达出来，喉咙里都能噎得说不出话来。这可能与我小时经常在说话时遭大人训斥有关，以致打怵在场合上进行语言表达。虽然经过多年有意识地训练，但始终没有改观，我是不是有心理疾病？是否需要服药治疗？用什么办法治疗最好？

专家答疑

这位老警察朋友，你好！

根据你留言所描述的情形，你的发言紧张应该是社交恐惧症的某种表现，但并不是什么严重的心理疾病，只是特定情境引发的一种焦虑的心理反应，现阶段也并不需要服药治疗，经过个人有意识的调节和意志努力应该是能够克服的，下面就是我们给你的建议。

首先，以平常心来对待。美国的心理学家曾进行过一次有趣的测验，题目是"你最害怕的是什么？"测验的结果竟然是"死亡"名列第二，而"当众演讲"却名列榜首。[①] 调查结果中，有 41%的人对在公众面前讲话比做其他事情更感到恐惧，可见，在很多人看来，当众讲话是一件令人害怕的事情。新浪网健康频道也曾进行过一项调查，结果在 2854 名被调查者中，超过 50%的人在"大庭广众下发言"时"每次都非常紧张害怕"，41.3%的人表示"在某些场合紧张"，仅有 0.7%的人"从来没有紧张过"。害怕当众发言是很多人共同的困扰，看起来侃侃而谈的智者也许和你一样曾经历紧张和恐惧，只不过他们学会了掩饰，学会了与紧张和平共处。

一般而言，带有社交恐惧症特征的人往往对自己在众人面前的表现要求过高，特别在意别人对自己的看法，因而更容易出现紧张、焦虑，甚至会表现出口干舌燥、大汗淋漓、呼吸急促、心跳加速、手脚冰凉等生理症状。"金无足赤，人无完人"，我们在任何时候、任何情况下，都不可能满足每一个人的要求。所以，要承认和允许自己的缺点存在，自我接纳，不要过分追求完美，也不要承载过多的负面心理暗示。尽人力，听天命，只要尽到了最大努力，那么不必介意别人怎么看、怎么想。只有不患得、不患失，放开对自己过分的要求，放开对成功的过分在意，反而更容易成功。

所以，当你在"每每开会讲话紧张"时，不要把它看作是什么大不了的事情，顺其自然，话到嘴边想怎么说就怎么说，坚持把自己所要说的话说完。实在紧张的时候，不妨坦然告诉大家："你很重视这一次谈话，你感到有些紧张。"紧张有时源于你十分害怕别人看出自己的紧张，当你自然地表达出了自己的紧张和焦虑之后，你的心绪自然也就平和了，紧张和焦虑也会随之消失。也要学会坦然地说"我想谈一下我个人的看法"或者"这只是我个人的意见，仅供参考"。你

---

① 参见李宁燕."即兴说话"的艺术技巧[J].合肥学院学报(综合版)，2001，(3)：98-99.

并没有打算一张口就是金玉良言，一说话就要语惊四座，不是吗？当众发言不等于当众演说，所以不需要慷慨激昂，不需要声情并茂，和平常说话没什么太多的不一样，按照既定的思路，声音响亮点，态度诚恳点，表现自然点，就可以了。

其次，发言前应有所准备。尽管有时候会认为自己有很多话要说，只是在公众场合没有办法完美表达，但是俗话说“闻道有先后，术业有专攻”，满腹经纶不见得对眼前的发言有足够的知识储备；“书到用时方知少”，这也是造成紧张的重要原因。因此，对于自己要当众讲述或回答的有关内容，要做好充分的、有针对性的准备。一般来说，人们对那些未知的、自己不能控制的事物容易产生紧张和焦虑，其实这是人们面对未知的、不确定的事物时产生的一种自我保护性的身心反应，也是非常正常的一种心理表现。要想不紧张，首先要在内容上有所准备，所谓“腹有诗书气自华”，只有你的知识储备丰富了，你说出的话才会精辟、到位、有见地。还有一点就是，对你所要说话的层次，对你所要面对的听众，甚至包括别人对你能做出的几种反应也要简单地估计一下，这样你就不会因生疏而胆怯。我自己是一名高校教师，也不见得在所有的场合都能侃侃而谈，但在课堂上却可以做到挥洒自如，就是因为做了充分的知识准备和精心的教学设计的缘故。

再次，掌握一定的发言技巧，熟能生巧。人们常说某某人天生口才好，其实不然，口才是靠后天培养训练出来的。所谓“某某人口才好”，只是因为其有机会在儿童时期得到了更多语言表达的锻炼而已。经过自己的个人努力，这一课在成年后是完全可以补上的。古今中外，靠自己坚强的意志，经过艰苦努力练成演讲或口才大师的例子不胜枚举。能不能超越自我，就看你有没有决心和毅力了。

讲话的技巧也有很多，比如用“五何”介绍一件事，“五何”是要讲明“何时、何地、何人、何事、何故”；再比如“三点论”，用于极短时间内的即兴发言非常有效，也易于掌握。“三点论”是一套快速地把一些理念整理出一套逻辑的表达技巧，可以使表达清晰、有条理，同时组织性很强。具体来说，可以借鉴这些例子：“我就三个方面谈一下自己的心得”，“我讲三个事例”，“我就打击、管理和服务三个方面进行阐述”，“我们的任务是分三步走”，“我们目前有三个需要重点解决的问题”。运用三点论，可以让我们边想边讲，边讲边想，有助于我们组织语言，避免思维混乱的情况发生。这样的技巧有很多，选择适合自己的，熟练掌握，日积月累，一定会有所帮助的。

除了讲话的技巧，也可以试着去练习放松的技巧。比如腹式呼吸法，即把注意力放在你的呼吸上，轻轻地吸气，慢慢地呼出去；试着将气吸到腹部去，当你吸气的时候，腹部会鼓起来，当你呼气的时候，腹部会缩回去，同时胸部要尽量保持不动,因为胸部撑起时人会感到紧张,而腹部突起时人会感到放松。随着你的每一次呼吸,你会感觉到越来越放松。

最后,安抚童年的那个自己。一般情况下,排除生理原因和知识匮乏的原因,一个人在公众场合发言紧张,大多出自两种可能:或者是由于缺乏锻炼,或者是由于在童年时期有过创伤性的经历。你分析得没有错,现在的发言紧张可能是因为小时候说话经常遭大人训斥,这种经历的影响带给了你今天的困扰。那么,该怎么办呢?可以试着和童年的那个自己对话,既可以在心理咨询师的引导下进行,也可以让自己沉浸在冥想的状态下,重新回味童年遭受挫折的情境,以你现在的认识和理解水平,对当时那个情境下惶惑不安的自己,一定是有很多话要说的,你也一定能够帮到"他"。

祝你生活愉快!

(山东警察学院　单冬)

25.最近工作无动力

一年来,因对从事工作产生厌烦情绪,被动应付工作,又因本人平时很认真,导致在工作中产生了较大的压力,休息不好,早晨醒得比较早,心脏有时跳得厉害,头疼,焦虑,有时甚至觉得生活失去了乐趣。

▶ 专家答疑

这位朋友,你好!

基层警察工作是非常辛苦的,有时候,基层警察是会因此而产生厌烦、情绪低落等问题,甚至会因为压力大而忧心忡忡、一筹莫展,觉得生活索然无味,甚至出现早醒、便秘、厌食、失眠、精神萎靡等生理症状。如果你只是近些天才出现这样的反应,你可以先有意识地进行一下自我调整。以下是为你介绍的一些自我调整方法,我们这个心理网站页面上也有一些关于自我调节的文章可以参考。

首先,要做到充分休息。不管工作有多忙,都要妥善安排自己的休息时间,在特别繁忙的时候,要学会"碎片化休息"和"碎片化放松"。要调整饮食,禁烟少酒,因为酒精和尼古丁只能暂时让人逃避压力,而不能真正地解除压力。

其次,要保持适度的体育锻炼。体育锻炼能促进大脑中神经肽类物质的释放，这种物质存在于大脑的边缘系统中，具有与精神调节相类似的功能。体育锻炼也能增加人的社会联系，让人摆脱孤独的缠绕，同时能给人以自信心和成就感，对克服忧郁具有很好的效果。应选择自己喜欢的体育项目和没有竞争、强度中等的体育活动，每次进行 20 分钟至半小时，如慢跑或打羽毛球、乒乓球等。要多享受大自然，去郊外畅游，多见光亮、多晒太阳等。

最后，是调整认知。不要事事追求完美，只要尽心尽力地做好每件事，即使达不到预期目标，也不要自怨自艾。对自己感到难以承受的工作和义务，要量力而为，不要为了完成任务而勉强，也不要为自己无权干预和无力监管的事情操心。

如果你一年来都是这种情绪状态，并且已经影响了正常的工作和生活，且自我调节不起作用的话，那么建议你去看看当地的心理门诊，面对面的心理咨询或许能够给你更有效的帮助。

（山东警察学院　单冬）

26.女警想做社区警察

老师您好！我是一名基层女警，从事户籍警察的工作。现在我所在的公安局非常重视社区警务建设，社区警察有了更大的发展空间。我们这里的社区民警基本都是男的，我觉得也应该有女警从事社区警察工作。我本人性格比较活泼外向，相较于户籍工作，我觉得自己更应该去社区工作。最近我总是被这个问题困扰，以至于对现在的工作缺乏兴趣，上班时打不起精神来，下班后也闷闷不乐。我下一步该怎么办呢？

▶ 专家答疑

这位女警朋友，你好！

你提出的问题大体有两个方面，一个是工作选择的问题，另一个是情绪困扰的问题。合理情绪理论告诉我们，对一个事物的感受不取决于事物本身的好坏，而取决于我们对该事物的认识。所以，对于你所提出的问题，咱们从理性认知和情绪纾解两个方面来进行探讨。

女警怎样才能当上社区民警？

首先应该对工作选择问题来进行理性分析，根据工作环境来分析当社区警察这个愿望是否现实，以及能否实现。

虽然我并不了解你所在单位的实际情况，但是一般而言，现有的人员配备应该是组织上根据工作需要和个人条件，已经进行了相对比较慎重的权衡后进行的安排，虽然这种安排可能不完全符合个人的意愿。作为警察，相信你能理解和认同这一点。当然，也可能领导对你的个人能力的认识不全面、不准确，如果你确实想做或者确实适合做社区工作，也可以不断充实自己，学习做社区工作的本领，掌握如何做群众工作的技能，先使自己具备做好社区工作的能力，然后再选择合适的时机向领导表达自己的意愿，如果单位确实有调整人员配置的计划，有调整工作的机会，在条件允许的情况下，相信你的选择是能够得到组织的理解和支持的。

然后咱们再来分析一下，如果确实不能调整工作，还要继续干户籍警察，那么应该以什么样的角度和心态去面对工作。无论是做社区警察还是做户籍警察，都在咱们警察的工作范围之内，都是在为人民服务，不能用哪个工作好哪个工作不好来衡量。从不同的角度看待同一件事物，可能会有不同的认识。比如，在一些人眼里，户籍警察工作相对比较安稳，社区警察工作更加琐碎，和群众打交道多，其实是存在一定的工作难度的。你的言语之间表露出的观点应该是认为户籍警察工作比较单调，而社区警察工作是我们公安工作的重点，从事社区警察能够有更好的发展空间。俗话说得好："三百六十行，行行出状元。"只要踏踏实实地做好工作，在任何一个领域都会涌现出先进、优秀的人才。比如河南省安阳市殷都公安分局楼前路派出所户籍女警田爱军，她在做户籍工作的同时，积极创新，摸索出的"田爱军追逃法"得到了公安部的认可，并在全国范围内推广她的工作经验。可见，平凡的户籍警察这一岗位也是可以大有作为的。

最后，因为工作选择的问题，你还产生了情绪上的困扰，闷闷不乐，打不起精神来，这又该怎么办呢？在此，我建议可以努力获得来自外界的支持。人在不开心的时候，可以把心里郁积的话向亲人、朋友宣泄出来，求得朋友家人的支持，这样就会逐渐化解忧郁，转移情绪，使心绪变得乐观开朗起来。

另外，还要充实自我，丰富自己的业余生活。在工作之余，建议多参加一些文体活动，比如参加体育锻炼等。体育锻炼能促进大脑中神经肽类物质的释放，这种物质存在于大脑边缘系统中，具有与精神调节相类似的功能，可以镇痛并诱发欢快感。体育锻炼能增加社会联系，让人摆脱孤独的缠绕，同时能给人以自信心和成就感，对克服情绪困扰具有很好的效果。慢跑或打羽毛球、乒乓球都可以。再比如，可以多出去走走，参加近郊的旅行，在大自然中获得滋养，恢复身心的活力。还可以多读书，陶冶一下情操，充实一下自我。

你自己也提到，自己是一个外向、活泼的女警，相信你也有着开朗乐观的心性。情绪是有起伏变化的周期的，出现暂时的情绪困扰是很正常的事情，不必过于在意。情绪的来源是个体的想法和观念，个体是可以通过改变这些因素来改变情绪的。所以，把理性认识工作选择的问题解决了，情绪问题自然能够得到纾解和改善。

当然，在现在"以人为本"的管理氛围中，越来越多的领导也开始注意在安排工作的时候尽量地考虑大家的兴趣爱好了。祝你能在工作中得到更多的乐趣！

（山东警察学院　单冬）

27. 工作一紧张就睡不着

最近工作特别紧张，都是些棘手的案子，回到宿舍翻来覆去老是睡不着，脑子里全是白天处理不完的事情。请问老师我该怎么办？谢谢！

▶ 专家答疑

这位朋友，你好！

在回答你的问题前先冒昧地问一下，你是刑警吗？看到你因案子睡不着觉，令我这个曾教过多年预审课的老刑警也很为你着急。现在，咱们就一起来分析分析你失眠这个"案件"。

在复杂多变的现代社会中，失眠是一种非常常见的身心问题。有统计结果甚至表明，至少有 1/3 以上的成年人有过失眠经历。所以，如果失眠不太影响第二天的体力、精力和情绪的话，就不必太着急，顺其自然就是了，因为人对睡眠时间的需求是不同的，有的人每天有 4～5 个小时的睡眠就够了。但是，如果经常失眠，就应该在分析原因的基础上自我调整一下。

首先要分析原因，对失眠有一个一般性的了解。失眠从病因上可分为以下类型：

（1）因身体疾病造成的失眠。可造成失眠的疾病有心脏病、肾病、哮喘、溃疡病、关节炎、骨关节病、肠胃病、高血压、睡眠呼吸暂停综合征、甲状腺功能亢进、夜间肌阵挛综合征、脑疾病等。

（2）因生理原因造成的失眠。例如，环境的改变会使人产生生理上的反应，如乘坐车、船、飞机时睡眠环境的变化；卧室内强光、噪声、过冷或过热都可能使人失眠。有的人对环境的适应性强，有的人则非常敏感，适应性差，环境一改变就睡不好。

(3)心理、精神因素导致的失眠。心理因素如焦虑、烦躁不安或情绪低落、心情不愉快等，都是引起失眠的重要原因。生活的打击、工作与学习的压力、未遂的意愿以及社会环境的变化等，会使人产生心理和生理反应，导致神经系统功能异常，造成大脑的功能发生障碍，从而引起失眠。

(4)服用药物和其他物质引起的失眠。服用中枢兴奋药物可导致失眠，如某些减肥药等。长期服用此类安眠药后，一旦戒掉也会出现戒断症状，如睡眠浅，噩梦多等。茶、咖啡、可乐类饮料等含有中枢神经系统兴奋剂咖啡因，晚间饮用可引起失眠。酒精会干扰人的睡眠结构，使睡眠变浅，长期饮酒后，一旦戒酒也会因戒断反应引起失眠。

(5)对失眠的恐惧引起的失眠。有的人对睡眠的期望过高，认为睡得好身体就百病不侵，睡得不好身体就容易出各种毛病。这种对睡眠的过分"迷信"增加了睡眠的压力，容易引起失眠。人难免有睡不好的时候，但有的人对这种暂时性的睡不好及其对身体的影响过于担心，一想到睡觉，就会条件反射般地恐惧，老想着一定要睡好，这样反而使人更难入睡。这样就会形成"害怕失眠—致力于睡眠—失眠—更害怕失眠"的恶性循环。长此以往，很可能演变成慢性失眠。

如上所述之外，失眠还有压力型失眠、不良嗜好型失眠、焦虑型失眠和抑郁型失眠等。其中，因生活、工作、学习中的压力引起的"情绪干扰性失眠"占多数。要想避免这种失眠，首先要消除干扰因素，恢复睡眠节律。我觉得，你的失眠很可能是焦虑型的。

焦虑型失眠的原因多是精神紧张、工作或思想压力大、生气、环境变化等，导致人翻来覆去不能入睡，脑子里总想一件事，不想还不行，越想越兴奋，越兴奋越睡不着，时间久了导致肾气阴虚、肝阳上元，引起恐惧症，一到晚上就想，今晚会不会睡着，总是担心再失眠，结果真的不能入睡，这样恶性循环，肾气阴虚、肝阳上元导致气血两虚，最终使失眠症愈加严重。时间久了，会导致焦虑症，心烦意乱，坐立不安，心理紧张，睡不着，胡思乱想，并引发头痛、困倦无力、多汗、心悸等现象。

你可以借鉴心理学中"活在当下"的观点，让自己认识到，为未来着急、多虑往往是多余和无效的，要学会把休息和工作分开，睡觉之前要"停止思维"，体会疲惫，入静入眠，休养生息。还可以借助小物件和想象，"诱发"睡眠，例如，你可以在床对面墙上仰视 45 度角的位置钉上一个类似图钉一类的明亮金属片，聚精会神地盯着它看，久了会产生倦意；也可以想象着在蓝天白云下身心放松地睡着的场景，慢慢入睡。还可以在网络上搜索和下载助眠的音乐，可以尝试选择适合自己的类型。

失眠是可以通过全面调理而改善的，在此给你以下建议：

(1)晚上 9 点后不要喝浓茶、咖啡等有刺激性的东西，不要看惊险、恐怖的电视或者小说；晚餐不要吃太饱，最好在 9 点后不要吃夜宵。

(2)睡前喝一杯纯牛奶，或者用热水泡脚 15 分钟，这样有助于改善睡眠。

(3)睡前按摩太阳穴有助于缓解压力，提高睡眠质量。

(4)每周进行适量的运动可以帮助提高睡眠质量，男性推荐篮球，女性推荐羽毛球，也可以快走 45 分钟，或者慢跑 30 分钟，最佳运动时间为下午 4 点到 7 点，也可以晚饭后散步 1 小时左右。

(5)有条件的可以去旅游，通过爬山、看海，感受壮丽风光，拥抱自然，融入自然，这样既可以发泄，又可以放松，并享受自然美景，有助于放松紧绷的神经，从而更快地进入睡眠状态。

(6)睡前可以适当听一些旋律轻松优美的音乐，音乐是心灵的治愈师，在轻松愉快的旋律里神游物外，沉浸在幸福愉快之中而忘记烦恼，这样可以营造良好的睡眠环境。

(7)如果有压力或者烦心事，可以向家人和知心朋友吐露失意和痛苦，让温馨的亲情和友情分担心中的烦恼和失落，这样对睡眠也非常有帮助。

(8)切勿在睡前剧烈运动，如果运动量大，会造成运动神经兴奋，从而使失眠加重。

(9)如果睡不着，可以看些杂志或者其他书籍，看累了就容易入睡；切勿看电视，看电视容易使人兴奋，忘记时间，从而对睡眠不利。

(10)按时作息，不要熬夜。晚上 8 点后不要抽烟。可以在床头放两个苹果或柚子等，让水果的清香促进睡眠，提高睡眠质量。

据统计，20%的失眠患者属于原发性失眠。这类患者通常性格急躁、敏感，追求完美，自信心不足，遇事固执、犹豫不决，容易紧张、焦虑，对偶尔的几次失眠造成的头痛、注意力涣散、记忆力下降等症状，总是感到忧心忡忡，久而久之就会发展成慢性失眠，心理学上称之为“预期性焦虑”。对这类失眠者，建议不要把失眠看得太重，睡眠也是人身体的自然反应，不困就不要强迫自己去睡，采取顺其自然的态度，也许 20 分钟后自然而然地就会入睡了。

如果常常失眠，而用以上方法仍无法改善，也可以在专业心理咨询师的指导下找出压力大的原因，对症舒缓情绪，缓解压力。同时，还要改变生活、饮食和睡眠习惯，如仍无好转，再在医生的指导下服用药物，如帕罗西汀等催眠药有益于缓解焦虑。但不要随意用药，尤其不要成瘾，避免形成依赖性恶性循环，加重失眠状况。

祝你不再受失眠的困扰，白天能以饱满的精力投入到工作中！

（山东警察学院　丁文俊）

28.怎样与老同志相处

老师您好！我所在的单位老同志较多，经常挑三拣四，怨天尤人，把自己的工作推给别人，请问该怎样与老同志相处？

专家答疑

这位民警朋友，你好！想必你是位年轻的民警吧！我们姑且这样假设。感谢你提出了一个很好的问题！

俗话说："人不能超越年龄。"意思是说，每个人生年龄段的人都有各自的特点，正所谓"童年如梦，青年像诗，中年是散文，壮年成小说，老年是哲学"吧。当然，人的年龄不只是指生理年龄，还包括"心理年龄"和"社会年龄"。永远长不大的人和未老先衰的人也是有的。

我今年也是个警龄30多年的"老同志"了，但也是从年轻时过来的。回顾自己几十年来的成长过程，我深深地感到，青年人的健康成长离不开老同志的精心栽培。青年人如何与老同志相处，这确实是一个关系到事业成败和个人成长的重要问题。下面，我结合一位领导（副县长）对这个问题的认识，谈谈如何与老同志相处的体会。

首先，要虚心学习老同志的长处。老同志一般都有多年的工作实践，阅历丰富，经验颇多。所以对他们在政治上、思想上、工作上和作风上的长处，应当认认真真地虚心学习。记得我刚刚参加工作时，幸运地遇到过多位优秀的老同志（他们现在大多担任了更重要的职务），他们有着丰富的工作经验、优秀的思想品质和感人的敬业精神。现在回过头来看，自己能在各方面有所进步，与当初遇到这些好的师长是分不开的。学习老同志的长处，要掌握学习的要领：一是平时要多注意观察，对老同志在处理各种问题上的成功之道要着意留心，细心挖掘，在他们的言谈举止之中，把握和领会其精要之处，使其变成自己的财富并指导自己的实践；二是遇到难题要及时请教，在处理各种疑难问题时，应当毫不犹豫地向老同志讨教，这样对提高自己的能力大有好处；三是应保持经常的沟通，要经常主动地与老同志沟通思想，坦诚而不是虚情假意地交换意见，这样既能使老同志了解掌握自己的思想动态，也能使自己受到教育和启迪。

其次，要主动排解老同志的难处。老同志工作多年，可谓心力交瘁。许多老同志不仅自己身体状况差，而且家庭负担也比较重。你说的“挑三拣四”可能与此有关。在这种情况下，青年人应当积极主动地从各方面关心照顾老同志，如遇到难度较大的工作任务时，要冲在前头；在为老同志提供服务时，要积极地干在前头。

最后，要正确对待老同志的短处。就一个人来说，由于各方面条件的限制和影响，不可能是十全十美的。正像青年人自身不可避免地存在着一些弱点一样，老同志也都存在着这样或那样的短处，包括性格、作风、工作方式、方法上的短处等。特别是有些感觉“没有发展前途”或“车到码头船到站”以及遇到过一些挫折的老同志，的确会有“怨天尤人，把自己的工作推给别人”的现象，遇到这种人和事，如果处理得不好，就会使人际关系疏远或紧张。怎样对待老同志的短处？我觉得青年人首先要周密行事，做到不失误。对自己的一言一行都要深思熟虑，符合事物发展的客观规律和为人处世的基本准则。其次，要通情达理，做到不计较。在与老同志相处的过程中，即使有些矛盾不可避免，只要不违背大的原则，不会给工作和事业造成大的影响，青年人都要虚怀若谷，有容人之量，要礼让三分，不计较个人得失。其实，年轻人多干点事情等于多受到锻炼，多些表现和成长的机会。再次，要因人施策，处事不简单化。与老同志相处时，应根据每个人的特点来确定选择自己与其相处的方式方法，使自己能主动适应对方，保证双方的关系更加和谐。比如，有的老同志办事拖沓、反应迟钝，这是他们上了年纪后的表现，对此应当多多体谅。最后，要善于沟通，做到不猜忌。即使出现了问题，年轻同志亦应主动与老同志沟通情况，说明原委，防止因长期不通气或由于一时一事的暂时隔阂造成工作上、感情上的长期对峙。

总之，如果年轻人能把老同志当作自己的父母兄长，像对待自己的亲人一样理解和对待他们，一切问题就都好解决了。祝你和更多的老同志成为朋友！

（山东警察学院　丁文俊）

29.如何处理与同事的关系

老师您好！我有一位同事，可能理解力比较差，好多人给她交代的工作，她没听完就说明白了，结果总是做错，事后又说是别人给她交代错了，有错就推。而且不知道是不是她记性不好，她自己说过的话和做过的事总是不一致。但这个人是不错的，平时好相处，就是不听劝，我想跟她谈谈，又怕她不肯正视错误，跟我再起争执。

专家答疑

这位警官朋友，你好！

首先感谢你的信任，关于你同事的问题，从你提供的信息和材料看，她存在这样几个问题：做事不够认真，言行不一，推脱责任，不肯正视自己的错误。至于原因，我的总体感觉是你这位同事欠缺自制力，对所做的工作专注程度不够，做事较为肤浅，不能专注于某一事物或活动。

我的建议是：以后再给她交代工作时，可以尝试书面安排，以防她推卸责任；对每项工作做到定岗定责，岗位职责不清是推卸责任的根源；安排适合她能力的工作，防止她因能力不足导致的言行不一；帮助她提高自制力和专注力。

处理与她关系的几个原则是：

第一，尊重。相互尊重是处理好任何一种人际关系的基础，同事关系也不例外。同事关系以工作为纽带，一旦失礼，创伤比较难愈合。所以，处理好同事之间的关系，最重要的是尊重对方。

第二，关心。当一个人感到周围的同事对他十分关心时，他心中便会有一种温暖、安全的感觉，就会充满自信和快乐。

第三，宽容。宽容是现代人应当具有的性格特征，它表现为一个人对别人宽厚，有气量，不计小隙，能宽容异见。

如果你要跟这位同事进行私下交流，建议本着积极关爱的原则进行，你这位同事对于别人的关注应该是比较重视的，对于自己的错误应该也有一个比较清晰的认识，只是不愿意正视，不希望自己得不到肯定。你可以从她所做的一些积极的小事入手，让她意识到自己的闪光点并感受到被关注和被尊重，进而慢慢引导她进行自我反思；然后可以尝试着适时指出最近工作中的一些不妥当之处（尽量是最近发生的确凿的事情），共同寻找解决办法，同时表明自己是想帮助她更好地改进工作，并且相信她完全有能力非常出色地做好自己的工作。这样的谈话或许一次不能解决问题，可以多谈几次，对于她所取得的进步及时给予鼓励，促使她更好地改进。

（山东警察学院　丁文俊）

30. 如何对待无欲且"懒惰"的同事

现在公安机关的体制，造成了一个普遍的现象：有追求、有想法的同志和领导非常有工作的主动性，但一些错过机会、岁数大了且没有提拔机会的同志基本上都是在混日子，当一天和尚撞一天钟，出工不出力，对基层领导干部基本上是敷衍了事。我尝试过调动他们的工作积极性，但都以失败告终。作为基层领导干部，该如何对待这些同志呢？真的很累心。

▶ 专家答疑

这位朋友，你好！

领导者的理想境界可以激发每个下属的上进心，但这并非易事。再高明的领导也难免会遇到"撞钟和尚"式的下属。尽管造成这种状况的原因是多方面的，但领导者对这类人应该多一分理解、关爱和帮助。我的体会是，调动他们积极性的方法主要有以下四点：

一是理解。美国心理学家赫兹伯格把人的需要分成两种因素，工资、待遇和工作环境等被称为"保健因素"，成长、成就等被称为"激励因素"。不同的人追求不同，因而对这两种因素的需要也不同，在事业上追求激励因素的人我们称之为"主动型的人"，追求保健因素的人我们称之为"被动型的人"。主动型的人一般具有较高的追求和奉献精神，他们的主动意识强，往往会表现出开拓精神来。而被动型的人比较注重工作条件和人际环境，他们表现出来的往往是责任心，而不是进取心。对他们当中能力较强的，最好是让他们做某一领域或某一方面的工作，或是技术性较强的工作；对他们当中能力较弱的，则分配给他们较为专一的工作比较合适。对个性突出但缺点、弱点明显的能人，一是用其长，长处显示出来了，弱点便会被克制，也容易得到克服；二是做好思想和情感沟通的工作，肯定他们的成绩，指出他们的问题，与他们沟通感情，使他们感到领导的关心和理解，自己也会兢兢业业。对有很强能力的人，可采取多调几个岗位的办法，既能够让他们发挥多方面的作用，又可以调动他们乐于贡献、多出成绩的积极性。对被压制的能人，也可请求上级领导把他们调出去，给他们显示自己本领的机会，也给他们一个从另外的角度审视自己的空间。

二是宽容。对领导者而言，宽容不仅是一种美德，而且还是一种方法和艺术。面对混日子的下属，领导者能够宽容相待显得尤为重要。应该设身处地地想一想下属怀才不遇、由热变冷的痛苦，给下属保留一块沉淀失落、调整自我的空间。绝不能把上述表现简单地与品德不好、组织观念不强等同起来，因为任何人都想在工作中实现自己的价值，他们在年轻时可能也有强烈的进取心和事业心，只是长年未能实现自己的抱负而变得心灰意冷。所以，对他们应当同情。

三是开导。现代心理学研究表明，人的自尊和自卑常常是互相转化的。越是远离人群显得自卑的人，实际上越是需要别人特别是领导的关心和开导。倘若领导者能够经常与之当面进行交流，倾听其心声，表示对其的关注，为其指明出路，往往能产生"良言一句三冬暖"的效果，使之能够从领导的真诚关怀中感受到温暖，开启心结，释放苦恼，重树信念。只是领导者在进行慰问开导时，要诚恳地向下属表明自己的态度，道肺腑之言，表真实之意，不打官腔，少说空话、套话；要引导其正确地对待失意，把失败当作继续奋进的起点，相信"把简单的事情做好就是不简单，把平凡的事情做好就是不平凡"，放下包袱，重整旗鼓；要帮助下属总结失意的原因，属于客观方面的也不必完全回避，属于下属本人和其他方面的要及时进行指导点拨，使其从中吸取经验教训，避免重蹈覆辙；要给下属指明努力的方向，肯定其优势，找出其不足，明确新的目标，使其重拾自信。

四是启用。有句话说："用人之长，无不可用之人；用人之短，无可用之人。"每个人都有自己的长处，高明领导的能力在于有效发挥每个下属的才能。要多多观察和分析下属，对明知其才而未用的下属，要设法尽早使用；对尚不甚了解的，要主动接触，多多交流，发现可用的要用，可塑的要塑；对那些尚不具备条件又期望值较高的，也不能"当头一盆冷水"，以免挫伤其自尊心和积极性。要引导其调整目标，尽力而为。管理心理学的金科玉律就是"你愿意别人怎样对待你，你也应该那样去对待别人"。领导本身就不能把他们视为不可救药的无用之人，要使下属感到他们有用。对此，首先要倾听他们的意见，让他们知道领导尊重他们的想法；其次是要向他们授权，放手让他们扬长避短，做有兴趣的事情；最后，应该用语言和行动明确表达对他们的赞赏。当然，领导也要看到下属的短处，要设法帮助他们克服，设法不让短处对集体和他人发生影响，避免损害组织的绩效。但必须是在发挥长处的前提下来克服短处，不能本末倒置。事实证明，人的长处得到发挥了，他也就乐于接受批评，克服短处。而且，人的感情都是相互的，领导以情动之，相信精诚所至，金石为开，他也会报之以李的。

当然，领导也不是万能的。如果我们已仁至义尽，他依然如故，那就让他自暴自弃好了，或许这也就是他长期得不到重用的真正原因。心理治疗的实质都是助人自助，何况他自己的人生呢！真正能主宰或打败自己的，只有自己！

（山东警察学院　丁文俊）

31. 我为什么看人不顺眼

您好！我是从部队转业入警的，平时对自己要求较严格，对单位内部某些人的不良作风看不惯（如吃喝、拖拉、懒惰等），造成人际关系紧张，请问该怎样调整？

专家答疑

这位民警朋友，你好！

我也是在军人家庭中出生、在军营中长大的，年轻时也常常对一些人和事看不惯，所以很理解你的感受。不过，现在的我已有30多年警龄了，人也变得包容多了，也很高兴能借此机会和你聊聊自己的转变过程。

一是严于律己的同时要宽以待人。我从小接受了军人父亲的严格教育，也养成了“严格要求自己，高标准对待工作”的习惯。毕业工作后，在自己勤奋学习、努力工作的同时，对周围一些吃喝玩乐、嘻嘻哈哈、随随便便、工作推脱的人也曾有过不理解甚至反感。后来我发现，严于律己本身没什么不对，反而会促使自己认真负责、不断进步。但在这种习惯的支配下，可能会出现两种过犹不及的表现：一种是对自己过于苛责，另一种是用自己的标准衡量和要求他人。但实际上，包括自己在内的每个人的能力都是有限的，每件事情都有其发生发展的规律和过程，每个问题本身都存在理想状态和现实状况之间的矛盾，所以理想不可能都一一实现，真理也只能逐渐趋近，各种问题会长久存在，甚至一个问题解决了，新的问题又出现了。对人和事，对己与人，都无法要求和追求十全十美。就人来说，你有你的长短，我有我的优劣；就事而言，可能有各种处理与解决问题的方法，有时只有更好，没有最好。每个人在尽量高标准做好工作的同时，都应避免“非好即坏，非白即黑”的极端化二元式思维，让自己和别人之间、事情和问题之间，都能有一个较大的“灰色地带”和“转换空间”。水至清则无鱼，人至察则无徒。要求过于严格，自己会陷入不切实际的绝对之中。而且，有时事情会物极必反，导致事与愿违！更何况人心不同，各如其面，“世界上没有两片完全相同的树叶”，没有任何两个人的长相、思维方法、处事方式和价值观念是完全相同的，所以没必要用自己的尺子量别人。当然，工作肯定是有标准的，甚至有的还有严格的法律或规章制度方面的要求；为人也会有基本的准则和底线。这里说的“不苛责自己和别人”只是指非原则问题。大事讲原则，小事讲风格。而且，即使对自己，现在也提倡“善以待己”了呢。

二是正确理解“不良现象”。你在留言中提到，最看不惯的是同事的吃喝、拖拉、懒散。我建议，对此类现象也可辩证地分析和看待。比如，吃喝可以在一定程度上加深同事之间的交流和感情；拖拉和懒散可能是其能力和精力不足，习惯于自我要求过低导致的工作效率过低，或已处于“破罐子破摔”“当一天和尚撞一天钟”的状态。如属前者，你们可以互相帮助，或者你可以以身作则，自树榜样；如属后者，那么人各有志，也不必勉强。干好自己的事情，别人的路让别人自己去走吧！也许，正是他们的这种性格决定了他们永远无法成功和进步的命运呢！

三是用乐观的心态代替看不惯。成功的处世生存贵在修身养性，一切顺其自然，坦然面对人生。我们无法改变现状，但是我们可以改变心情。微笑着生活，时刻保持一种积极向上的心态，让快乐伴你一生，改变可以改变的，你会过得更好。如果你用心观察这个世界，一棵微绿的小草也可以让你的心充满春意。你会发现，快乐其实并不难：你不能决定生命的长度，但你可以扩展它的宽度；你不能改变天生的容貌，但你却可以时时展现笑容；你不能企望自己去控制别人，但你却可以好好地掌控自己；你不能全然预知明天，但你完全可以充分地利用今天；你不能要求事事顺利，但你却可以做到事事尽心尽力。在生活中，我们一定要让自己学会豁达宽容，因为只有豁达的人才不至于钻入死胡同，才能积极进取。同时，还要努力学会开朗幽默，因为只有开朗幽默的人才有可能把快乐带给别人，让生活中的气氛变得更加轻松愉悦。

四是努力适应新环境。首先，要学会归零。不管你以前在部队里多么优秀，当踏进一个全新的环境时，首先要把自己放平。其次，要遵循原则。每个社会圈子都有它的规则。做人，有些原则是必须坚持的，如涉及大是大非，涉及正义和良知，必须得坚持原则。但生活中并不都是原则问题，更多的是大家对人对事的一些不同看法和做法。这些不同并不见得是水火不相容的，很多分歧的出发点其实都是一样的，都想把事情做好，但是你有你的办法，我有我的道理。套句话说，大部分都是人民内部矛盾，而不是敌我矛盾。既然是人民内部矛盾，那么妥协顺应以达成一致，远比互相指责、各不相让，最终把要做的事情荒废了要好得多。即使别人的观点是错误的，在处理方式上也有很多讲究，并不一定非得去排斥。孔子曾说："聪明圣智，守之以愚；功被天下，守之以让；勇力抚世，守之以情；富有四海，守之以谦。"大智若愚，难得糊涂。有原则地妥协可以解决大部分的"看不惯"。对于一些不涉及原则的问题，可以尝试着去理解、去接受。向日葵每天都向着太阳，因为只有这样才能获得更多的阳光；大雁每年秋天都往南方飞，因为只有这样才能度过寒冷的冬季；干旱地区的植物叶子大多是又细又长的，因为只有这样才能减少水分散失，抗御炎热的天气。

五是学会换位思考。所谓"换位思考"，即善于站在对方的角度去思考，站在对方的角度去理解对方的心情，站在对方的角度去说服对方。在现实生活中，我们每个人都会遇到各种各样的问题，碰到各种各样的烦心事，面临各种各样的矛盾，这时候，不少人总是满腹牢骚。工作中也是如此，不顺心的时候，和同事有纷争的时候，往往会有一些过激的言语或行动。其实，如果我们站到对方的立场上想一想，就会觉得大家都不容易，许多原本想不通的、觉得不尽如人意的事，往往会豁然开朗，于是就会多几分理解，多几分尊重。换位思考不是什么深奥的道理，它就存在于我们的日常生活中；换位思考不仅仅是对他人的要求，更需要从自我做起。自己少一分随意，别人就多一分轻松；自己少一分刻薄，别人就多一分宽容。学会了换位思考，我们就会发现生活原本可以如此多彩，精神原本可以如此充实，世界原本可以如此美丽，社会原本可以如此和谐。

六是学会"放下"。我们执着了太多让我们产生烦恼和痛苦的东西。从今天起，应学会放下那些负能量的东西，改变自己。放下争论对错，放下你的控制欲，放下责备，放下批评，放下随意判断的心，放下执着。

冰心曾说："墙角的花，你孤芳自赏时，天地便小了。"常常看不惯的人，实际上在用看不惯为自己的心构筑厚厚的城墙，你的世界也会因此骤然变得窄仄。当你的天地只剩下阴霾的时候，便会失去阳光的沐浴和雨水的滋润，会缺失蓬勃的生命活力。你就像是"墙角的花"一样，困囿于狭小的视野，而看不到广阔的天地，自然外面也看不见你。

最后，祝你能调整好心态，以更包容的态度面对一切！如果还有什么问题，我们随时交流，好吗？

(山东警察学院　丁文俊)

32.经常感到力不从心

我在农村派出所任所长8年了，越来越感到力不从心，每天的感觉都是在强撑，越来越厌烦工作，说实在的，工作业绩还不错，也一直在领先的位置，就是想休息一下，总是觉得累，我是不是心理出现了问题？

专家答疑

首先向长期坚持与奉献在一线的这位所长朋友致敬！因为你的提问非常简短，也许是导致你所提问题的原因复杂，一言难尽；也许就是很简单，休息调整即可。你如果方便，请在咱们的电话咨询时间（见首页通知）打电话给我们的咨询老师好吗？如果不是我的值班时间你又想找我，可通过日常值班电话或晚间值班老师约个时间，咱们可以好好聊聊，交流一下想法。

补记：后经电话沟通，这位所长的主要烦恼源于人际关系处理和经费紧张问题，我们就此与其进行了简单的短程电话咨询。

（山东警察学院　丁文俊）

33.如何在全区开展心理健康工作

我在教育训练科工作已经5个月了，我们这里的警察心理压力特别大，可是却没有相应的机构和专家。我学的是心理咨询专业，单位领导让我筹划全区的心理健康工作，全区就几名有三级心理咨询师证的警员，我该如何在全区开展心理健康工作？可以提几点意见帮帮我吗？

专家答疑

这位朋友，你好！很高兴你能关注我们的网站。你所提到的问题很有代表性，现在简单谈谈我们的做法和想法。

首先，正确定位警察心理工作，化虚为实。心理工作是警察思想政治工作的一个组成部分，而不是单纯的“心理咨询”活动。所以应当使其融入公安机关的整体工作中。山东省公安厅依托建立了“山东省公安民警心理健康服务中心”，中心以“三三制”为原则建立：一是由山东省公安厅政治部、有关领导和专职人员负责、协调，心理专家指导，警察个体自我调适“三力合作”；二是构建了心理训练、心理咨询、危机干预“三位一体”的体系；三是实现了心理工作、队伍建设、业务工作的“三方互促”。这样，可以化心理之“虚”为工作之“实”。建议你也可以向领导提出你们区的类似工作原则与方案，以得到领导的支持，把心理工作纳入全年的工作规划中。

其次，积极组织心理教育训练，强化意识。在心理工作开展初期，各地都存在专业人员缺少的问题。有些地方依靠当地公安院校和医院心理医生开展专业性较强的咨询，特别是危机干预工作。你也可以在此基础上把心理教育训练工作与“三个必训”结合起来，除在各种培训，特别是政工干部培训中重视一般性的心理学讲座外，还可结合业务工作，促使大家更有意识地学习和运用心理学，如侦查破案中的心理分析、测谎技术、谈判方法、社区心理工作等。如果能把心理学与日常工作和生活结合起来，就能调动大家的积极性，同时还可以逐渐培训一批“信息员”，与心理咨询员一起搞好心理工作。要逐渐强化基层警察学习、运用和重视心理健康和心理学知识在专业工作中运用的意识，提高他们整体的心理工作能力与水平。

最后，努力提高个人素养，摆正位置。我们在从事心理工作的过程中，常常感到心理工作者自身的政治、心理、业务素质，甚至是对生活的感悟能力等决定着工作结果的优劣。特别是心理咨询和危机干预活动过程，其本身就是一种心理咨询师应对问题能力的体现，是一种感情的付出，而“付出”意味着自己要有各方面的丰富积蓄和体验。如果自己连工作和生活中的许多问题都处理不好，就无法企及“助人为乐”和“矫正他人”。刚工作不久的年轻同志更是有一个由不成熟到成熟的感悟和提升过程。所以，我们应当在“助人”的同时“助己”，努力提高自己各方面的素养，对公安工作的各种人和事有正确的认识和积极的情感，有较强的受挫能力、良好的个性、良好的为人处世能力等。这样，才能做到有的放矢、熟能生巧，行之有效地运用心理学技术和方法。而且，一定要常常提醒自己：心理学和心理咨询师都不是万能的，人是各种综合性的社会关系的总和。当然，能运用心理学为大家服务也是快乐的。能做多少做多少，尽力而为，不必过高地要求自己和心理学。

祝你在不断提升中成为一位称职的警营心理工作者，在不断完善自我的过程中做一名永远快乐的警察。也希望能继续与你交流工作和生活中的体会。在这条路上，我们同行！

（山东警察学院　丁文俊）

34.基层派出所心理减压室建设标准

丁教授您好！我是山东省第一期所队长培训班学员，现急求《基层派出所心理咨询师(减压室)建设标准》，盼回复。

专家答疑

这位所长朋友，你好！

建设心理放松(减压)室的目的是让民警们有一个自我放松或借助心理软件及仪器调节心理的场所。现在部里和省里尚未制定心理放松室的统一标准，在此我根据自己的理解简要介绍如下。

首先需要说明的是，目前各地的心理放松室主要有三类：

一是非专业性放松室，与茶室、图书馆、会议室、卫生室、卡拉 OK 室、健身室等结合，配以绿色的植物、舒适的陈设、温馨的挂图等，让大家在柔性环境中得到放松和调节。

二是半专业性放松室，需要借助电脑软件或仪器、设备等，可借助此放松室中的心理训练与放松系统进行自助式的心理测验、放松与心理能力训练。

心理放松设备方面，目前使用的主要是音乐放松椅，其可将音乐通过椅子的音响进行播放，带来立体的视听效果。其可直接与 MP3 或 CD 播放器连接，避免耳机产生的各种辐射；还配有专用的心理治疗、放松调节训练音乐 CD 碟，采用专业音效处理合成、独特的 α 脑波和可听声波双向沟通方式。高级一些的还可根据人体工程学原理进行全自动行走揉捏、推拿、定点按摩，配合生物反馈设备，改善人体神经系统、心血管系统、内分泌系统和消化系统的功能，促使人体分泌有利于身体健康的活性物质，调节体内血管的流量和神经传导功能。

人的不良情绪如果在长期积累后得不到有效宣泄与释放，就像不断胀大的气球和未减压的高压锅，会产生巨大的隐患。宣泄室不仅是布置供发泄的宣泄器械，而且还包括合适的宣泄环境和用于交流的平台。在这里，可以通过击打沙袋、涂鸦、唱歌、听音乐、畅谈、笔谈等方式消除心理压力，发泄不良情绪，让心理向着积极健康的方向发展。常见的心理宣泄设备包括充气型心理宣泄人、拳击沙袋(分吊式和立式)、拳击手套、宣泄人脸谱、宣泄软包、心理挂图、音乐放松椅等音乐放松设备、生物反馈设备、行为矫正厌恶刺激仪、便携式皮温生物反馈仪、心理沙盘等。

三是专业性放松室，其带有一定的治疗室性质，主要让专业心理咨询师或医院心理医生利用沙盘、催眠工具等进行心理治疗。

综上，你可以根据所里的具体情况设计选择，在网上有相关设备的种类和报价。最后祝您工作顺利！也祝你所里的民警朋友们天天有好心情！

（山东警察学院　丁文俊）

35.如何对有盗窃行为的人开展心理咨询

马上就要进行咨询师答辩了，有一个问题令我非常困惑：作为一名警察，如果一名有后悔表现的盗窃分子来进行心理咨询，我应该怎样做？

▶ 专家答疑

我觉得，我们只是公安机关内部的心理咨询工作者，而不是社会上普通的执业咨询师。所以一般不会遇到此类情况。

一旦出现了此类情况，感觉应当明确我们首先是警察，其次才是心理咨询工作者，并在这一原则下据情工作。

如果对方的盗窃行为已构成犯罪并尚未被发现并处以刑罚，理应劝其自首，并警告他不自首可能出现更不利于他的后果。

如果他的行为尚不构成犯罪，应帮其分析违法行为的原因，指出如此发展下去的严重后果。当然，可主要分析心理原因和自我改正的方法。

如其已盗窃成癖，可将认知疗法与行为治疗等方法结合起来，为其设计一个切实可行的治疗矫正方案，或者进行转介。

当然，不论是何种情况，对其咨询时，都可运用心理咨询的专业方法和共情、同理等基本原则。不过你在答辩时，还是应当按照教材上对一般心理咨询师的要求回答，因为那是对心理咨询师的职业要求。

以上仅为个人看法。如有疑问，可以商榷。也祝你顺利通过答辩！

（山东警察学院　丁文俊）

幸福生活篇

36. 心理压抑（单相思）

老师您好！我和我对象是大龄结婚，但是一直以来，心里也忘不了曾经的初恋情人（不好意思，是单相思），现在心里很乱，真的快得神经病了，请求专家解答，谢谢！

专家答疑

这位警察朋友，你好！

忘不了初恋情人可能是一种比较常见的心理现象。刘若英在《后来》这首歌中，用她感性的嗓音缓缓地诉说了一个关于初恋的故事；歌手尤雅也在《忘不了初恋情人》中这样唱道："我是星你是云，总是俩离分，希望你告诉我，初恋的情人，你我各分东西，这是谁的责任？"

初恋之所以有这样的"魔力"，原因主要有三：

其一是难忘的"首因效应"。初恋是自己一生中"第一次"对爱情产生美好的向往。青春期的显著特征是性意识萌动，对异性产生向往和爱慕的心理。在这个年龄段，青年男女之间的爱意比较单纯、简单，处在一种"盈盈一水间，脉脉不得语"的空灵境界。虽然这还不是真正的爱情，但正因其朦胧的"首因效应"和神秘的距离感，所以特别令人难忘。

其二是"梦中情人"的"模型效应"。年轻人到了青春期，一般都会为自己虚构一个"梦中情人"，创造一个抽象的理想对象，在头脑中形成一个择偶的模型。他们按照这个完美的异性模型，在生活中寻觅，在人群中探索。不知不觉，有那么一天，那个朝思暮想的时刻到来了。在茫茫人海中发现一张似曾相识的面孔，会情不自禁地惊叹："好面熟啊！"眼前的她（他）同自己心目中的审美理想发生奇妙的吻合，初恋便是异性爱由抽象的意识转变为现实的开始。初恋往往无疾而终。记忆中的那个人便成为他人永远也无法取代的人，甚至变成与他人比较的一个标准。这个人并不是最初的那个真实的人，而是被我们自己偶像化的一个标准。

其三是"得不到的最美"的"契可尼效应"。西方心理学家契可尼做了许多有趣的实验，发现一般人对已完成的、已有结果的事情极易忘怀，而对中断了的、未完成的、未达目标的事情总是记忆犹新，这种现象被称为"契可尼效应"。初恋的无疾而终往往使它在人心中变得更加美好。

所以,建议你应当认识到以下三点:

第一,初恋只是梦想。初恋不管是否表达过或相处过,总是够人回想一辈子却永远都无法证实的黄粱美梦,但可以用来填充补偿现实婚姻中的各种不满和惆怅,就像你做梦一样,不花一分钱、不费一丝精力就可以周游世界,还有白马王子或美丽佳人相伴,何乐而不为?这是真的情感经历,但不是真的婚姻现实!

第二,恋爱不是婚姻。结婚限制了自私的情感幻想空间,油盐酱醋怎比得了花前月下的精神游戏浪漫?婚姻是要长期经营的产业,现实生活则是"合资公司"的"有限责任",所以如果拿恋爱比婚姻,那是自欺欺人的精神游戏,更何况你当时只是单相思呢!

第三,当放则放,顺其自然。有个故事是这样的:一个苦者对智者说:"我放不下一些事,放不下一些人。"智者说:"没有什么东西是放不下的。"苦者说:"可我偏偏就放不下。"于是,智者让他拿着一个茶杯,然后就往里面倒热水,一直倒到水溢出来。苦者被烫到,马上松开了手。智者说:"这个世界上没有什么事是放不下的,痛了,你自然就会放下。"所以,只要自己愿意并努力,没有什么是放不下的,只不过是时间和空间问题。不要想太多,越是想就越难忘,顺其自然,慢慢来吧。即使你还是忘不了,只要不影响现在的生活,也没有什么大不了的。初恋对每个人都有非常特殊的意义,每个人的初恋都是难忘的。但是,如果你总是不恰当地用初恋的美妙幻想与现实中不完美的爱人进行比较,就可能会有害无益了。

有人说,真正的幸福不是过去曾经的快乐和将来向往的"得不到",而是现在的拥有!珍惜现在的一切,和爱人一起经营好你们的幸福生活吧!

(山东警察学院　丁文俊)

37.总是怀疑女朋友

老师您好!我是个年轻的警察,刚工作时间不长,以前谈过一个女朋友,但我老是怀疑她和别人好,老想查她的手机和QQ,但她不愿让我看,后来就分手了。现在我又谈了一个,她的条件挺好的,但我还是怀疑她会不会瞒着我干什么事。为了这个,自己天天不高兴,弄得她也有意见。我也不想这样,也害怕她再离开我。老师,您说我这样做对吗?我该怎么办呢?

专家答疑

这位朋友，你好！

猜疑的确是一种对人对己都有害的不良心理，俗话说，发现问题就是解决问题的开始。很高兴你能及时发现自己的问题并尝试着自我矫正。

所谓"猜疑心理"，即以自己所掌握的不全面的，甚至是毫无事实根据的信息，主观臆断地去推测、怀疑他人的言行，从而产生对自己不利的判断的心理倾向。虽然你只说到了对女友的猜疑，但一般来说，具有猜疑心理的人通常会有以下表现：

首先，在人际关系上表现为排斥和不信任他人，这是猜疑心理最突出的特征。具有猜疑心理的人很难与他人建立起相互之间的信任，他们几乎对与己有关的所有的人都不相信，总认为别人在背后议论、诋毁和算计自己，对别人处处防范，时时戒备。每当自己的利益受到损害时，眼睛总是盯着别人，习惯从别人身上找原因，总认为有人在暗中捣鬼。

其次，在性格上表现为自我困扰和自我封闭。具有猜疑心理的人遇到挫折和思想、心理困惑时，不愿向别人袒露，只是一味地自己胡思乱想，无端猜测，自圆其"想"，自我折磨，把自己封闭起来，不愿与人交流思想。严重时会导致神经质，对社会生活产生恐惧感，丧失理想和人生乐趣。

最后，在情绪上表现为焦虑和愤怒。猜疑心理一旦产生，首先带来的是心理不平衡，进而会带来情绪波动、焦虑、烦躁、不安、愤怒。开始时多为自我折磨，尚能有意识地压抑和控制；待发展到一定程度时，往往会带有较强的攻击性和报复性，寻找借口，挑起事端，激化矛盾。当有人对其表示不满或批评时，就会导致直接冲突，造成难以预料的后果。例如电视剧《不要和陌生人说话》中的男主人公安嘉和，因早年双亲亡故，过早地承担起家庭的重任，经过个人的艰苦努力，不仅自己学有所成，成了颇有知名度的外科医生，而且还将年幼的弟弟抚养成人并当了警察。安嘉和给观众的印象几乎完美，他勤奋、自强、有责任感。但在家里，妻子的一言一行都必须与他心目中理想的妻子模式完全吻合，否则毫不手软，定打不饶。特别是当他得知妻子梅湘南对他隐瞒了过去的事情后，整个家庭因此蒙上了猜忌和家庭暴力的阴影。

猜疑心理的形成比较复杂，原因主要来自家庭、社会环境及个人性格特点。

先来看不良家庭环境的影响。猜疑心理严重的人，往往与童年时期家庭缺乏民主氛围，缺乏应有的亲情关怀有关。童年时在家中得不到关心，家庭没有温暖，会导致人性格内向，对他人缺乏信任感；常受到亲人的冷落会情感淡漠；常被打骂或严格管教易导致神经质；双亲不和或离异，往往会造成儿童缺乏安全感，常表现出焦虑、怀疑、愤怒等消极情绪。安嘉和就是这样一种人，在未成年时期遭受重大挫折，其心理发育受到了严重的影响，他过分自卑，缺乏认同感。为了寻求认同，这种人往往会向两个极端发展，或是特别坏，或是特别优秀，甚至集两个极端于一身，表面特别好，内心特别冷酷。这种人的另一个心理特征是缺乏信任感。过早经历世态炎凉会使他们非常害怕再次受到伤害，除了自己谁也不敢相信。因此，在现实生活中，这样的人往往工作认真，处世谨慎，但很少有知心朋友，总是与人保持“君子之交”的距离。他们一般不会主动去“爱”别人，假如一旦有人“有幸”为这样的人所“爱”，那么可能对两者都将是一场噩梦的开始。安嘉和的确非常爱他的妻子，但他爱的并不是梅湘南这个人。在这种极度自恋的人的眼里，他所爱的一切都如同他自己身体的一部分，妻子是没有独立人格的，哪怕一切如其所愿、如其所想（猜测），他也不会真正“放心”。

再来看复杂社会环境的影响。在市场经济条件下，复杂的社会关系，特别是目前存在的不正之风也确实会加重一些人的猜疑心理。

最后是自身性格缺陷。性格比较内向的抑郁质类型的人感情比较细腻，对外界反应过于敏感，但又胆小怯弱，缺乏与人交往的信心，难以与他人交流思想情感，有想法和意见不愿讲出来，对一些烦恼琐事易耿耿于怀，常常“品味”他人的言语，猜测他人的行为，喜欢多方联想，什么事都往自己身上扯，反复琢磨，疑心重重，易生猜疑心理。

具体来说，造成猜疑心理的原因主要有以下几种：

一是自私心理。这是爱人之间产生猜疑的温床。大凡爱胡乱猜疑的人，都是把爱人看成是自己的附属品，而没有把对方看成是与自己平等的、有理智的人。愈是自私，便愈怀疑别人都是自私的。

二是自卑心理。猜疑是对环境、对他人、对自己缺乏信任的表现。猜疑的人看似怀疑别人，实际上是自信不足。有的人自认为在某些方面不如别人，总以为别人在议论自己，看不起自己，算计自己。一个人越自信，越不过度依赖他人，就越不会猜疑他人。

三是防卫心理。有些人以前由于轻信别人，在交往中受过骗，蒙受过巨大的精神损失和感情挫折，结果万念俱灰，不再相信任何人。

四是自闭思路。猜疑者一般都有一种作茧自缚的封闭思路，总是从某一假想目标开始，最后又回到这个假想目标，就像一个圆圈一样，越画越粗，越画越圆。在现实生活中，猜疑心理的产生和发展几乎都与这种封闭性思路主宰了正常的思维密切相关。

猜疑心理严重不但会影响工作，影响人际关系，影响朋友，影响家庭和睦，而且还会影响自身的心理健康。例如，猜疑的人会因为一些可能根本没有或不会发生的事而忧愁烦恼，郁郁寡欢，加重妒忌心理，或变得孤独寂寞甚至失眠，发生神经症等。严重发展下去，会无端怀疑，毫无事实根据却坚信不疑，不能通过说服教育或事实证明予以改变，这就达到了疾病（精神心理障碍）状态，形成妄想症。

要想减少猜疑心理，主要有以下方法：

（1）开诚布公。古人说："长相知，不相疑。"反之，不相知，必相疑。双方尽量不要向对方隐瞒、遮掩。爱人之间一旦有了疑虑，就要开诚布公，及时交换意见，以消除误会，加深了解。而且，双方不要进行无聊的"考验"。男女既然相爱，彼此就应该充分信任。如果双方都瞪大警惕的眼睛，像防贼一样在防范中度日，那给双方带来的只有苦恼。

（2）胸襟宽阔。每个人的工作和生活都离不开他人（同性和异性）的帮助和支持。所以，凡是真正爱自己爱人的人，绝不会把他（她）拴在自己身边，用"爱情"去绊住他（她）前进的步伐。双方要多支持对方在工作中与异性进行正常来往和建立正常的友谊，而不可为此捕风捉影，疑神疑鬼。

（3）增强自信。自信不足是产生猜疑心理的根源之一。要看到自己的长处，发现自己的优点，相信自己的能力。心底坦荡无私，对他人及周围的事情才会看得比较自然，才会去除猜疑心理。

（4）宽以待人。一些过去因相信他人而受骗的经历往往容易挥之不去，但不能以偏概全，把对个别人和事的怀疑和否定泛化和绝对化。一个人在生活中遭到别人的非议和流言，与他人产生误会，没有什么值得大惊小怪的。在一些生活细节上不必斤斤计较，可以糊涂些，这样就可以避免自己产生烦恼。如果觉得别人怀疑自己，应当安慰自己不必为别人的闲言碎语所纠缠，不要在意别人的议论，这样不仅解脱了自己，而且还会取得一次小小的精神胜利，产生的怀疑自然也就烟消云散了。

（5）逆向思考。产生猜疑后，切忌采取轻率的态度。爱情的道路不会一马平川，一旦有点风吹草动，切忌草率、鲁莽。当自己的猜疑心越来越重并感到痛苦时，一定要运用理智的力量"急刹车"，使自己保持冷静，用"也许是自己多心了""他不会是那种人""事实不会像自己想象得那样糟""或许明天就会变好了"等话语来安慰自己，尽量多给自己积极的心理暗示，尽力平和自己的心态。英国哲学家培根说："无论你怎样地表示愤怒，都不要做出任何无法挽回的事来。"

假如奥赛罗不像“火一样的粗暴”，而是开诚布公地向妻子说出自己的疑点，认真听听妻子的陈述，再把手帕的来龙去脉好好地调查研究一番，伊阿古挑拨的阴谋不就被揭穿了吗？

(6)加强沟通。世界上不被误会的人是没有的，关键是要有消除误会的能力与办法，如果误会得不到尽快消除，就会发展为猜疑；猜疑不能及时解除，就可能导致不幸。所以如果可能的话，最好同你“怀疑”的对象开诚布公地谈一谈，以便弄清真相。若是误会，可以及时消除；若是看法不同，通过谈心，了解对方的想法也很有好处；若真的证实了猜疑并非无端，那么心平气和地讨论，也有可能使事情解决在酿成冲突之前。

总之，猜疑是种危害很大的“病”，去除猜疑需要经常自省。希望我们每个人都“警钟长鸣”，防止滋生不良心理。

祝你爱情甜蜜！

（山东警察学院　丁文俊）

38.多余的爱

老师您好，我是一个刚刚毕业的学生，大学里有一个同学，可以说第一眼看到他就很喜欢他，可是我一直没有勇气对他说。因为这个原因，平时见面的时候也只是偶尔打个招呼，直到毕业前，有几次聚会，每次我们都开心，同学们也很喜欢开我俩的玩笑。他给我的感觉和一些行为，真的让我以为我俩已经在一起了，可是这种亲密的关系仅仅限于聚会的当天，之后分开的日子里，我们从来不联系，前几天聚会的时候，我们似乎走得更近了一步。可遗憾的是，我们的这种“关系”依然仅限于聚会当天。回来以后，我在工作时一直心不在焉，老是想给他发信息，还好，因为帮同学的机会，给他发了几次信息，他也很快回复了我。但似乎除了朋友间的关系，再也找不到任何恋爱的迹象了。老师，我现在很讨厌自己，我想知道怎样确定他对我的感情如何？

▶ 专家答疑

这位朋友，你好！下面我就用最简单的语言谈一下自己对这个最复杂的问题的看法吧！

第一，爱情是相互的，所以的确如你所言，如不能确定他对你的感觉，这种爱就是多余的。这就像要查清案件事实必须有确实充分的证据一样。

第二，爱情心理学认为爱情有三要素：亲密、激情、承诺。这就像证据的客观性、关联性和合法性三个特性缺一不可一样。你对他的感觉是爱吗？他对你的表示有这些成分吗？当然，聚会时酒后的"热情"属于什么要具体分析。

第三，有人说爱有五种语言：肯定的语言、服务的行动、关注（共处的时光）、礼物、身体接触。你可以想想他对你是否有过以上表示。

第四，因为中国人，特别是有些男性不愿意或不善于表达，属于慢热型、含蓄型或慎重型，所以你可以旁敲侧击地问问他的婚恋观、人生观、价值观一类的问题，以便对你的选择的正确性也有个进一步的评估。当然，"口供"的证明力虽强，也需要补强式采信。

第五，如果真的认为他是你理想的对象，也不要完全被动地"错过"或"被错过"。可采取一定的方式向他试探或表达。因为"羁押"是有一定期限的，该"提请起诉"的就提请吧。

祝你能在查清事实的前提下，准确及时地"结案"。如此比喻不当，还请原谅。

（山东警察学院　丁文俊）

39.忘不掉过去怎么办

还要麻烦一下老师：以前的女友的事情已经过去了。我和她已经分手，但是分手后，每当我下班一个人的时候总会想起她，我真的想忘掉她，努力地去工作，也就像老师您说的，把这份感情放到工作上，可虽然我已经努力地去面对眼前的事实，可我为什么还是会回想起以前的东西？

▶ 专家答疑

你好！正如那句话说的那样："有一种爱叫放手。"不是每段感情都能走向婚姻的，分手也是恋爱的一种结果，所以应当用"正常"的心态面对。而且，如果那份感情已经常常出现裂痕，或许晚痛不如早痛，长痛不如短痛！也许，这正是你专心工作或在以后再遇到更合适的人的时候开始一段新感情的开始呢！

当然，感情毕竟是感情，何况是热恋过的美好感情，总是会给人留下深刻的印象，甚至是感觉上和习惯上的依恋！所以，忘记需要一个过程。在此建议你注意以下几点：

首先，从理智上接受分手的现实，多想想分手对你们二人的好处。

其次，把自己的感情转移到工作中。良好的开端是成功的一半，开始工作的几年应当多想想如何提高工作能力，适应工作环境，而不是沉湎于过去。

最后，近期常做淡化影像练习。当旧时的记忆涌上心头难以自拔时，可有意识地把记忆中连续、彩色、清晰、有边际、静态、近处的画面逐渐地变得断裂、黑白、模糊、无边际、动态、渐渐推远。注意，以上的演变要依次进行，即先反复数次，让画面在脑海中渐渐地停止运动，再去掉画面的色彩，最后让画面离开我们的脑海，就像一艘小船越来越远，直到被茫茫大海吞没，消失不见。

其实你也不用着急。你现在的反应是很正常的，这恰恰说明你是个重情谊的人。但该忘记的就不必再常忆起。不要让过去的事情破坏了自己的现在！向前看吧，新的目标在等着你去努力争取！

祝你有个良好的新开端！

（山东警察学院　丁文俊）

40.焦虑型恋爱恐惧症

老师您好！我是某局的一名普通干警，今年 35 周岁，参加公安工作 18 年。2013 年春节，我因感情破裂与前妻办理了离婚手续。离婚后，我一度觉得无法见人，一直用辛苦忘我的工作打发着这段痛苦的记忆。经过 2 年的调整后，我开始试着开始新的感情。

我遇到的那个“她”今年 31 岁，在某校高中部任班主任。在学校里，她是年轻老师的楷模，经常被学校领导挂在嘴边。从我第一面见到她时，我就认定她是我要找的那个人，并且从认识的那天起，我身上所有的优点和长处都重新回到了我的身上，所有的负面因素全部烟消云散。从见到她后的第一天开始，我晚上睡觉的时候脑子里想的全是她，除了工作之外，我最喜欢做的事就是与她在一起。但是在恋爱的 180 天里，她先后和我分手了 15 次，先前的 14 次分手我觉得她就像在使小性子，我很轻松地就可以说服她，但是最后一次，我的确觉得自己很无力了。为了阻挠我和她的感情，她的母亲陪伴她生活工作了 2 个多月，在这两个月里我失去了和她的交流，我给她买的零食她放坏了也不敢动、不敢吃，她晚上开始需要服用精神类药品辅助睡眠，她瘦了、黑了，最后她看我的眼神里居然有仇恨，我知道我的出现已经是她的负担了。

我觉得自己应该离开了，但是我始终无法做到不想她。于是，我开始查阅一些资料，我觉得她患的是焦虑型恋爱恐惧症，并且她自己根本感觉不出来她的心理有问题。我想请问老师，我该如何去帮助她，让她认识到自己的不正常心态，我现在的最低要求就是能帮助她身心健康，至于能不能在一起我已经不是那么看重和在乎了，只要她能健康、幸福，我无所谓。

请老师给我一些建议和指导，谢谢！

专家答疑

这位烦恼又好心的民警朋友，你好！

看完你的留言后，感到你似乎也很焦虑。当然，我很理解你此时的心情，这个年龄离婚之后，终于遇到一位自己心仪且尊敬、有可能成为恋爱对象的女教师，珍惜之情及不得不放弃时的不舍甚至焦虑、痛苦的心态，是非常正常的。谁遇到这种事也会难过一阵子的。

现在，咱们一起冷静地换个角度想想，以下说法是否有道理：

(1)“恋爱中的人是瞎子”，当一个人处于比较浓烈的感情中时，大多是不理智的。特别是对于恋人，会只看优点，不及其余。从你对她的描述看，因为她“是年轻老师的楷模，从我第一面见到她时，我就认定她是我要找的那个人”吗？她还有哪些优点吸引你？是否也有些缺点和不足呢？

(2)两个好人未必能成佳偶。找对象，最重要的是适合自己，而非只因对方是好人。你们在恋爱的 180 天里，她先后分手了 15 次，这就说明她可能认为你们俩在一起并不合适，所以又何必勉强呢？

(3)夫妻之间最重要的是“性格投合”(或互补或相似)。“14 次分手我觉得她就像在使小性子”，如果恋爱时就频频吵架，性格不合，婚后会怎样呢？

(4)“一个巴掌拍不响”，夫妻感情破裂，其原因虽然往往是一方为主，但亲密关系都是互动式的。你与前妻离婚的原因不管是什么，总会有些双方(包括你性格上)的因素。你是否应当好好反思一下呢？

(5)“性格决定命运”，性格实际上就是习惯，是一个人的思维和行为习惯。也就是说，已经成人、性格基本定型的他或她，习惯是很难有太大改变的。不管是对自己还是对将来的恋人，最重要的是观察性格，因为两人的性格是否相合，将决定婚姻的命运。不成功的亲密关系模式会有“强迫性重复”现象的！

(6)恋爱也有“蜜月期”。在此期间，两人都会尽量展现自己的优点，而自觉或不自觉地隐藏或改变自己的缺点。你在这次恋爱前期的“正能量”的出现，或许与此有关。

(7)恋爱需要自己做主。不管她的母亲横加阻挠你们交往的原因是什么，她屈从于母亲而拒绝了你，本身就说明她要么自己对你并不太满意，要么是习惯性地依赖母亲。不能得到父母祝福的婚姻会有什么“后患”，相信你能想到的吧。

(8)你对她没有情感上的帮助义务。一是人的性格问题不是一天两天形成的，更不是一天两天能改变的；二是“她看我的眼神里居然有仇恨”，显然她对你已有明显的抵触情绪了，因此你的“帮助”她不会接受的。她服药的原因或许是出于其他事情，也许正是因为你们的感情纠葛所致呢！正像你所说，“我知道我的出现已经是她的负担了”，所以你觉得是不是到了该放下的时候了呢？也许，她和你只是“擦肩而过”的缘分。

恋爱和婚姻实际上是最能体现自己和对方的真面目的，所以“知人者智，自知者明”，先反省一下自己，好好想想自己到底应该找个什么样的人做伴侣，才可能有白头到老的幸福。也就是说，恋爱时要先搞清自己和对方需要什么，能否满足自己和对方；然后再观察和分析愿意和自己交往的人是否真的适合自己以及自己是否也适合对方。

越是第二次婚姻，越要慎重和理性。相信所有的痛苦都会成为人生的财富的。所谓“觉悟”，从这两个字的结构上看，也无非就是“学会看到自己的心”。当然，“觉悟”以及觉悟后的“知且行”的习惯改变是一个过程，甚至是一个痛苦的过程。祝你能够战胜这段痛苦的过程，找到真正属于自己的另一半，发现完整的自我，与爱人共度美好人生。

最后，和你分享一句现在特别流行的心理学名言：“亲爱的，外面没有别人，只有你自己！”

（山东警察学院　丁文俊）

41.“异地恋”怎样处好关系

我很爱我的女朋友，可是我们经常吵架，有时就因为那么一点点的小事都会吵红脸。我不止一次地反思过自己，是不是做错了什么？就像您说的，要和女朋友慢慢地去沟通，可我也是在努力地去包容她、理解她，尽量不要让这份感情破碎。她喜欢上网，在网上总是和网友说些我很敏感的话，可能是我醋意太大还是什么，我总是很生气，生怕我的爱人离我而去，可最近她的事情总是困扰着我，上班工作时都要想着她的事。唉！昨天我和她又吵架了，而且很凶，关键是因为她在外地，我们之间产生了一些距离感，不像以前那么好了，我不知道她在那里做些什么。也许是我想得太多了，可是她的事情我又不能不过问，她又嫌我管她管得太多了。我真的不知道该怎么办了，也许我们即将面临分手，请问如果分手能解决一些事情吗？能使我从这个困境中走出来吗？

专家答疑

看来你是曾发过“总是怀疑女朋友”留言的那位警官。现在才发现，你的关键问题在于没解决好“异地恋”的问题。

“异地恋”是需要技巧的，因为爱情的维护和发展需要经常性地沟通、关怀与相处。特别是“共处一段时光”和“身体接触”，更是培养和表达亲密关系的重要方式。而“异地恋”即使可用网络和电话交流来弥补，也会因语言的局限性而产生隔离甚至误会。因为语言信息大部分是要靠表情、动作、姿势等无声语言传递的。但既然你们选择了“异地恋”这种恋爱方式，就应当用浪漫和艺术的态度和方法去对待。下面为你推荐一篇网络文章，希望你能微笑着用戏谑而又认真的态度看完，相信看完后你也会发出会心的微笑的。

《异地恋生存基本条例(试行)》

1.恋爱双方需清醒地意识到当下的分别是为了长久的相聚，因此双方需以“共创美好未来”为工作和学习的强大动力，相互鼓舞，相互依赖，确定未来几个阶段的生活目标和计划，根据实际情况及时调整，并坚忍不拔地为了同一个目标而努力奋斗。

2.恋爱双方要坦诚相待，同时对对方保持绝对相信的态度，除开玩笑外，不怀疑对方移情别恋拈花惹草，不进行言语试探，不以围剿“小三儿”为目的安排临时探访。

3.恋爱双方要努力提高自身的综合素质，珍惜各种机会，全面培养各项生活技能，包括烹饪、日常保健以及家电维护修理等，经常交流学习经验和收获，心中以为对方提供幸福便利的生活为动力，一不怕苦，二不怕土。

4.恋爱双方要积极主动地保持各种形式的沟通，无特殊情况每天通过电话或网络进行半小时以上一小时以下的语音或文字联系(不包括短信形式的早安、午安、晚安等)，每个月以视频聊天的形式扎实有效地深入畅谈至少一次，每个季度提交恋爱心得至少一篇，以情书的形式寄送给对方，每年组织见面次数以牛郎织女家的情况为最低标准。

5.当恋爱一方要玩游戏的时候，需提前向另一方通报，同时预计游戏持续时间，经双方协商后预定时间生效，预定时间内有权不受到任何形式的干扰，预定时间外不可拒绝任何形式的干扰。

6.恋爱双方在日常生活中要注意自己的身份和形象，在正常扩大社交范围，与同事、同学保持正常革命战友关系的同时，及时将一切有意无意滋生的红/蓝颜知己等暧昧关系扼杀在萌芽状态，不给任何人制造误会的机会，不浪费别人的时间和感情，上班的酒后不许带异性回家，上学的酒后不许跟其他异性回家。

7.如一方到另一方所在地进行探望，被探望方应尽量给予更多的陪伴和照顾，探望方也需根据实际情况允许被探望方进行正常的工作和学习，探望方应携带当地美食作为礼物，被探望方也应及时提供所在地的美食地图，并一同前往考察。

8.女方被“大姨妈”探访时可以提出任何无理要求，并得到无条件满足。

9.恋爱双方要为彼此保持自己美好的形象，女方要努力控制体重在男方可以背得动、抱得起的范围之内，男方要刻苦锤炼肌肉和意志，以便可以随时检查女方体重是否超标。

10.恋爱双方在日常生活中要注重挖掘对方的性格内涵，动用各种感官对对方进行全方位、立体化的了解，接受并适应其性格中良好的一面，监督其改正不完美的地方，直言不讳地指出对方的错误和迷茫，共同进步。

11.恋爱双方要正确认识小吵小闹对坚固持久爱情的重要意义，吵架时不提及任何与当前内容无关的之前发生的不愉快的事情，吵架后要及时平静情绪，回忆对方最可爱的形象，充分解释沟通，不许拒接对方电话，尤其不许关机，拒接电话记过一次，关机记大过一次。吵架永远是两个人的错，先承认错误打破尴尬气氛的记功一次，确实无错并提前承认错误、承担责任的通报表扬。

12.当恋爱一方气急败坏地提出分手的建议时，另一方不许当时同意，在不得已的情况下可启动分手程序。在分手过程中，双方要保持正常联系，但内容转为回忆并删除之前相处的美好时光，丢弃相互赠送的礼物和信件以及处理在对方处存放的物品的移交问题。若双方都可以将美好的记忆予以封存或遗忘并愿意不厌其烦地将属于对方的物品各自归还的话，则 250 天后分手建议生效。

13.恋爱双方的经济关系保持独立自由，不以任何方式强行干涉对方的财产支配问题，不强行索要讹诈对方钱财，对方强行要求被索要讹诈时要义正言辞地接受。

14.恋爱双方要坚持健康的生活方式，保持自己良好的精神状态，以免除对方担心的烦恼,如遇身体不适或精神状态不佳要及时向对方汇报,不得隐瞒,双方要相互照顾,共渡难关。

15.恋爱双方需保持平和的心态,在任何方面都不与任何人攀比,要相信自己实践的是对自己来说最有意义的生活;不因为影视作品和文学作品而怀疑自己的生活,影响自己的情绪,不把别人的悲剧套在自己身上。

16.如遇重大节日或纪念日,恋爱双方要及时提醒,主动相互致以祝福,有条件的情况下可互赠礼物。礼物的选择要遵循节约、典型、富有内涵的原则,推荐含有更多的手工制作成分。双方需对礼物进行妥善保存,如遇损坏或遗失记过一次。

17.尊重对方亲人,与对方家长保持联系,重大节日相互问候,平时及时汇报自己的工作学习状况,遇到涉及双方未来发展的问题时,需征求对方家长的意见和建议;尊重并适当了解对方的朋友,有机会积极参加集体活动,在朋友面前给足对方面子,背后不议论对方朋友的是非好坏。

18.若一方有机会品尝另一方没听说过的美食,不许实施语言诱惑,需记清名称地点或偷学得到技艺,等到有机会的时候带另一方前往品尝。

19.功过情况年终结算,功过相抵,剩余部分有功一方可以以任何方式对有过一方进行处罚,处罚方式可以残忍,但不可以灭绝人性,要坚持教育、感化、挽救的原则,武力为主,兵器辅助,需要的话可以寻求双方亲友团的帮助。

20.本条例处于试行阶段,可根据双方的需要,在经过协商后随时修订,最终解释权归恋爱双方共同所有。

最后,祝你们在中秋佳节能够有更美好的约定和发展!

(山东警察学院　丁文俊)

42.遇上了一个喜欢的男人

老师您好,我最近觉得心里特别浮躁,情绪激动,不太受控制,源于情感问题。

最近我遇上了一个喜欢的男人,双方都对彼此有意,但是对方很被动,因为工作繁忙,每晚要忙到12点。最开始我跟他联系还很正常,电话里聊得很开心,很轻松随意,但是这几天我越发怀疑是自己多情,他越是保持这种被动的状态我心里越没有底,可能是因为害怕错过他所以情绪很激动,我不断地找他,在很晚的时候打电话给他,虽然他表面不说,但我感觉得出我打扰了他的生活,我的突然“侵入”给他的生活也带来了负担，感觉让他没有自由。

我很希望两个人可以走到一起，但是我现在似乎有点心急了，请问该怎样调节我的情绪？

专家答疑

这位朋友，你好！

你问我该怎样调节自己的情绪？首先我们要搞明白的是：你的这个情绪是怎么来的？从心理学上讲，情绪是客观事物是否满足个体的需要而产生的主观体验。如果客观事物满足了人们的需要，人们就会产生积极的情绪情感；如果客观事物没有满足人们的需要，就会产生消极的情绪情感。当然，这是情绪产生的最基本原理。而在复杂的社会生活过程中，事物是否满足个体的需要，在评价过程中少不了一个重要的因素，即人对客观事物的认识。对同样一件事情，人们所持的观点不同，对其的认识不同，就会产生不同的情绪反应。因此，想要调节情绪，就要先调整自己对事件的认识，力争让自己对事件有较为理性、客观的认识。

其实，上述内容就是心理学中关于情绪的“ABC理论”。在这一理论中，A代表诱发事件；B代表个体的解释、评价，即对事件的看法；C代表事件发生后个体的情绪反应和行为结果。一般认为，是事件A直接引起了情绪和行为反应C，但ABC理论认为，引起C的是人们对这一事件的看法B，只不过这一过程因为自动发生而经常不为人们所注意到。要想改善情绪，不是需要改变诱发事件本身，而是需要改变人对事件的看法。

你说你现在心急、浮躁，情绪激动，不受控制，这样一些情绪反应来源于这样一个诱发事件：你喜欢的他对你们的关系很被动，而你又希望你们两个人走到一起，不想错过他，所以你的行为反应就是不断地找他，甚至很晚了也给他打电话，到头来反而弄得自己很焦躁。那么，到底是什么导致了你很焦躁并不断地找他呢？是“他对你们的关系很被动”这件事情本身吗？这件事情仅是客观事件，而你对你们关系的看法才是引起你的情绪和行为的直接原因。在这当中，隐含着你对你们关系的认识，即你喜欢的那个他应该像你喜欢他一样地喜欢你，他应该主动和你联系。

说到这里，我想可能你已经有点明白了吧，引起你情绪反应的其实是你自己对你俩恋爱的看法，但这些看法却并不一定是合理的，因为爱情是两个人的事情。首先，我们可以喜欢别人，但不能要求别人必须喜欢自己。而爱情需要双方都有意才能成立。其次，人们对于爱情的方式的理解是不一样的。可能你认为喜欢一个人就要经常联系，直接进入他的生活，而有些人可能认为爱一个人应该慢慢去了解，长时间培养出感情。因此，我们不能要求“你喜欢的那个他应该像你喜欢他一样地喜欢你”，也不能要求他对待爱情像你一样主动。

那么，应该怎么做才能调节消极情绪呢？当然就是改变自己的不合理认识。当然，首先要搞清楚的是他是不是喜欢你，是不是想和你交往。从你的表述来看，“双方都对彼此有意”，看来你是能感觉到他是想和你交往的。退一步说，即使你发现他不喜欢你，不愿和你交往，那也没关系，因为前面已经说了，要求别人必须喜欢自己那是不合理的要求。而且俗话说“强扭的瓜不甜”，相信你能明白的。其次，如果你确定他想要和你交往，只是你们对交往方式的看法不一样，那么就多一点理解和包容吧，因为爱情本身就是利他的，是理解、宽容、关怀和无私的。不是你的“侵入”给他的生活带来了负担，让他没有自由，而是你的侵入方式可能和他预想的不同。试想，如果是你工作了一天之后，本身就非常累，还有人很晚了给你打电话，或者不断地给你打电话，你是不是也会觉得不舒服？有人说过，人际关系就像剥洋葱，如果你想进入一个人的内心，就需要一层一层地剥，慢慢地了解他；如果你一刀直接把洋葱切开，那么往往会辣得自己睁不开眼睛，伤害自己也伤害他人。当然，相处方式需要两个人慢慢适应。

人们都说，爱情是世界上最复杂的情感现象，个中滋味只能每个当事人自己去体会。相信如果你能带着合理、坦然的心态去面对爱情，就会减少很多情绪困扰。说了这么多，希望能对你有所启发，并祝福你们相处愉快！

（山东警察学院　鞠丽华）

43.对女朋友有些“小心眼”

老师您好！我是一名军人，去年12月份到的部队，我的女朋友为我做了人流，我感觉很对不起她，直到现在我们两个都还为此有阴影。我认为我们两个很相爱，到部队的每一天晚上我都偷着给她打电话，每逢节日都会给她礼物，可是我在感情上却对她非常“小心眼”：给她打电话时，她不接的话就感觉她和别的男人在一起，还总是去登录她的QQ查看她的聊天记录，她对我这种行为非常反感，我也非常困扰。我这是怎么了？请老师帮我想一下解决方案。

专家答疑

这位军人朋友，你好！

首先感谢你对我们的信任，把你的问题和心理困扰向我们倾诉。从你的描述来看，你非常爱你的女朋友，甚至有些过度在意她。你女朋友也为你做出了很大的牺牲，你觉得很对不起她，因此这更加深了你在意她的程度。爱一个人就是要关心她、在意她，这是毫无疑问的，但问题的关键是能否适当地关心和爱护。这涉及两个方面的问题：一方面，对恋人和对恋爱关系应该秉持什么样的正确态度？另一方面，用什么样的恰当方式表达你的关心和爱护？

首先来看第一个问题，你是怎么样看待男女朋友关系的？你觉得和对方谈恋爱就是要两个人时刻在一起吗？她的一举一动你都要了如指掌，她在你面前完全没有任何隐私可言吗？如果你的回答是肯定的，那么你可能在认识恋爱关系上存在错误认识。或者用心理学术语来讲，在恋爱问题上你秉持了某些不合理的信念，其中一种不合理信念的特征就是绝对化要求，即“她必须要像我爱他一样爱我”，“我每天晚上都偷着给她打电话，她必须要接我的电话”。你想想，在你一系列行为的背后是不是有这样的一些错误认识？这其实是按照你的标准去要求别人了。

再来看第二个问题，什么是在意她的恰当表达？怎么样去表达对她的关心和爱护？每天监视她的行踪是真的爱她、在意她吗？是对她不信任吗？毫无疑问，答案是否定的。互相信任是相爱的前提，互相尊重是相爱的基础。要做到互相信任，首先要树立信心，要对自己有信心，对你的女朋友有信心，对你们之间的感情有信心。要做到互相尊重，就是要考虑一下自己的行为会给对方带来什么影响。不要以为你们已经非常相爱了就可以什么话都说，什么事都做，比如你查看她的聊天记录就是对她的一种不尊重，结果必然会导致她的反感。

恋人在互相信任和尊重的基础上，要学会感激与表达，也就是要沟通，在二人之间寻找共同的兴趣与爱好，这样可以增加了解的深度与广度。有时，对一件小事也要表示感激之情。要学会用“谢谢你”这三个字，这三个字看起来简单，但却是情感交流的一种有效方式。当然，做错事了也要及时道歉。特别需要提醒的一点是，恋爱双方都有独立的人格，偶尔要让彼此呼吸新鲜的空气，要给自己和对方留一定的空间。爱情不是人生的全部而只是一部分。

最后，还有一点需要澄清，如果你在确认了你女朋友没有和其他男士在一起后，你是不是还会怀疑她？或者说你是不是总是不能摆脱这种想法的困扰？

你在日常生活中对其他的人是不是也是一样的怀疑？如果是这样的话，建议你到心理科找专业的心理咨询师当面咨询。

说了这么多，希望能对你有用，也希望你快些走出困扰。最后祝你们爱情甜蜜！

（山东警察学院　鞠丽华）

44.父母不同意我的恋情

老师们好，我是今年刚毕业的警校学生，我有一个从大一就开始谈的男朋友，我们感情很好，但我的家长一直不同意，因为对方家庭条件不好，学历也不高，家长认为我是公务员了，就要找一个条件好的男朋友，所以坚决反对我和现在的男朋友交往。我妈妈的脾气很大，而且身体不好，我不想惹她生气，可是我实在舍不得和男朋友分开。我现在很矛盾，不知道该怎么办，只能向老师们求助了，谢谢老师。

专家答疑

你好！从你的网名“迷惘的小警察”可以看出来，你现在的确是够迷茫的。作为一个过来人，我非常理解你的处境和你内心的矛盾。在恋爱、婚姻问题上，父母和子女意见不一致的情况在很多家庭中都存在，所以你的问题也是现代社会普遍存在的一个问题。

作为老师，我不能帮你解决实际的问题，只能帮你对目前的处境进行一下分析，希望能对你有所启发。

第一，父母的反应是很正常的。作为家长，谁都希望自己的子女能生活得幸福，能有一个好的归宿，特别是如果是个女儿的话，更是如此。因为俗话说：“男怕入错行，女怕嫁错郎。”因此，家长希望你能找一个条件好的男朋友是很正常的。而且，父母与咱们的婚恋观可能是不一样的，我们不能有这样的绝对化要求，即父母的想法要和自己的想法一致。当然，恋爱结婚是自己的事，作为一个成年人，我们不能也不会完全听从父母的意见，当然父母也不能要求儿女的想法必须与自己的一致。

第二，你面临着一个双趋式冲突，即又想和自己的男朋友在一起，又想让自己的父母高兴，特别是不想惹妈妈生气。我们经常说“鱼和熊掌不可兼得”，但其实有时候是能够选择某种方式，尽量达到兼顾的效果的。

首先，你说你妈妈脾气不好，不知你和母亲在此问题上好好沟通过吗？你喜欢你的男朋友，肯定有喜欢他的理由，你有没有把你男朋友的优点和你母亲交流过？良好的沟通是解决家庭矛盾的前提，对自己的父母，更要“有话好好说”。

其次，说服父母最有效的方法不是单纯地说，而是去做。不知你的男朋友在对你父母的问题上看法与你一致吗？首先你俩的观点必须一致，在此前提下，要多做少说，把你们的努力、你们携手共度一生的决心展现给父母，只有这样，父母才可能对你们的结合放心。就把父母的反对当成对你们爱情的考验吧。

第三，时间是解决一切问题的良药。可以把目前无法解决或者无法下定决心的事情交给时间，随着时间的推移，可能你父母的态度会发生变化，他们接受了你的男友；可能随着你的逐渐成熟，你对恋爱婚姻的看法发生了变化；时间也会考验你和你男友的爱情，让你们都得到成长，因为之前你们都在上学，你今年才刚刚毕业，校园里的爱情和工作之后的婚恋还是有很大的不同的，经受得住考验的爱情才能历久弥新。

记得今年北京大学拍过一个毕业微电影，里面有一句话：“在对的时间遇见对的人，那是童话；在错的时间遇见对的人，这才是青春。”我们期待自己的爱情有童话般美好的结果，也不能拒绝青春带给我们的挫折，因为这同样都是难忘且宝贵的人生经历！

（山东警察学院　鞠丽华）

45.工作和恋爱哪个最重要

老师您好！我是一名警校的学员，最近假期回家乡的公安局见习工作。在见习期间，我认识了一个女朋友，她很支持我的工作，对我很理解。只是我为了工作、学习就没有时间搭理她。但是，最近因为一点小小的问题，她和我闹别扭。请专家帮我解答，谢谢！

专家答疑

你好！首先感谢你的信任，其次要向你致歉，因为工作忙，没能及时回复你的留言，在此敬请你谅解。

爱情是人类永恒的话题，在每个人的心中都有一份真正的爱情，每个人都想找到属于自己的一份爱，一辈子去经营和维护好这份爱。从你的留言中，我们尚不能确定你是否已经爱上了你的女朋友，因为你在留言中说“为了工作、学习就没有时间搭理她”，一个“搭理”让我感觉，你好像对这个女朋友有点不在乎。爱情不是谁搭理谁，而是发自内心地相互倾慕和爱恋，不知我说得是否符合你的现实，但无论如何请你认真对待。

爱情还意味着责任。从你的留言可以看出，你现在还是一名警校大学生，你的女朋友是工作了还是还在上学，这一点我们还不能确定。作为一名大学生，学业恐怕应该是主要的，尤其是在今天日益严峻的就业形势面前，更应该以学业为重。当然，作为一名成年人，是可以谈情说爱的，只要你的肩膀能够承受爱情之重，这需要你的认真思考。

爱情也意味着相互理解。爱情基于男女双方的相互信任、相互理解，因为小事就闹别扭，给人的感觉是不成熟的表现。当然，你所说的“小事”具体是什么事情我们不得而知，但有一点需要指出，男女双方出现分歧，还需要双方的认真沟通。

因为留言能提供的信息有限，我们只能作上述沟通，希望你认真对待爱情，妥善处理学业与爱情的关系，和女朋友好好沟通。

最后，祝你学业顺利有成，也祝你们的爱情甜蜜幸福！

（山东警察学院　公维友）

46.爱她在心口难开

留言一：

老师您好！我是一名刚参加工作的男生，性格比较内向，家里条件一般，属于工薪阶层。她是我的小学同桌，以前我老欺负她，想起来挺过意不去，就想有机会的话一定向她道歉。就在今年年初的时候偶然联系上了她，就请她出来吃饭，然后说了小时候挺对不起她的，她说早就忘了。几年不见发现她漂亮了好多，然后知道她还没有男朋友，我就想跟她相处看看，可是一直开不了口，您能帮帮我吗？

留言二：

我喜欢上了一个女孩子，可是不敢向她表白，怕被拒绝。现在的女生都喜欢有经济基础的男生，可我家是个普通的家庭，而她又是挺漂亮的那种女生。我现在的工作刚刚稳定起步，您说我该怎么办呢？

专家答疑

两位警官，你们好！看到你们二位警官的留言内容都涉及爱情的话题，因此一起回答吧！

几乎每个人对爱情都有自己的看法，这是人类最高级的一种情感。谈到爱情，自然会延伸到男人、女人、婚姻三个方面。那么，两性相爱的秘密在哪里呢？

爱情心理学研究发现，对方的外在形象、内涵价值、社会条件以及自身的需要、兴趣、理想、性格、修养等影响着对象的选择。

人的潜意识在择偶中起着重要的作用。从童年起，我们就开始认识和接触异性，对异性产生好感，并把引起好感的某些异性形象潜藏在潜意识里，形成异性偶像。但异性偶像的集中形成是在青年期。这时，随着性意识的发展，人会在潜意识里将日常生活、电影、电视、画报、小说中所认识和接触到的许多零散、多样的异性形象进行综合，形成一个朦胧的模糊形象，作为性想象的对象，并压抑在潜意识里。这个形象往往飘忽不定，只可意会而不可言传。

正是潜意识里潜藏着多种因素糅合而成的异性偶像，使人在茫茫人海中会选择他（她）而不是别人。当遇到某一异性时，你会马上被他（她）吸引住并产生爱情，这是因为对方的某一形象突然唤醒了你潜意识中的异性偶像，于是就有了一见钟情和“似曾相识”之感。在两性交往中，个体的外表形象是引起异性好感并产生爱情的首要因素，因为外表形象最易被人感知，外表形象符合要求的异性不仅会使人体验到生理上的快感，而且还会让人享受到精神上的愉悦。

通常，择偶标准有其心理特点。每个人的择偶标准都是不同的，但男女择偶在心理上也存在着共性。

男子的择偶定向和他在生理、心理上所占的优势相关。男子与女子不同的性别差异优势造成了男子的自强和自立心理，使他们在考虑婚姻时，在潜意识里把女子放于附属地位。在传统社会中，男子觉得自己有把握创造身外之物，认为女子只要吸引自己就行，并不注重女子的社会条件，所以男子往往愿与吸引自己的女子恋爱。女子形体方面的吸引力在男性择偶中尤为重要,男子更多地使用性吸引标准,常把女子的形体魅力放在第一位。

男子择偶的另一特点是把女性的优美性情放在十分重要的地位,都希望自己的爱人温柔贤惠。因为男子认为,女子的天然性情是婚姻的生活现实性和感情稳定性的基础,是缔结良缘的可靠保证,他们认为贤惠温柔不仅是男子的感情需要,而且还是生活的需要。

美貌本来是天生的,但许多男子把爱情与美貌联系在一起,从而使某些女子滋长了盲目的骄傲。因此,真正成熟的男子在择偶时,常把女性的内在美放在至关重要的地位。

女子的择偶定向明显不同于男子,两者间存在较大的差距。这首先是由于性别差异的不同造成了女子的依赖性,她们把婚姻生活作为一种“托付”,要求对方要有坚实的依靠感。其次,男子的情欲尤具冲动性与不稳定性,这对家庭的稳定会产生不利影响。在这种情况下,男子的思想道德对女子的选择具有十分重要的意义。因而择偶时女子很慎重,都希望有忠诚的爱人与安定宁静的家庭。女子择偶常从婚姻及未来的角度考虑,衡量双方的关系比较现实,多数女子不能离开成家立业这一恋爱目的来设想对男子的爱,她们对两性间的感情度要求甚严,喜欢的并不当作爱情,择偶时侧重男子的内在美——思想、道德、生活能力、是否温存体贴,也较注重男方的社会条件。

通过以上叙述,可以让自己更加清晰地看到或衡量自己的爱情了吗?当然,这些只是关于爱情与婚姻的知识,不需要教条地照搬。在两位的留言中,两位警官都提到了“经济基础”“家庭出身”等字眼,反映了他们在求爱、追爱过程中的迟疑与不自信。但是,经济基础固然重要,如古人云“婚姻应门当户对”,但万事无绝对。可以问问自己,爱对方的是什么?你内心能否过了“门不当户不对”这道坎?对于想要牵手终身的伴侣是否坚定?是否考虑好了?如果还没有考虑好就预设了种种限制,那就意味着一种限制。除了自己的经济基础、家庭出身之外,是否还有其他潜意识里的不匹配因素?或者是因为个性羞怯,不知道如何与女性交往?如果带着这种心境去追求对方,可能真的不一定如你所愿,可能还会影响未来的关系。因此,建议你们要多多觉察自己的心意,坚定自己的心意,再去勇敢地表达自己的感情,去尝试着获取爱情。

要做到先觉察,再追求,求爱是缔结良缘的枢纽,所以自己的爱情需要依靠自己的勇气与努力去追寻,具体还有一些需要注意的方法。求爱往往有两种方式:第一种为直露性求爱,马克思与列宁都是采用的这种方式,但根据你们二位描述的情况，目前还不适用；第二种为暗示式求爱。为了避免尴尬，常采取试探性方式，拐弯抹角、间接婉转地表达自己的感情，如向所爱的人赠送“勿忘我”“红豆”等。在生活中，更多的是通过语言暗示来求爱，既婉转地表达了爱意，同时又试探了对方的感情。

写求爱信是一种很好的求爱途径，但是要注意称呼不能过于亲昵，最好是直呼对方的名字；要含蓄地求爱，这样符合爱情的隐曲性，既有美感又易被人接受。此外，还要真诚，只有情真意切才会打动人心，若无真挚，华丽的词句只是个谎言。

当然，最重要的是爱情是两个人互爱的情感，如果对方和你的感觉不同，说明你们的缘分还不够，也只能接受现实，不必过于执着。

祝二位早日追到相爱的伴侣！

（山东警察学院　费晓璐）

47.我的网恋

尊敬的老师您好！我是一名刚刚入警的警察，面对许多的事情还要慢慢去适应，但是我的感情问题让我有些受折磨。前段时间，我从网上认识了一个河南的女孩子，她比我大两岁，因为我知道现在的女孩子是不会愿意和比自己年龄小的男人相处的，她们认为会很累，很麻烦，但是我不这么想！只要两个人能够彼此相爱，年龄只是一个代码而已，她跟我说如果她感觉到累了就和我分手，我该怎么办？尽管我在努力地去做好，但是我感觉还不够！我该怎么去做呢？请您给我个建议！谢谢！

专家答疑

这位民警朋友，你好！首先感谢你的信任。对于你的感情困扰，我们表示理解。关于你的感情困扰，有以下几个问题需要你首先明确：

第一，你和这位河南网友认识多久了？

第二，生活中你和她见过面吗？

第三，你确定你现在与这位网友已经确立恋爱关系了吗？

第四，你作好异地恋的心理准备了吗？

这几个问题明确后，我们再来聊聊网恋和异地恋的问题。

首先让我们聊聊网恋。网恋作为现代社会一种流行的恋爱方式，确实解决了不少年轻人的婚姻大事。通过网络，相爱变得更加简单，但世上并没有简化的爱情。网恋实际是一场真实恋爱的前奏，一场健康成功的网恋最终必然要从虚幻走向真实，柏拉图式的精神恋爱绝非长久之计。还有更为重要的，就是网恋从一开始并不能包含欺骗。你认同这一观点吗？

再让我们谈谈异地恋。当前，人才流动的加速，再加上现代交通工具的便捷，使异地恋和夫妻两地分居成了一种普遍的现象。但是，异地恋意味着相思之苦，意味着无限的牵挂和等待，还要对对方寄予莫大的信任和对这份爱情的执着。所以，不相信爱情的人不要选择异地恋，爱得不深的人也不要选择异地恋，意志薄弱的人更不要选择异地恋。网恋属于那些相信爱情、忠于爱情且意志坚定的人。如果感觉累了就想分手，这是不是对爱情的执着？这需要你在交往中予以判断。

最后，祝福你一切顺利！

（山东警察学院　公维友）

老师您好！我是上次那位关于“异地恋”问题而留言的民警，感谢您的解答。虽然我感觉不太现实，可是我觉得她对我还不错，现实中还没来得及见面呢，但通过在线视频见过面，感觉还不错，您说我是不是有点太天真了?!

▶ 专家答疑

你好！感谢你的再次留言，综合你的两次留言，我感觉你与这位网友的交往才刚刚开始，相互之间可能还缺乏了解。在交往初期，应该以相互了解为重点，还不到谈感情的时候，或者说还不到谈情说爱的时候，更谈不上感情困扰。

每个人都有追求爱的权利，不存在天真不天真，但是正如我上次对你的留言所言，要有作好网恋和异地恋的准备，如果还没有作好准备，请谨慎。作为刚入警的新兵，还是要以工作和事业为重，你说呢？

祝工作顺利！

（山东警察学院　公维友）

48.怎样才能忘记前女友

咨询老师您好！我跟女友分手有一年多了，但是经常想念她，放不下女友。但是我现在想找新的女友总会想到她，我想忘记她可就是忘不了她，我不知道如何选择下一个她，老师我该如何选择？该怎样做才能忘记前女友？

专家答疑

这位朋友，你好！

可以理解你现在的心情，对前女友一直念念不忘，不能开始一段新的恋情，会使你感到有些困惑和苦恼，这是很正常的一种心绪，毕竟曾经有过一份很难割舍的感情。人生总是会经历一些起起落落，感情生活也是一样，失去的这份恋情正是因为你曾经拥有过一份恋情，这份恋情丰富了你的人生，是我们人生这本书的一个章节，不过，我们还有更多的章节，这一章已经翻过去了，我们可以为人生书写更多的篇章，不是吗？

当我们想要忘记一些事情时，却总是难以忘记；当我们想放下时，却一直放在心上，因为我们不想忘记。既然如此，那就顺其自然，你既然不想忘记她，那就把她放在你心里，可以尝试想象着把有关她的一切都打个包，封存在你心底的某个角落，在你需要并适当的时候，你可以打开那个包裹，任自己沉浸在回忆中。即便在你尝试开始一段新的恋情时，你也可以去这样做，这并不矛盾，因为新旧恋情都是很美好的恋情。相信随着你新恋情的开始，时间会治愈一切的！

（山东警察学院　程亮）

49.经常和女朋友吵架怎么办

老师您好！由于工作原因，我有时会和女朋友吵架，已经持续很长时间了，这让我感到很为难，我很爱她，害怕失去她，可是有的时候事情并不是我所想象的那样，总是持续地“冷战”（谁都不理谁，给她打电话她也不接），这样会影响我工作的，我该怎么办？

专家答疑

这位朋友,你好!

你在留言中提到,由于工作原因有时和女朋友吵架,我有点不太明白,是因为你的工作太忙有时无暇顾及女友?还是你和女友是同事,你俩对于工作有意见上的分歧?还是她不满意你的工作或者工作能力?你真的确定你俩吵架是因为工作的原因?

恋爱中的女人心理是微妙的,往往需要男友的体贴和温暖,她们会把男友有时间多陪她、出现意见分歧时能够迁就她的意愿当作被爱的标志;她们有时又往往有几分小性子,心里的真实想法不愿意直白地表达出来;有时还会缺乏安全感,甚至表现得蛮不讲理,其实也只是想体现自己的重要。如果男孩子在情感上比较粗枝大叶,不能体会女孩子嗔怒和怨言背后曲曲折折的心事,误解和争吵也就在所难免了。在这种情况下,需要你细心一点,用心记得女友对你的好,也用心揣摩女友真正在乎和计较的是什么,如果真的没有太多的时间可以陪伴在女友左右,也要打个电话说明缘由,不要让对方产生误解。用直白通俗的话来说,就是"恋爱中的女人是需要哄的"。

另外,出身于两个不同家庭的恋人,其性格、习惯、爱好、想法有不同和分歧也是非常正常的。爱一个人并不容易,双方都有责任学会克己、不任性、宽容跟信任。要懂得珍惜,而不要为了一些无谓的小事伤了彼此的感情。虽说双方都有责任给爱情之花浇水、捉虫、精心培育,但是,在恋爱关系中双方并不绝对地、完全地平分责任和义务。恋爱里是没有"公平"二字的,亲密爱人之间或者夫妻之间谁为谁付出都是因为"愿意",而不是为了计较公平与否。你说很爱女友,认定了不能失去,那么可能需要付出更多的爱心和耐心去主动磨合。男子汉大丈夫,也应该有包容对方的胸怀和气魄。

至于因为情感的纠葛而影响了工作,我是这样想的:太过在乎某样东西反而会患得患失。如果对方正在气头上,拒绝沟通的时候,多说无益,纠缠不清也不是明智的选择。你不妨把精力从对方身上、从对吵架本身的关注上分散一些,分散到工作中,分散到你想做的事情上去,等双方稍微冷静一些再进行沟通。如果她同样有爱,同样不舍得放弃,事情一定会有转机的;如果她已经不爱或者不够爱,一次、两次能求得回心转意,难道一辈子都要去求、去纠缠吗?如果她通情达理、善解人意,你又有足够的诚恳和心意,她一定能够看到;如果你已经做得足够好,她就是不通情达理、不肯体谅,那么你还会下定决心要和一个不懂事的女人磕磕绊绊地度过一生吗？不妨给双方一点时间和空间，两个人都认真考虑下这份感情的意义。

两个人之间的感情，旁人永远也不可能真正了解。你心里的情感得靠自己去把握。鲁迅先生说："人必生活着，爱才有所附丽。"爱情从来不是虚无缥缈的神来之物，日日纠结于感情的困扰，为烦恼而烦恼，只会蹉跎了时光，于事却无补。在生活中、网络上、书本里常常有过来人分享一些赢得爱情的经验，虽不能说完全没用，但归根结底，要想让对方不舍得放弃，只有让自己足够优秀。要么让她知道你的爱，要么让她知道你的好。无论当初是激情四溢还是含情脉脉，无论过程是一帆风顺还是一波三折，爱情都会渐渐趋于平常的生活，互相理解，互相尊重，互相扶助，互相关爱，互相取长补短、安慰体贴，才能够"死生契阔，与子相悦；执子之手，与子偕老"。

最后，祝天下有情人终成眷属！

（山东警察学院　单冬）

50.因为爱，所以心疼

和老婆结婚4个月了，相隔300公里，每月连续工作20多天才能休息4～5天。我们在一个远离县城的乡镇工作，院子只有井口那么大，外边街道上尘土飞扬，如果没事，可能工作20多天也只是在院子里活动。那滋味无聊无趣，远在他乡，除了办公室就是宿舍，很多时候相当烦闷。时间久了，就连话也懒得说了，属于典型的"亚健康"了。

闲暇的时候，总喜欢和自己的老婆打电话，听听她的声音，人也轻松了不少。说实话，老婆人不坏，就是脾气大点，文化水平低点。我呢，不抽烟，不玩麻将，就喜欢看电视、看书。老婆相反，她一个月有半个月的时间是在休息，但不是集中休息，是轮着休。没结婚前，她就喜欢玩麻将。结婚了，我说你少玩，多看书、看电视。她说，我不喜欢，不过我会顾及你的感受，不是应酬或是别人约我，我不会主动出去。然而，好几次，我和她出去或听她说，一玩就是七八个小时，有时输四五百元，有时输二三百元，我看着听着很心疼。

好几次没有旁人的时候，我冲老婆发火，她不好意思地一笑，说别扫面子，玩麻将总是有输有赢的。

这两天我们闹了几次别扭，也不仅是玩麻将，都是我先发的，她倒是没太在意。但今天，她出去玩麻将，我们吵得有点厉害，她说我管得太多了，她像是失去人身自由了。我问她想怎么样，她说随我，想怎么样都行。我知道她是说得出、做得到的人。我真是心疼。平心而论，我是个追求完美的人，而她是个不拘小节的人。我也知道，我在试着改变她的不良习惯，但没太大作用。我真不知道我们的路还能走多远。

我决定冷静两三天。我没做错，我不想和她打电话了。

专家答疑

这位警官朋友，你好！

刚刚结婚 4 个月，还是新婚宴尔，就已面临着夫妻关系的困扰，甚至感觉到你对婚姻生活有一点灰心，此时一定要冷静、慎重，既不要逃避问题，也不要激化矛盾。其实，对于年轻的夫妻而言，婚后的磨合相当重要。经过恋爱进入婚姻的殿堂，从花前月下到生活琐事，会有一定的落差，夫妻关系需要磨合才能渐入佳境。

首先，要正确认识和平稳度过磨合期。结婚成家意味着两个人共同生活的开始。只有经过婚后一段时间的磨合，夫妻感情才会进入相对稳定的阶段。因此，夫妻双方要客观正确地认识磨合期，对磨合期出现的问题要采取积极的态度去解决，不要轻言放弃。具体来说，第一，要适当地为对方调整自己的生活习惯和喜好。婚后，男女普遍存在想改变对方并让对方适应自己的心理，甚至把对方是否让步作为验证婚前誓言的依据。其实反过来想，既然爱对方，为什么不能为对方适当地改变自己？当然，改变是有原则的，爱是相互的，要给对方留出一定的自由空间。即使是夫妻之间，也要有自己的一方天地，给对方留出足够的自由空间，同时保持自己相对的独立性，会让对方生活得更加轻松、自在。第二，照顾对方的自尊心。在磨合期中，夫妻都想努力改造对方，要对方变得完美，符合自己心中理想丈夫或妻子的形象，但这恰是亲密关系中痛苦的最大来源。要知道，对方已是成人，有完整、成熟的个性，有自尊。人人都会有缺点和不足，苛求完美是不切实际的，伤害对方的自尊就是在伤害你们的感情。

其次，在沟通时注意方式方法。如果确实是对方存在不良习惯或缺点，在希望对方改正时，也要注意方法。过多的指责与命令会导致逆反心理。有一种沟通的方法叫作“陈述我的信息”。比如，你规劝妻子不要打麻将时，可能使用的语言是“你这个人怎么这样？老是打麻将”。虽然针对的是打麻将这件事，但是在表达上却会让对方感觉在指责她这个人。更好的方式是陈述“我的信息”。具体来说，一是描述自己觉得困扰不安的行为，如“你要去打麻将了”，只描述行为本身，而非指责行为的当事人；二是陈述自己对可能的后果的感受，如“我心里有点不舒服”；三是陈述后果，如“我好不容易回来看你一次，你却去打麻将，没时间和我在一起，有时还输钱”。这种沟通方法是否有效因人而异，一般而言，对事不对人，对方应该比较容易接受。[①]

夫妻良好沟通的策略还包括主动表达自己，经常鼓励和表扬对方，积极地倾听，学会换位思考，学会宽容，懂得克制和暂时回避等。

最后，吵架的背后有时表达的是强烈的关注需要。你们不仅婚姻处在磨合期，而且还两地分居。由于工作环境的问题，你的生活相对烦闷一些，妻子的电话会给你带来心灵的慰藉。妻子闲暇时间多，打麻将也许是她排遣寂寞空虚的方式。行为的背后往往隐含着情感的需要。你留言的题目“因为爱，所以心疼”其实比你信中的表达更真实。你们可能都需要更温情的情感交流。平时应经常主动地关心、询问对方的情况，使对方能够感受到温暖和关爱，彼此信任；有时间回家时，应该主动分担些家务，做一些对方喜欢的事情。对你来说，不仅要调剂好自己的事业和伪单身生活，而且还要引导妻子选择更健康、积极的消遣方式。喜欢读书的你能不能从书中找到答案呢？通过读书、工作让自己变得更加优秀，你的优秀会使妻子愿意为了你而改变。

祝工作顺利，家庭幸福！

（山东警察学院　单冬）

51.婚后没有了安全感

老师您好！我和他认识一个月就订婚了，才认识的时候，他的稳重是我最欣赏的地方，和他在一起很有安全感。现在我已没有了安全感。他喜欢出去玩，很晚都不回家，如果我要去，他就很不高兴，有时他突然说的一句话让我很担心，我也想过分手，可我就是放不开他。我该怎么办？

▶ 专家答疑

这位朋友，你好！

你提到了一个目前在年轻人中很有代表性且比较普遍的问题——缺乏婚

---

① 参见[美]马歇尔·卢森堡.非暴力沟通[M].阮胤华译，北京：华夏出版社，2009.

姻安全感。在一项名为"2011 年中国网民生存安全感"的网上调查中,"婚姻安全感"居然排在网民生存安全感缺失的第三大原因里面,约七成的受访网民表示对目前或将来的婚姻幸福没有把握。

简而言之,"安全感"就是人们在社会生活中保有的一种稳定的、安全的感觉。在心理学大师马斯洛的需求层次理论中,安全需求处在生理需求之后,位于社交需求、尊重需求和自我实现需求之前。通俗一点说,人能够吃饱穿暖并有居住的寓所之后,便有了安全的需求,包括人身安全、生活稳定以及免遭痛苦、威胁或疾病等。如果连安全感都没有,那么社交需求、尊重需求和自我实现需求就更遥远了。

安全感是个很宽泛的概念,总的来讲,人们的不安全感无非来自两个方面——过去和未来。曾经的生活经历都会在人的心灵上打下烙印。小时候父母教养方式不当,特别是离开父母独自生活的孩子,一般成年后都会缺乏安全感;被恋人伤害过的年轻人,对开始一段新的感情也是心怀畏惧。过去的心灵创伤因人而异,对未来的焦虑不安则具有更多的普遍性。感到婚姻不安全,一般是因为害怕未来会因自己的需要得不到满足而离婚。

缺乏婚姻安全感的负面影响是,当不安全感来袭时,个人的心理会产生一系列微妙的变化,如相伴产生惊慌、困惑、失落、紧张、压抑、郁闷等负面心理,甚至会影响身体健康。持续低迷或反复的心理折磨最终会影响家庭的和睦融洽。

在这里,我针对从你的留言中反映出的有限信息,提出几条预防治疗婚姻安全感缺乏的基本方法吧:

首先,先和自己"结婚",了解自己需求的合理性。每个人心中都有一个或多个"心结"或"漏洞"的,只要有心结,心一想到这儿,就可能受阻;只要有漏洞,一碰到、戳到这个漏洞,我们的心就可能过于敏感甚至疼痛不安。心外没有世界,心外没有人,你的所见皆是自己的投射和镜像。自己的喜怒哀乐都是自己在成长过程中形成的性格的折射:高兴是因为周围的人和事满足了你的需要,但这种需要也许是过度的;不悦则是"不遂己愿",但这种"己愿"或许不是眼前的人和事给你带来的(它最多只是一根导火索),而是自己过去的缺憾所致,是你自己过度防御的表现。比如,自己的长辈或亲朋好友中有过婚姻变故的人,婚姻安全感可能要小些。只是你对自己潜意识中的许多东西不太了解而已。比如我自己,都已年近五旬了,还是发现,偶尔心情不好时,就会有心中的"魔鬼"溜出来捣乱!这时,会把一些人和事夸大性地甚至无中生有地往坏处想!此时的方法是停止思维,冷静下来,寻找机会与相关人员沟通。

所以,要结婚就先和自己"结婚"吧!因为你最终爱的是那另外的一个自己。一个人如果实现了自己内在的婚姻，和自己“结婚”了，那么无论其再和谁结婚，其婚姻都将是稳定而不可破裂的。和自己“结婚”的人会形成一个稳定的圆，而他/她所遇到的某人只是那个圆上的一点。因为已和自己稳定地“结婚”，那圆上的点再也滑不出它的轨道，外在的婚姻只是这内在婚姻的完美“副作用”。外在世界是内在世界的显化，有生命力的种子不可能变现不出花朵来。你是你世界的因，如果你好，你的果——世界也不可能不好。

记住，没有一个人是完美的，包括我们自己。人活着的重点是了解自己，爱自己，先和自己“结婚”，了解自己的内心，知道自己的长处与短处，调整好自己的需求，培养自己的感恩心和知足感，去除自己的不良念头或过分需求，理解和容忍自己一时难以纠正的短处。如此，所有的问题都将解决。或许，可以从尝试着先改变自己开始，试一试，看看会不会有好的转变。比如，对方当初吸引你的是他的“稳重”，这说明你内心对不稳重的男人有所反感。从而把他婚后的“喜欢出去玩，很晚都不回家”也当作“不安全”的隐患，这是不是你自己从小缺少关爱或受到过分溺爱等原因导致的缺少安全感的表现呢？

你的念头是种子，你的生活只是它开出的花儿。善念会开出玫瑰，恶念会变成肿瘤。请记住这心性的定律：一个不爱自己的人，不可能爱上自己的世界，也不可能爱上自己的婚姻，因为他/她的婚姻就是自己的情爱世界，而那一切都是对自己的展现。所以，不论你想拥有完美的爱情还是一桩稳定的婚姻、一份好工作、一份恒久的友谊，你都必须从爱自己下手，因为你是世界的因，世界只是你的果。假如种子不良，它别想开出好的花，结出好的果。一个人和自己过不好日子，也不可能和别人过好日子。

其次，信任自己的对象，停止对周围的抱怨。人的基本信任感是生命大厦的基石，影响着我们的一生对亲密关系的感受和质量。基本信任的严重缺失会导致心理发育上的缺陷，从而导致病态人格，比如常见的边缘型人格障碍、依赖型人格障碍、自恋型人格障碍等。

缺乏基本信任的一种表现是，这个人与他人没有边界感，把所有的注意力都放在关注别人对自己的态度上，在人际关系或亲密关系中对自己是一个“受害者”的身份过度认同。

现在社会上的婚姻危机很多，其中很大一部分根源来自个人基本信任的匮乏和缺失，而这种基本信任的缺失却经常会投射到伴侣身上。比如一个内心缺乏安全感的女性，即使找到了一个对她很忠诚的伴侣，她也总认为伴侣不能给她真正的安全，总会疑神疑鬼，无中生有，最终导致婚姻的真正危机。但是，她自己却可能不知道这种非理性的不安全感不是来自伴侣，而是来自她自己的内心。如果总是要求伴侣改变，或者要求伴侣给予自己无限的保证，那怎么可能真正解决问题？在婚姻关系中，只有感到当对方与自己融为一体时，才会感到完全的满足和完全的爱，否则就是危险，就是恐惧，就是被抛弃的信号，就会感到强烈的不安而拼命想去控制这种危险的发生。

还有一种缺乏基本信任的表现是完全相反的，就是与他人的边界感过于强烈和僵硬，与他人的关系看起来外表很开放，实际上内心防御感很强，不会轻易相信别人；内心深处很孤僻，不喜欢与人亲近，即使是自己的伴侣，在心理上也保持着一层厚厚的边界，不容许对方走进自己的内心，一旦越过自己内心的这层边界，便会感到强烈的不安。

基本信任感是一个人拥有健康人格的根基，拥有基本信任感的人能够与他人建立关系，容易接受生活发生的变化，能够有很好的自我调节能力。同样，在亲密关系中也不会轻易怀疑别人，容易与伴侣沟通，也容易有幸福感。

觉悟的人向内找问题，不觉悟的人一直把自己的箭射向那外在的靶子，这使他们真正解决问题的希望变得渺茫。在婚姻中，你是那个一直在埋怨婚姻对象的人吗？那你的箭也迟早会把你想要的东西射穿。因为想要它，你将失去；如果你真想要它，那么先把你给你自己。全心全意地爱自己，必然能够全心全意地爱他人。

你对婚姻中那个人的抱怨，是你对自己抱怨的反映：你不爱你投射在镜中的你，这是你抱怨他的起源。抱怨是婚姻亮红灯的开始，你不停地去抱怨你婚姻中的那个人，你的婚姻早晚会破裂。

其实，在社会竞争愈演愈烈的今天，最先失去安全感的往往不是女人，而是肩负养家重任的男人。男人和女人刚好相反，最开始他们毫无安全意识，全然是莽撞无知的少年，但是当他们慢慢长大，就会意识到对于男人来说，“安全”的成本要比女人高得多。他必须养家，让自己所爱的女人过上稳定幸福的生活，如果做不到，他很可能就会作为一个“失败者”被生活打入底层。缺少安全感的男人很多非常优秀，那是因为他们比普通人更害怕失去。

所以，当你又下意识地想抱怨时，不妨先设身处地地从正面为他想一想，比如你说他出去玩的时候，“如果我要去，他就很不高兴”，你是否和他沟通和探讨过原因和合适的相处方式呢？

最后，少想多做，放弃改变对方的企图。如果过去的挫折经历让你不安，那就试着换一个角度去回顾它。以前遇到的失败应该成为你走向成熟与自信的阶梯，而不应该成为你畏首畏尾的借口。如果你是对未来恐惧不安，那么最好的办法就是少想，想得太多难免焦虑。与其对未来患得患失，还不如低下头来把眼前的事情做好。有些人老是考虑以后会怎样。与其如此,还不如考虑一下明天应该做些什么,怎样才能做好。我们可以把人生当成走路,不要只想着远方的目的地,而要多抽时间和对方一起多享受一下家庭生活的乐趣,多看看路边的风景。

做幸福女人重在能力,而你看那些屡屡受伤的女人,她们身上都有致命的弱点,更缺少一种驾驭生活、驾驭男人的能力。其实,说“驾驭男人”是针对那些可以驾驭自己的女人说的。如果连自己都驾驭不了,何谈驾驭男人、驾驭生活?驾驭自己包括管理好自己的情绪,有侧重点地安排好自己的生活,在各个年龄段知道自己想要什么并为之努力,实实在在地了解人性、了解男人,接受男人身上的弱点和缺点,本着不和男人较劲、不和自己较劲的平和心态去处理问题,不要为了面子逞一时之气,做出错误的选择。

当然,你说“我和他认识一个月就订婚了”,如果你感觉婚后你才发现对方并不是你真想要的那个样子,那作为一个老大姐,我也只能告诉你:我们是无法改变别人的,甚至连已经习惯成自然、形成性格的自己也很难改变。所以,只能让自己去适应别人,或者提醒对方,两人共同努力,在一定范围内调整一下双方的互动模式。如果还是“处不来”,那就只有“分手”了。可是,谁又能保证自己的“下一个”会怎样呢?两个人走到一起真的是个难得的缘分,应当珍惜。

我相信婚姻,相信有很多幸福的女人,她们在家庭里可以得到满足,在男人那里可以得到宠爱,在自己的婚姻里有安全感,把自己的日子过得有滋有味、朝气蓬勃,这样的女人不一定漂亮,但心理健康,充满智慧;这样的女人不一定完美,但有治家之道、治男人之道;这样的女人不一定多么富有,但一定知足常乐,懂得感恩;这样的女人不一定惊天动地,但肯定懂得取舍,知道进退。

祝你在岁月的“流失”中重获安全感!祝你们永远幸福!

(山东警察学院　丁文俊)

52.父母让我离婚

老师您好!我和我丈夫相识了很短的时间就不顾父母的强烈反对而结婚了。后来在生活中,我发现了他很多的缺点。有了一个女儿后,他仍然不求上进,始终不听劝告,我的父母要求我们离婚,但考虑我们的女儿还很小,因此不想离,但又怕过这样的生活,心里很矛盾,我该怎么办?

专家答疑

这位朋友，你好！

从你的网名“一往情深”能够看出，你可能是位比较理想化的善良女警吧！但你的留言中反映出的信息太少，一时难以帮你开展具体的分析，更谈不上出主意了。何况，心理咨询师的职业守则之一就是不能代人做出决定，要让当事人自己帮助自己。所以，在这里只能“猜测”性地帮你分析如下：

第一，你对婚姻大事可能决定得过于简单化了。近年来，类似你这种“冲动型”和“盲目型”的婚姻逐渐增多。不少人觉得，到了岁数就该结婚，或者只发现了对方的优点而忽视了缺点。即便婚前了解了一些双方难以调和的矛盾和冲突，也可能选择视而不见，认为“婚后会好的”。可婚后才发现，事情会变得越来越糟糕，对此该怎么办？此时就又可能迅速地想到离婚，而且由女性主动提出离婚的还不少！如你所说：“我们相识了很短的时间，不顾父母的强烈反对就结婚了。”现实表明：“闪婚”的离婚率是较高的，因为两人的了解毕竟太少了，而并不是随便怎样的两个人就能一起基本和谐地相伴终生的。而且，一般的父母因生活经验较多且了解自己的孩子，所以他们的意见往往是非常“在理儿”的。理者，即规律和必然也！所以人们才说：“不听老人言，吃亏在眼前。”

第二，你们可能对婚后生活中双方的义务和责任想得太少了。婚前对婚姻抱着理想化的憧憬，没有客观评估可能遇到的矛盾，婚后遇到问题采取逃避态度，这也是导致部分人轻易离婚的原因。你可以看看推荐信息中的“毁掉 80 后婚姻的十大元凶”。你们的矛盾是否大多也是由这些“鸡毛蒜皮”引起的？

第三，对对方的缺点应当多多包容。首先要知道，婚姻的维系靠的是相互理解，相互信任，相互包容，相互关爱。既然已经结了婚，说明你已经接受了另一半的整体，接受了他的优点，也要接受他的缺点。一个人已经形成的个性是不容易改变的。如果在婚后他改不了你试图要他改正的缺点，那就应该去习惯和接受缺点的存在，毕竟人无完人，每个人都会有缺点的。要把爱的重心放在去关爱和包容对方上，比如“他仍然不求上进”是的确没有上进的能力，还是只是出于懒惰的态度，或者是没有找准自己的兴趣点或职业发展方向？他应该向何处上进？如何才能上进？他如果真想上进，需要你协助性地做什么？

第四，对当前的矛盾应当两人共同面对。由爱情到婚姻要经历“触电”、探索、评价、建立亲密关系、相互承诺等阶段，是一个需要付出耐心、资源和技能的过程。这个过程需要双方共同努力，谁都不能“坐享其成”。特别是当婚姻面临挑战时，夫妻应该共同面对，双方应该是互动、和谐、互助的。当一个人脆弱时，另外一个人应该帮助其坚强起来，渡过难关。因此，需要建立一个良好的机制，让伴侣共同分享你的成功和苦难。

最后，还想提醒一点：毕竟有了孩子，是否离婚应当慎重考虑，千万不要再一时冲动地做出决定了！当然，离与不离可能都各有利弊，特别是对孩子而言更是如此：离了，家庭会变得不完整；不离，不良的家庭关系对孩子也是一种伤害。这是一道复杂的人生题目，你可用心理学上的“利弊权衡”方法比较一下：一一列出离与不离对你和你老公、你们的孩子的利与弊，然后两利相权选其重，两害相权择其轻。综合分析后，再做出抉择并准备承受由此带来的后果。

希望你老公的缺点并不是无法改变的(但一定是不易改变的)，也希望你老公和你的家庭都能重获“上进”！

(山东警察学院　丁文俊)

53.恐婚

老师您好！今年是我的本命年，算算也不小了，应该是谈恋爱的年龄了，可是心里对婚姻总是保持着一种恐惧的态度，因此对于别人的追求和别人介绍的人，总是一一拒绝，对此父母没少说我，说什么不小了，该成个家了。但干警察这个工作每天经历或听说的离婚、婚外情之类的事情太多了，让我心里隐隐地有些恐惧，有人说我心理有点问题，其实我也不想这样，请问我以后该怎么办呢？有时候看到同学的孩子那么可爱也很羡慕，不过很矛盾，不知道该怎么办。

专家答疑

这位朋友，你好！

看到你给自己起的网名“丢了幸福的猪”，我禁不住笑了：这本身就说明你还没有把幸福完全丢掉，只不过不知把幸福藏到了哪个角落里而已。但如果真的“对于别人的追求和别人介绍的人，总是一一拒绝”，那的确应当注意：别真的一不留神把幸福丢掉了！

心理学认为，人的本质心理是趋利避害。你之所以对恋爱采取回避的态度，可能至少有以下两个原因：

第一，如你所说，经历或见到的离婚及婚外情之类的事情太多了。但医院的医生总不能因为见到的死亡太多而不活了吧！而且，看看周围不还是幸福的家庭多吗！瑞典的一句俚语说得好："一个人想唱歌，永远可以找到一首歌。"换言之，对于追求幸福者而言，只要决定自己要幸福，就一定能追求得到。反之，一个人不想要幸福，幸福自然离他越来越远。所以幸福不是意外，而是一种承诺，首先要决定要寻找幸福，并使自己幸福起来，同时在日常的生活中加以创造，让它进入生命的每一部分。

第二，可能暂时没有遇到你的理想对象。结婚是终身大事，每个人都会在心里反复勾勒理想爱人的条件和标准，或者期望能遇到让自己一见钟情并能相伴终生之人。但现实中常常奇遇难寻，所以幸福的人不会执着和受限于狭隘或唯一的目标上，他们会很有弹性地变换目标，而且不断地开拓新目标，所以他们前面的路子是宽广、多方向的。借用一位美国心理学家的钓鱼比喻：他以垂直式思考和水平式思考来比较两种不同的钓鱼策略，如果以垂直式思考钓鱼，会先想钓什么样的鱼，然后量水的深度，再将鱼线掷入水中，等待大鱼上钩。这种方式有一些明显的缺点，因为一方面我们可能要等很久的时间才能钓上想要的鱼，然而大多数时候得到的是失望和挫折，结果一无所获；另一方面因为我们太专注于目标，反而不能体验到钓鱼的乐趣，如感觉到鱼在吃饵时浮标在水面不断轻动的兴奋。而如果以水平式思考钓鱼，则不会有特定的目标，只是将鱼线抛入水中，因为谁也不知道会钓到什么样的鱼，然后欣赏水中和岸上的风景并怡然自得。当幸福地起竿时，再选择想要的鱼，并且把不要的鱼丢回水中。寻找自己的爱人也是如此。幸福的人是善于运用水平式思考的人，他们对问题的解决不只有一个标准答案，他们也不会早早地自我设限地说："这人不适合我！"

祝你早日找到最适合你并能彼此带来幸福的另一半！

（山东警察学院　丁文俊）

54.经常和老公吵架怎么办

老师您好！我是去年10月份结的婚，刚结婚的那几个月本应该是甜甜蜜蜜的日子，但是我们几乎天天吵架，吵架的原因各种各样，我感觉很多时候吵架都是他故意找碴的。结婚后很长时间我感觉不到一点幸福和甜蜜，甚至都想到了离婚。

因为不断地争吵，我变得敏感、易怒、暴躁。很长一段时间经常在睡梦中会哭醒；一旦想起我们吵架时他的种种所作所为，就气得不行，一股子火发不出去，咬人的心都有；遇事喜欢和他对着干。近三四个月，我们的关系好转了一点，但只要想起以前的争吵就来气，心里像猫抓一样。我也知道要多想想好的方面，但是我觉得过去的事情在我心里有了阴影，一时难以抹去。老师，我该怎样调节自己的心态呢？

专家答疑

这位朋友，你好！

迟迟没回复，你会感到不满还是能够理解呢？其实这本身就是一种心理测试：虽然不知道你的其他情况，但每个人与外人的交往模式一般和夫妻关系处理方法是基本一致的——“婚姻是所有人际关系的综合”。

新婚之后，对婚姻的感觉出现问题并不奇怪。一般来说，因为婚后需要磨合，所以第一年的婚姻称为“纸婚”，意思是薄得像纸一样，脆弱不堪，甚至有“新婚适应不良症候群”的说法。

80后夫妇出现婚姻问题多由以下原因所致：一是双方在性格、爱好和文化程度上存在较大差异，导致沟通障碍；二是双方根本不了解婚姻，不知道婚姻要比恋爱承担更大的责任；三是双方具有迥异的婚姻观，如男女家务分工、对待老人的态度等方面的观点不同而危及婚姻关系等。现在咱们可以对照一下，看看问题出在何处。

第一，是否已把“浪漫之爱”转为“友伴之爱”。斯腾伯格的爱情三元理论认为，爱情有三大基石：亲密、激情和承诺。婚前的爱情主要体现为激情，正所谓“爱情是盲目的”，人们容易低估或者忽略爱人的错处，将伴侣的形象理想化。而婚后关系的维系和加深则需要更多的“亲密”和“承诺”，需要决心投身于这份感情，并努力用关心、尊重和包容性的亲密相处维持它。所以浪漫的激情并不能成为夫妻在漫长的岁月里维持婚姻的理由。一份关系的长久与否，更多地与友伴之爱有关。友伴之爱比浪漫之爱有着更为稳定的状态，它是亲密和承诺的结合，可以将它归纳为“对一个值得喜爱的伴侣的适宜的、充满感情的、信赖的爱，它以深度的友谊为基础，涉及相伴的关系，享受共同的活动、相互的兴趣，也分享欢笑”。与浪漫激情的狂喜相比，友伴之爱有点平淡无奇，但当数以百计的结婚十几年以上的夫妻被问及他们的婚姻为什么可以持续时，无论是男性还是女性，多数人都认为持久的婚姻似乎包含了许多友伴之爱。否则新鲜感过后，激情的维系力量将逐渐减弱。

第二，是否已由一人世界理性地进入了二人或多人世界。结婚的男女从第一天开始就等于进入了两人以上复杂的人际相处模式，其中牵涉的范围可大可小，大到两家亲戚关系的处理，小至两人的居家生活方式、价值观、处理事情的态度等。每个人对事物的不同看法，都可能会影响夫妻彼此的信任；更严重的会直接扼杀两人之间的感情！这种状况尤其容易发生在生活差异大、背景不相同的男女身上。越是有差异，婚前的吸引力和新鲜感越大，但结婚后，两人反而会在各种生活细节上出现看不惯对方的情形，会一下子就对对方的行为、观念、想法产生一种“致命的厌恶感”。

而且，婚后生活往往是六人世界，父母的“过度参与”和溺爱是导致新人感情破裂的主要因素。很多 80 后在心理上仍未“断奶”，小夫妻吵架，父母帮倒忙；小夫妻离婚，家长乱举证。所以，结婚后并不是什么事都能自己“独立自主”，要考虑多方的感受，也要保持夫妻二人的“团结一致”，不要受到亲戚朋友的过多干扰。

第三，是否已真正地了解自己和爱人。人和人之间的争吵，大都是由不了解自己也不了解对方所引起的。所以，夫妻对任何事情做协调时，都要“开诚布公”地谈论自己的个性以及习惯，说明个人喜欢以及不喜欢的事，善待自己的需求，并且要耐下性子，详细地“讲清楚，说明白”，避免情绪用语以及人身攻击，要让自己的表达方式可被对方接受，才能达到解决问题的目的。此外，也不要将期望值设定得太高，毕竟人是学习的动物，凡事都需要一些时间和经验去累积，只要尽力了，就该给予鼓励，这才是帮助对方维持婚姻质量、持续进步的好方法！再者，必须认清婚前、婚后本来就有很大的不同。在新婚的这段时期，正是建立两人相处模式的开端，如果一不小心就会有“小事情、大争执”的火爆场面出现，所以在任何状况下，把争吵来当作沟通的方式都不是明智之举！

另外，在遇到问题时，夫妻采用的适应策略往往不同。一般来说，妻子偏向于采用负内化（如压抑或自责）或负外向（如抱怨或唠叨）的策略，而先生则喜好采用安抚、身体接触或肢体暴力。我觉得，如果意见不一致时尚能理智沟通，最好不要让问题过夜，以避免过多的消极联想和负面情绪积蓄；但如果双方或一方已非常情绪化，则先冷静几天也可。但“冷战”完后，双方应平心静气地沟通协调，以解决问题；如果转移话题或刻意逃避，则不但不能解决问题，而且下次再发生类似的情况时，冲突往往会更加严重。此外，一味地委屈自己顺应配偶的处理模式，也对问题的解决不利。

值得注意的是，双方处理问题的方式会形成相对稳定的互动模式。在适应的过程中，如果双方能采用正向沟通的方式，互相协调，彼此处理之间的分歧，则适应的过程会较顺利，双方也会较满意适应的结果。若双方各持己见互不相让，久而久之容易导致夫妻间的循环性冲突。最后，若总是有一方在碰到适应问题时坚持己见，不愿改变自己的想法及做法，长此以往，对委曲求全的一方或是整个婚姻关系，可能都会产生不好的结果。而在适应的过程中，公婆及其他家人的做法也常会对适应过程与结果产生重大的影响。

第四，是否已有携手为爱而努力的决心。古有云："执子之手，与子偕老。"夫妻就是要老来伴，如果连区区的婚后相处模式都不能处理好的话，那么婚前的恩爱难道都只是一时昏了头？所以，为了婚姻做些努力吧！相信很多事情都会找到处理的方法，只有用心，才不会把俩人的爱情摧毁。要认识到的是，即使是再亲的家人，也都有为了小事情而闹到不可开交的地步，更何况是才刚刚共住在一个屋檐下的配偶呢？

基本上，每一对夫妻在婚后都必须经过一段彼此相互适应的历程，但因个人成长环境及状况的不同，适应婚姻所需的时间长短也不同。有些夫妻因婚前交往时间长，或因有较好的相处经验，故婚后彼此适应所需的时间较短。有的夫妻因为婚前认识不够，婚后就要花较长的时间来适应彼此的生活方式。至于适应的困难程度，则依适应问题及事件的多寡而定；而对适应的需要程度，则因性别而有差异。在婚姻生活中，女性似乎比男性需要做出更多的适应与配合。

第五，是否仍在互相关心和"追求"。浪漫和激情虽不是长期持续关系的基础，但还是应当而且可以创造和抓住每一个机会与配偶享受激情、制造浪漫的，如回忆热恋时光，安排再度"蜜月"，庆祝纪念节日，补偿往昔"欠债"，学会取悦爱人，创造点"意外惊喜"，适当来点"小别"，注意自身形象，防止子女"夺爱"等。

婚姻是需要经营的，感情是需要存储的。从现在起，别再念叨那些"一地鸡毛"了，那会使感情透支的。不如两人先友善地沟通吧！好好建立两人对生活的共同理想，以维持感情为第一目标，尽力打消"谁对谁错"的心理和"自己很委屈"的心理，相互理解对方的难处，尝试运用各种方法弥补对方的心灵创伤，把亲密的感觉找回来！

最后，建议有空时学点爱情心理学、家庭心理学、交往心理学之类的知识，也可看看中央电视台的"心理访谈"和东方卫视的"幸福魔方"等节目中有关咨询和调节的过程，网络上也有相关视频。相信你看完后会受到许多启发的，对理解工作中的相关人员的心理也有帮助。幸福和成功都是学问啊！

在此新年到来之际，祝你们拥有更多的幸福和快乐！

（山东警察学院　丁文俊）

55.老公心理有病

老师您好，最近特烦！我老公也不知怎么回事，跟自己的爹妈关系不太好。每年回家过年，总是不想回，每次还都吵完了回来，以前还说过他妈打他、对他不好之类的话。我觉得一个大男人咋那么小心眼呢，怎么连自己的爹妈也记恨呢?!

而且我老公对自己的孩子也不太关心，只关心自己。他因为工作累不去上班，在家里什么都不帮我做。他对孩子说“你不是我家孩子”，孩子也烦呀，说“我不是你家孩子”，那他又找事了，说“找你亲爹去吧!”您说，我家老公是不是心理有病呀!

我现在对自己的婚姻特别失望，他不去上班我都忍了，可是对我和孩子都漠不关心，我真是心里好难受呀!

专家答疑

你好！这则答复拖了半个月了，你有何感觉？生气？埋怨？理解？无所谓？向你致歉并解释原因之后，你的感觉会不会改变呢？——其实，拖延的原因一是你的留言中给出的信息较少，担心回复答不到点上，二是这本身就是一个小小的心理测试：所有的人际关系，特别是家庭关系都是互动型的，是对夫妻两人甚至包括其他重要家人之间习惯性的交往模式的反映，而且这种互动会有情绪上的感染性，或高兴、或淡漠、或赌气等，夫妻之间会相互作用，产生各种效应。所以，在分析你老公的情况之前，想先让你反观一下自己在家庭中的表现以及与你老公之间相互影响的过程和结果：是以柔克刚、春风化雨，还是以牙还牙，钢石火星，抑或是互不理睬、互相埋怨呢？

当然，婚龄期后的人都已成人了，性格等人格特征已相对稳定。要想让对方有很大的改变似乎已不太可能。有位婚姻问题专家曾说过，婚姻的成功取决于两点：一是找一个好人，二是自己做一个好人。如果这两点没做到，那就要做到四条：一是容忍与帮助，如帮助不成只能继续容忍；二是使容忍变成一种习惯；三是在习惯中养成“傻瓜”的品性；四是永远做“傻瓜”。我个人一直认为，这位专家的话背后的意思是，拥有幸福婚姻的关键是要找对人。否则，任何人都是很难在短期内改变一个“习惯成自然”的已经“性格定势”的成人的，只能“凑合着过”了。但是，你们毕竟还年轻，以后的路还很长，总不能在废了自己的同时也废了孩子吧！所以，还是应该及时调节，主动改善。

其实，性格也不是一点也不能改变的。如果个人有意想改善自我，不枉过自己的一生，还是可以努力使自己和爱人更加“适合”，对外界也更加适应的。横向上，一个人的情绪受个人和外界、生活和工作、家庭和社会等多方面的影响。比如，从你的描述中可以看到，你的老公似乎和父母、妻子、孩子、同事等都处不好关系。这显然是他情商较低、处理人际关系能力较差的表现。包括他说嫌工作累不愿上班等，我感觉可能都是“为人”的能力不足导致的“处世”不当，或者反之，他的累和烦其实是心理焦虑导致的心累和心烦！所以，你应当先想想：导致你老公情绪不好的原因，主要是因为工作不顺还是家庭不和呢？是个人原因为主还是他人或环境原因为主呢？如果是工作受挫，那就应分析工作现状和自己的能力缺项，缺什么补什么，尽快适应工作；如果是他人原因，那就应提醒他尽量少受影响；如果主要是个人原因，则建议他纵向地分析一下自己的成长历程。

精神分析理论中有句话是这样说的：“一个人往后看得越深，会向未来走得越远。”他怎么会“长”成这样呢？精神分析理论认为，一个人的焦虑是由对过去的悔恨和埋怨，对现在的不满和应对不力，对未来的不确定和迷茫、失望等所致的。所以，你可以引导你老公理性地分析一下自己的过去、现在和未来。比如，就过去而言，一个人的成长过程就是性格形成的过程，其童年经历会在他的人格地图上印下深深的烙印。如果父母、学校、环境的教育和影响不当，会导致儿童的基本焦虑，因为幼儿都有两个基本需要：满足与安全，但他只能依赖父母得到。父母给予孩子温暖与爱，子女的需要得到满足，心理才会正常发展，即使成人后面临困境，也很少产生严重后果。如果父母的温暖与爱严重不足，或者给予虚假的温暖与爱，如漠不关心，不尊重子女的迫切愿望，对子女予以不公正的责骂、歧视、敌对，反复无常、不守信用等，子女的需要得不到满足，就会失去安全感，心理不能正常发展，成人后面临困境会产生神经症反应，这在心理学上叫“基本罪恶”。这种“基本罪恶”使得儿童对父母积累成基本敌意（依赖又敌视父母，是一种无能、恐惧、亲情、罪恶感杂合的不良心态），但他幼时又不能表现出对父母的反抗，压抑，所以长期的压抑形成“基本焦虑”。在“基本焦虑”下，儿童对整个世界产生恐惧，想象自己会面临各种各样的危险，对环境产生基本敌意与不信任，心理无法健康成长。同时，过度保护（如对儿童的错误行为也滥用包容等）也会让儿童难以形成正确的价值判断，从而导致成人后的“社会化不良”，为人处世能力较差。估计你老公对儿子说的“找你亲爹去”一类的话，就是他对自己父母不满及缺少父子相处能力的表现。

看到这里，你可能感觉很沉重。但换个角度说，其实人人都是在被污染的环境中长大的。只要用心灵的镜子发现自己内心不小心沾染的污秽，常做“心理沐浴”，忍痛涂抹甚至切掉发炎部位，可能会发现，其实我们在成长的同时，免疫力得到了提高，肌体更加健康，心情更加愉悦，所有的关系都一一理顺了。比如，你可以建议你老公在分析自己的长短利弊的基础上扬长避短，首先处理好工作和家庭的关系；同时培养点自己的兴趣爱好，多搞点家庭活动，在工作和生活中找到乐趣。这样，不但自己会变得乐观，而且家庭氛围也会随之好转，孩子也会受到潜移默化的正向影响。

当然，如果你感觉你老公已经到了“感情淡漠症”的程度，即极端地压抑自己的情感，甚至到了麻木的地步，已经体验不到别人的细微感情，对亲戚朋友的事都漠不关心，好像跟自己一点关系都没有，同时身体健康状况也有所下降，较严重地影响了他自己和家人的工作和生活，就应该找心理医生甚至精神病医生去诊断治疗了。

我相信，只要努力，一切会有好转的！至少，为了孩子的健康成长，值得去努力！祝愿你能重获幸福！

（山东警察学院　丁文俊）

56. 对老公不满

话不知从哪里说起，以前我也留过言，我家老公有班不去上，有点小才，喜欢篆刻，作品入选过全国篆刻展、省展等。如果他好好过，我也没什么意见，可他整天不是这儿疼就是那儿疼。现在老公说什么都看透了，活着没意思，哪天去跳楼。而且他特别喜欢骂人，说脏话，我在网上看到一句话说“爱骂人的人内心都恐惧”，我问他是这样吗？他说是的，害怕一事无成，害怕失去一切，等等。我特别讨厌说脏话的人，但他经常说我笨。我好烦呐！而且他对待孩子简单粗暴。我家孩子是女儿，他从没有领孩子出去玩过。高兴了，就想抱孩子、亲孩子，孩子不喜欢，他还是这样。我觉着现在的生活特没意思，有时烦了，真想跟他离婚。您说他是不是心理不太正常？我应该怎么办？

▶ 专家答疑

你好！你就是那位上次留言“老公心理有病”的女警吧！很遗憾上次我的留言好像没起到多大作用，看来你和你老公的关系仍未得到改善。当然，冰冻三尺非一日之寒，你们都早已是成人了。性格的改变是很难的，由性格决定的行为模式的变化也同样很难，最难的在于自己是否真的下大决心一定要改变它！否则，一不留神，就又走到老路上去了。

但从你的留言中，好像感觉你把夫妻关系差的原因都归到你老公的身上了。不知你是何种性格，会和你老公发生怎样的互动，但有一点是必然的：要想使你们的夫妻关系好转，关键还是在于你们彼此性格之间适应度的调整。

心理学上把人的社会性格分为以下四种，你可以据此做一下自我测试，看你和你老公各属于哪种性格：

(1)A型性格(关键词：匆忙、好胜、活跃、急躁)：A型性格的人会有较大但不切实际的抱负，好胜心强，热衷竞争；走路、骑车或者驾驶车辆、舟船时喜欢高速行驶和超车；生活节奏快，有同时做几件事的习惯，比如边看电视边剃须等；喜欢参加有时间限制的复杂活动，喜欢速战速决，绝不拖延；思维活跃，反应灵敏；容易发生焦虑、烦躁和激动。

(2)B型性格(关键词：随遇而安、犹豫、少计划)：B型性格的人会与世无争，遇到问题时往往不去主动处理，而是任其自行发展；他们很少赶时间，也很少因为时间不够用而烦恼，生活工作节奏较慢；与他人的交往中表现比较顺从，说别人喜欢听的话；作决定时比较犹豫，日常工作和生活缺少计划；比较沉默、平静，说话常低声细语；当得到别人的帮助后会非常感激，并加倍答谢对方。

(3)C型性格(关键词：不善表达、忍让、谦虚)：C型性格的人会有情感表达不良的现象，对负性情绪过分压抑；易屈服于外界压力，与别人过分合作、过分谦让或原谅一些不该原谅的行为；在生活中，往往为了让别人高兴而不惜牺牲自己的意愿；倾向于悲观、消极，易产生失望、无助的感觉，可有严重的焦虑、抑郁等；谦虚，容易满足，生活中没有主意和目标；缺乏自信，常常因无力应对生活中的压力而感到绝望和孤立无援。

(4)D型性格(关键词：担心、紧张、爱独处)：D型性格的人往往会体验到很多的不愉快、忧伤、焦虑、紧张和担心等，比如经常担心某些问题等；他们在思想上对生活中的负性刺激，如一些不愉快的事情更为关注，并会体验到更多的压力；遇到一点点烦心的事，然后他们就一整天想着这件事；在社会交往中，总是压抑自己表达情感，以免导致他人的不认可或拒绝；与他人相处时，总是感到紧张和不安全；看上去性格孤僻，爱独处，不合群。

怎么样？人的性格就像自然界里的春夏秋冬吧！你们之间有交集吗？或者能在对方的季节里比较适应地生活吗？

另外，感觉你总是认为你的老公“有病”，我觉得一般不要轻易先入为主地做出这种假设。也许，他的消极主要源于他缺少工作上和家庭中的成就感，当然也与他的性格以及你们之间的互动有关。建议你从关心他的健康和孩子成长的角度与他沟通，促使他带领（注意：是让他带领）全家人一起，主动改善自我性格和家庭之间的关系，因为性格与健康也是密切相关的，研究表明，A 型性格的人冠心病、心肌梗死的患病率及死亡率都明显高于非 A 型性格的人；B 型性格的人在心血管系统健康方面要好于 A 型性格的人，但患失眠症、神经衰弱及抑郁症比较多；C 型性格的人被称为“癌症性格”，肿瘤患者的焦虑、抑郁、愤怒、情绪控制压抑等 C 型性格特征表现得比较明显，而缺乏愤怒地向外界表达，2 型糖尿病患者也多具有 C 型性格特征；与非 D 型性格的人相比，D 型性格的人因心脏病而死亡的风险增加了约 6 倍。

根据你的描述，感觉你老公似乎为 C 型或 D 型性格特征，建议采取如下改进方法：

（1）C 型性格改进方案：①要学会表达情感，相信自己的性格能得到改变和优化；②多交朋友，参加集体活动，学会及时发泄自己的委屈和苦恼，及时调整不良情绪；③列出自己的长处和短处，并加以分析，扬长避短；④对不满意和令人气愤的事情适当发脾气也未尝不可；⑤可以找专业的心理工作者接受心理疏导及治疗；⑥定期进行健康查体，做到对疾病的早发现、早诊断、早治疗。

（2）D 型性格改进方案：①要学会快乐地生活，可以停下来仔细想一想，生活中的这些不快、焦虑是不是真的值得挂心；②在社会交往中，不要害怕别人的拒绝，不要为此而失去与人交往的机会；③可以主动改变离群独处的习惯，多培养兴趣爱好，多参加集体活动；④学会向亲友或其他信任的人倾诉自己的情感；⑤患有冠心病的人可特别留心一下自身是否存在 D 型性格特征，可请心理专业人员诊断一下，确诊为 D 型性格特征者可接受行为疗法和心理、药物干预，治疗焦虑和抑郁情绪，这样做能在一定程度上改善冠心病的预后。

最后，作为一个老大姐，我希望你先把自己的网名由“忧忧”改为“乐乐”，让自己的心态和行为方式更加快乐、积极、主动，然后为了全家人再努力一下。相信你的情绪会带动和感染你的全家人，你们的生活状况也会逐渐有所好转！

（山东警察学院　丁文俊）

57.我离婚了

老师您好！我结婚刚满三年，在这三年中我有过很多快乐，我感觉我特别幸福。可是好景不长，在我生下小孩后，家庭出现了变故，原先一向恩爱的夫妻像是仇人一样，一系列问题都出现了。我觉得，这一切主要是因为婆媳关系：我丈夫从小在单亲家庭长大，他对她妈妈百依百顺，她妈妈生气了让我滚，他就会让我走，连饭都吃不上的事也时常发生。不管他妈妈做得多过分，他都会站在他妈妈一边，一起针对我。在这个陌生的地方只有我一个人，我的亲人都离我很远，我感觉自己特别无助，自己哭够了再回去给他们道歉。我是为了孩子，他太小了，我不忍心，但他还是一定要离婚。就这样，在我做了许多的努力后还是分手了，可我已经尽力了。我觉得我们其实已经都不爱了，在这个家我感觉不到一丝安全，他再也没有了以前的细心和那些恩爱的画面，但我还是时常会想起他的好，但他那些狠心的画面也时常纠缠着我，让我更觉得以前的他不是真正的他，他是在骗我，他不爱我，以前都是假的。我觉得我并不是一个很差的女人，所以我对以后也没有什么信心了，希望您能给我建议，谢谢！

▶ 专家答疑

这位朋友，你好！

首先对你的家庭变故表示惋惜。对一般人而言，离婚毕竟不是件好事，何况又有了孩子，所以你的“纠结”心理是很正常的。但我觉得，既然已经“了断”了，就不必再长期地纠结下去。

在我看来，离婚的主要责任未必在你，你不必过于自责。可能“单亲家庭”的经历对你丈夫的心态和行为会有些影响(当然并非所有的单亲家庭孩子都如此)吧，有个别从小就在单亲家庭长大的人，因享受不到充分的家庭温暖，或因社会的某种偏见，或因其家庭的经济原因以及其他因素，有的会表现出不健康的心理现象及行为特征，如自卑、孤独、独尊、逆反、对单亲过于依赖等。如果不能自觉地控制和调整，这些心态就会影响夫妻关系。

另外，离婚未必就是件糟糕至极的事情。虽然曾有过快乐的时光，但如果后来常常有“过分”的事情发生，那么与其在其中纠缠痛苦，并给幼小的孩子造成太多负面的影响，还不如“了断”，也许这未必不是一个明智的选择。一次婚姻失败并不能表明你是一个“很差”的女人。“年轻时我们不懂爱情”，否则就不会有目前这么高的离婚率了！也许，将来你可以寻找到真正适合你的人。

除了上述之外，还要尽快地告别过去。心态健康的一个重要标志就是要活在现在，对过去过多的回忆反而会影响目前的心情。所以，让过去的一切都过去吧！只有过好现在的每一天，才会有更好的明天。还要尽量减少离婚对孩子的影响。孩子三四岁时正是性格形成的第一个关键期，应当尽快调整自己的情绪，用一种“活在当下，积极生活”的心态养育孩子，不要把你们之间的恩怨迁移到孩子身上。孩子懂事后，要平静地告诉他父母离异的事实，鼓励孩子勇敢地面对现实，让孩子的生活安全、稳定。同时，更要接受“他”的教训：母子（女）之间要在相依中各自独立，避免过分的情感依赖可能产生的负面效应，让孩子和自己都有独立生活的心理意识和能力。更不要过分溺爱孩子，以免让孩子形成孤僻、自傲、任性、自私等性格缺陷。

我一直相信，热爱生活的人，生活最终都会给予回报的。祝你拥有更好的生活！

（山东警察学院　丁文俊）

58.远方孤单的我

谢谢您丁老师！您的留言我看到了，感谢您对我的关心。我的家人也都在山东，我在新疆工作，来这儿10年了，现在真正地感觉到什么叫“孤苦伶仃”了，觉得一个人好可怜。10年了，还是连个家都没有，连个可以说说心里话的人也没有，有时失落感会油然而生。我变得很脆弱，工作上的压力和生活上的不顺一直纠结着我的心，遇到一点点事情都会流泪，我知道不应该这样，所以我每次都是忍着，回到宿舍一个人偷偷地哭，伤心过了洗干净脸继续工作，我是一个不愿意让别人看到我脆弱的一面的人。我外表看起来很坚强，觉得自己像个没事人似的，其实心里很难受。就像您说的，那时还年轻，不懂得什么是爱情，我也是这么想的，现在我也在不断地反思自己，看看自己身上的不足，听听别人的意见，自身的问题有时发现不了，别人提出来了就努力改正，人没有十全十美的，但要努力做到近乎完美，我会努力的！

专家答疑

这位朋友，你好！很高兴我的答复多少能对你起点作用，现在就你的回复再说几句。

首先，莫把孤独当寂寞，要使独立成能力。能够感受到远在他乡的你的那种孤独感，每逢佳节倍思亲，人在他乡方念家。虽然通信发达了，但不能常常见到亲人的面，会因思念而自怜，这也是一种自然而然的情绪，特别是对一个多愁善感的女性而言。但是，同样作为一个女性，我想提醒你：毕竟你已在外10年了，而且新疆也是个美丽的地方，既去之，则安之，如果不能调回来，那就应当在人格上“站起来”，从心理上“沉下去”，在行为上与当地的同事朋友们“亲起来”，建立自己的“社会支持网络”，疏通自己的情感交流渠道，不能再继续延续对远方亲人的“空空”的依恋，更不能无意中把正常的思念转换成消极苦涩的孤单感，天天自我折磨式地咀嚼回味。其实，人天生就是孤独的，人人都有孤独感。而且，每种处境、每种情感都有它的两面性，远在他乡能迫使你独立。独立是人一生的财富和能力，独自一人能让你品味孤独。孤独是从人群中偷来的享受，它高傲、优美，完全是精神的自由。孤独时，你有足够的时间去学习和思考。当然，不能把孤独变成寂寞。寂寞是一种“病”，是一种精神上的饥饿。真的寂寞了，就需要朋友的陪伴和交流了。

其次，莫使善感成敏感，要让心胸变豁达。女人是水做的，所以常常“意识流”，有太多的联想，过于多愁善感。在一定范围内，善感是感情丰富的表现，但过度了就可能发展为病态的敏感和多余的、不客观的“多想”“臆想”或“幻想”“妄想”。所以，越是善感的女性，越要有意让自己“迟钝”些。有句话说：“成熟的人不想过去，聪明的人不看现在，豁达的人不思未来。”意思就是说，过虑往往都是多余的。我的感觉应是：“成熟的人珍存过去，聪明的人珍惜现在，豁达的人珍视未来。”再差的过去也是“自作”的，应当反思；再烦的现在也是通往未来的桥梁，必须走好；再虚的未来也是会来到的，需要规划。所以，很高兴聪明的你已经反思自我了。相信你会扬长避短，不断完善自己的。过去的就让它过去吧！把挫折当成一种磨炼而非磨难，失去的同时你会收获心灵的成长。

最后，莫再强颜作坚强，要从内心寻从容。没有一个人是完美的，一些大人物都有那么多的缺点和不足，何况我们这些“小人物”呢！在生活中，你不过是有一次婚姻失败了而已，这说大也大，说小也小，也许反而能因此有一个新的人生。在工作上，与许多无业人员相比，你毕竟是个光荣的人民警察吧！所以何必总是自怨自艾，常常以泪洗面呢（当然，想哭的时候，也完全可以痛痛快快地大哭一场，哭个畅快，来个彻底宣泄）！说重了，这叫自寻烦恼，自讨苦吃。也许，这正是你性格上的弱点所在吧。要知道，真的是性格决定命运，而性格是一种习惯。只有真正发现自己情感上习惯化的弱点，并自觉地改善（当然，改起来是相当难的，因为已经习惯了），才有可能“不让同一块石头绊倒两次”！把过去当作一面镜子吧，洗掉自己或相关他人的污点，再每天对着镜子里的自己笑笑，“莫斯科不相信眼泪”，太阳每天都会升起，孩子会一天天长大，希望还在，生活会更好！特别是要让孩子生活得更好！

祝福你，远方的老乡！我相信，努力把每天的工作做好，用心让每天的生活过好，你就不会感到过分的孤独了！

（山东警察学院　丁文俊）

59.谦谦君子为什么在家会发脾气

尊敬的老师您好！看到你们对民警心理健康问题的精心回复，我很感动，在此说声“你们辛苦了”。我在单位上和社会上、朋友圈里算是一个“谦谦君子”，有不错的人缘。但是，在处理与家人、近亲属的关系时，潜意识里可能有种“自己人不用客气”的心理吧，常常不留情面，甚至发脾气，结果弄得大家对我有怨气，子侄辈们甚至不愿和我多见面。满心为他们好，为什么会是这个结果呢？我该怎么处理好？谢谢！

专家答疑

这位民警朋友，你好！

看到你在留言中的问候，能够感觉到你的“谦谦”之风。很希望你带给我们的这种温暖也能在你的家中荡漾。你提出的“家里家外表现不一”的情况在许多人身上都存在，现结合家庭心理学的有关观点，提出以下建议：

第一，用平等和关爱取代“家长”意识，避免逆反心理。俗话说：“门外的礼仪是尊重，家里的礼仪是关爱。”在家庭当中，虽然有许多“我们的”共同内容，但更有“你的”和“我的”的独立成分。每个人都有自己的独立人格和独特习惯。而且，人们热爱生活、追求生活意义的心理根基是“自我价值感”。当一个人的自我价值受到影响和损害时，他会自然地采取自我保护措施，在态度或行为上抗拒外界的劝导和说教。这种“自我价值保护逆反”就是我们通常所说的“逆反心理”。

家庭中的批评者一般都具有家长心态，会有意无意地把自己在家庭中的地位看得十分重要，因此也就总是想发挥更多的决策权和指挥权。在与其他家庭成员不一致的情况下，就会出现矛盾与裂痕。只有平等和关爱的心态（你一定已经悟出了此点，所以才起网名叫“平和”吧)，才是家庭和谐的基本前提和保证。要在家庭成员之间提倡平等民主、互尊互爱，维护每一个人的尊严，给每一个人表现自己才能的机会，营造一种能够让每一个人都能够畅所欲言的家庭环境，要学会控制自己的不健康情绪，不要动辄发火，不要总是指责别人、批评别人。

第二，用理解和包容代替“改造”的想法，实现积极互动。生气的原因一般是出于不满意和不一致。夫妻之间组成家庭，彼此的主要功能是互补和相容。所以夫妻关系应当遵循“求和不求同”的原则。“求和”是力求和睦、默契、相互需要、接纳、赞美和欣赏，“不求同”则是承认人与人之间的差异，尊重对方的个性、习惯、兴趣，不强制对方接受自己的意愿去做出什么改变，也要无条件地接受对方的缺点和弱点，能够容忍对方的不足和错误，用开放的心态对待家人的缺点和不足。要把自己的心灵打开，豁达大度，以能容天下难容之事和难容之人的态度笑看天下，用知足常乐的心态处理家庭事务和家庭矛盾，这样，一切问题都可以迎刃而解。特别是对孩子，要把他们放在成长的过程中来看待，允许他们犯错误，不仅要尊重他们的人格，而且还要尊重他们犯错误的权利。在这种家庭环境中，家庭的和谐程度自然会提高。

第三，用艺术的方式对待家庭矛盾，发挥“南风效应”。“南风效应”也称“温暖效应”，源于法国作家拉·封丹写过的一则寓言：北风和南风比威力，看谁能把行人身上的大衣脱掉。北风首先来了一个冷风凛凛、寒冷刺骨，结果行人为了抵御北风的侵袭，便把大衣裹得紧紧的。南风则徐徐吹动，顿时风和日丽，行人觉得春暖上身，始而解开纽扣，继而脱掉大衣，最后，南风获得了胜利。故事中，南风之所以能达到目的，就是因为它顺应了人的内在需要，这是因启发自我反省、满足自我需要而产生的心理反应。由此可知，在家庭中采用恐吓之类的“北风”式相处方式或教育方法是不可取的。家庭成员之间的“南风”可以表现为用改善代替抱怨，用建议代替批评，用宽恕代替责备，用教育代替压力。对待孩子，应当严格而不严苛，自由而不放任，疼爱而不溺爱。同时，在表达自己的感受时，“良言一句三春暖”，感谢、鼓励、赞扬的话往往会产生事半功倍的效果。

第四，营造民主轻松的氛围，控制情感闸门。较高的情商是人们成功的重要素质。从家庭的角度去看，情商更加重要。幸福的家庭既应是一个能让人有心理满足感的家庭，也是人们在除掉“伪装”之后调节自己和家人的情绪、营造温馨港湾、提高自控能力的舞台。家庭成员都应当具备丰富的情感世界，并使自己的情感能够表达得十分到位。在家庭的情感生活出现裂痕或者危机的时候，家庭的每一位成员更应学会控制自己的情绪，使自己的情感表达更加理性、更加机智、更加巧妙，用能够使另一方愉快接受的情感表达方法化解双方情感上的冰点。特别是父母在粗暴地干涉了孩子的情感表达方式之后，应当向孩子赔礼道歉，承认错误，取得孩子的谅解，从而建立起健康的情感环境，提高家庭的情感质量和家庭的和谐程度。遇到矛盾和不同的感觉时，用协商、包容、理解、尊重、忍让的态度对待彼此，这种做法本身对自己是一种修炼，对家人是一种情爱，对孩子则是一种培养。

祝家庭幸福！天天快乐！

（山东警察学院　丁文俊）

60.我爱人迷上了直销

老师您好，最近我和我对象一直争吵不停。她最近迷上了直销，她们宣传的是“辛苦三五年，幸福一辈子，可以赚大钱”，我感觉不可能，她就给我举例说人家一个月赚好几万元，多有钱，还有什么“我是穷人，她是富人”的观念。可是做了三个多月了，不但没什么收入，反倒花进去几千块钱。我感觉不可能有这么好的事，如果这样谁还辛辛苦苦地工作，大学生还愁找工作吗？她们的入门门槛很低，我调查了，倒是国家正规的直销公司而不是传销。老师我现在很矛盾，我一说她，我们就吵架生气，这三个月夫妻关系一直很不和谐。她还要去外地打市场，我很不放心，不让去就跟我吵闹。我现在很疑惑她是不是被人家“洗脑”了，全家人都劝她，她却说我们是她成功路上的拦路虎，我们目光短浅。唉！难道真是我们目光短浅？我不知如何是好，她现在也不愿意找工作，一心做着“富人梦”。我期待老师能给我指点，如何解开她的心结？我怎样才能不让她这样？我觉得不可能迅速致富，怎么办呢？

▶ 专家答疑

你好！非常感谢你的留言，给予了大家一个思考和交流的机会。

从你对你妻子的描述来看，可以看出她对直销已经比较痴迷了，但不知她加入的组织究竟是真正的直销还是打着直销名义的传销。如果是直销，应据情辩证分析；如果是传销，则不仅会影响家庭幸福，而且还会构成违法犯罪行为，这就必须劝说她尽快退出传销组织。

至于她痴迷的原因，因篇幅所限，建议你在互联网上查一下《直击传销陷阱的警世之作:传销洗脑实录》。或者你可以买一本给你的妻子看看,或给她讲讲其中的道理,相信她会受到许多启发的。我们也在网站的“危机干预”一栏中为你上传了《直销与传销的区别》与《传销洗脑真相揭秘》两篇文章。你在互联网上还能找到更多的资料,相信现在是你必须为此费些时间、下点功夫的时候了。

另外,不知你妻子现在是否空闲时间很多。如果是这样,关键是要帮助她找到生活中可以寄托的有益的事情,让她有事可干,有价值可以体现。这样,才能把她的注意力转移到别的方面。俗话说“无事生非”,人生在世总得干点有意义的事情,不要因为自己的工作忙碌就忽视了妻子的感受。

同时,心理学上认为说服他人有三个过程:“服从—认同—内化。”能听得进去你的话,是你说服她的关键。所以,你应当多关注一下你们双方之间的关系。夫妻关系是五伦关系中非常重要的一伦,夫妻伦正,则其余几伦皆正。如果能经营好夫妻关系,则可以使家庭和美幸福,工作顺心如意。良好的夫妻关系来自任劳任怨、体贴安慰和耐心开导。人都是爱面子的,毫不留情甚至当着别人的面批评妻子沉迷于直销活动,最容易挫伤她的自尊心,影响夫妻感情。我认为你应当调整心态,在日常生活中尊重、体贴你的妻子,彼此多沟通,多理解,相敬如宾,让她处处感受到你的关爱,这样她才能听从你的劝告,进而认同你的观点,并内化为自己的认识和行为。

所以,对你妻子的转变,你要有“长期作战”的思想准备。如果她正处于更年期或生活中有其他不顺心的事情,你更得耐心地、长期地、慢慢地说服,这也算是一种男人的责任或是夫妻同甘共苦的一段经历吧!相信在你的努力下,你的妻子会尽早地觉悟过来,你会重新拥有一个幸福的家庭的。

(山东警察学院　王林松　丁文俊)

61.婚姻真的到尽头了吗

老师您好!最近我的生活一团糟,主要是因为我的家庭。作为一位女性咨询师,您能给我一些中肯的建议和意见吗?我将感激不尽,非常非常感谢。

先来说说我的家庭吧。我和老公是通过一个共同的朋友认识的,第一次见面后,他疯狂地追我。那时他对我真好啊!冬天只要一从外面回来,他做的第一件事就是把我的鞋子脱了,把我冻僵的脚放在他的肚皮上取暖。女孩子大都痛经,我痛经时他会整晚不睡觉,蹲在床前给我揉一晚上肚子。我爱上了他,并考上了警察队伍,和他在一个单位工作。恋爱5年后,我们结婚了。结婚3个月，机关民警下基层蹲点，领导把我分配到离市较远的县的一个派出所工作，一个月只能回一次家。我去蹲点的半年后，他有了外遇。我当时听了就惊呆了，一心想死。他是我的初恋，此生唯一的一个男人啊！既然不能坚持，当初为什么要招惹我追我并与我结婚呢?！后来，双方父母都知道了这件事，给他施加了压力，他妈妈甚至去找那个女孩子谈话，让她不要破坏别人的家庭。在这期间，我只是苦苦地求他，珍惜我们5年的感情，后来他和那个女孩分手了。现在，算上恋爱的时间，我们在一起整整12年了。在这期间，我们没有为经济、抚养孩子、赡养老人、做家务红过一次脸，唯一吵架的内容就是围绕着他出去玩。在他出差以外的日子，几乎天天都有各种各样的应酬、聚会，要去喝酒、打牌、唱KTV、洗脚，有时好不容易出差回来，一个星期都看不到人，每天晚上不到三四点根本不会回来。我总是忍呀忍呀，受不了就吵，就觉得快过不下去了，然后提离婚。其实也不是真想离婚，就是觉得没办法了啊！想通过提离婚让他能更在意一点家庭和孩子，改善一下我们的关系。期间他又外遇了一次，他们关系的结束源于那个女人的老公把我老公暴打了一顿。然后他好了一阵，开始慢慢回家了，也知道关心孩子了。最近，不知道什么原因，他开始跟我吵架并要求离婚，理由有二：一是在他出去玩的时候我喜欢一过了12点就给他打电话，让他在朋友面前很没有面子；二是在之前的婚姻生活中，我吵架后喜欢提离婚，至少一年要提一次，把他的耐心都提没了。现在整整过去一周了，我跟他道歉，打电话他不接，发短信他也不回。我说要好好谈谈，他就说没啥好谈的。您能告诉我应该怎么办吗？我现在真的是度日如年啊！没人能理解我的痛苦，真的，哪怕万分之一。

作为一名女性，您能理解吗？请给我一些建议和意见吧，好吗？

▶ 专家答疑

谢谢你的信任，想来您当前痛苦到了极点。可以理解，我们每个人都是感情动物，尤其作为女性，似乎更有理由挥洒自己的“感性”，可以尽情地苦恼、烦闷、忧郁等，一系列的负性情绪也是一股脑儿地涌了过来。可在挥洒过后，不知是否能够解决你所要解决的问题？记得有这样一句话：“如果问题解决得了，何必担忧？如果问题解决不了，担忧有何用?”所以，你现在首先要做的是尝试着让自己冷静下来，只有情绪平稳了，才能更好地解决问题。

当然，也看得出你是在尝试着解决你们的婚姻问题，并采用了多种方式进行挽救，但结果却与你想的越来越远，而且我看到你的留言中有一个矛盾：通过你的视角来看，你丈夫是一位很不负责任的丈夫，可为何最后你却要给他不停地道歉呢？所以，你是不是反思一下自己处理问题的方法是否有需要反思或改进的地方？幸福的家庭都是一样的，不幸的家庭各有各的不幸，不管有怎样的婚姻问题，最先的起因在夫妻二人之间，最终也是在夫妻二人之间进行解决。产生婚外情的原因可以归结为如下几个方面：

(1)生活寂寞单调。如果婚后生活让人感到失望和不满足，很多人就会寻找其他的方式或是刺激来让自己的心理获得满足和平衡。比如长期分居两地的夫妻看到别的夫妻都成双成对，恩爱甜蜜，心里难免会产生失落和不平衡的感觉；婚姻生活过于单调，缺乏新意，感情容易变得平淡无味，婚外恋的新奇刺激就更容易凸显出来。

(2)感情不和。如果夫妻之间长期缺乏沟通，感情不和，那么他们就很容易接受其他的引诱或是找寻其他的感情慰藉，以寻求感情上的补偿。

(3)志趣不和。有的夫妻在感情上本来很好，但时间长了却发现彼此没有共同的志趣，这些兴趣、爱好、志向上的差异使两人越来越没有共同语言，步调也严重地不一致。如果这时在外遇到“知音”，就很容易使人陷入婚外恋中去。

(4)夫妻生活不和谐。夫妻生活不和谐也是导致婚外恋现象产生的主要原因之一。如果婚姻没有和谐的夫妻生活，是不可能得以维系的。即使双方感情再好，又有多少人能够一辈子过“柏拉图式爱情”的生活呢？在这种情况下，发生婚外恋似乎就是无法避免的了。

(5)喜新厌旧。有的人是十分难以定性的，尤其是在感情问题上，容易见一个爱一个，到最后也不知道自己爱的是谁。这种喜新厌旧的思想，再加上婚后生活得不甚如意，即使和自己结婚的人是“最爱的人”，也会使感情发生变化。

(6)传媒的负面影响。很多影视剧、书籍等都有反映婚外恋的现象，但是其描写的侧重点不一定都是婚外恋的负面效应，或者渲染名人的婚外恋现象，使人见怪不怪，自己在生活中也照搬下来，造成了诸多家庭婚姻问题。

你可以尝试对照上述条目，查找一下产生婚姻危机的原因，进而找出问题的根源，有针对性地想法子解决。

这里也给你一些解决婚姻问题的原则：要保持家庭的和美幸福，就必须以对方为中心，凡事多为对方考虑，加强与对方的沟通了解，使生活变得有情趣，让夫妻双方都在婚姻中得到满足，找到平衡，这样就能够很好地解除双方的心理障碍，避免婚外恋的发生。

婚姻是一种历练，是我们每个人几乎都要经历的一种生活，婚姻中出现的问题和你碰到的其他问题都有相似之处，要学会理性处置，不要和丈夫大哭大吵大闹。大哭大吵大闹只能加速他离开你的脚步，你哭得越惨，吵得越凶，闹得越大，到最后会使他连最后的一点愧疚感都消失了；也不要去找“第三者”去算账评理，比如打架、吵架等，要知道，问题是出在你和你丈夫身上，所谓“苍蝇不叮无缝的蛋”，你可能不愿意听这句话，但确实许多的婚姻问题双方都有责任；不要到处去说丈夫的不好，他的所作所为别人都看在眼里，不需要你再多说什么，像祥林嫂那样的逢人便哭诉是毫无意义的；也不要和孩子抱怨或怨恨他的爸爸，这样会伤害到孩子，因为他还不能理解大人们之间的婚恋情感问题，会感到无所适从。

最后，你是否可以考虑“冷处理”一下你们之间的关系，就当是已经分开了，你自己感受一下，没有丈夫的生活你能否应对？对这样的男人你是否还有爱？两三个星期（时间长短视情况而定）后你再作决定，如果要与对方交流的话，可以采用书信或邮件的方式，很诚恳理智地进行交流，共同挽救你们的婚姻。

（山东警察学院　丁文俊）

62.老公总挑我毛病怎么办

老师您好！结婚前我基本不做饭，我老公会做但根本不做。刚结婚的时候，我做饭我老公就说我菜、肉没有按照他要求的形状切，油少了，盐多了，等等；和他说点事情，我一说话他就说我没逻辑、说不清楚等，有时候就觉得我干什么他都看不上，所以很讨厌他说我，我觉得他什么活都不做还挑剔得不行，为此我们也经常吵架。

现在呢，只要我老公说我，不论说我好还是坏，我都不愿意让他说，一说我心里就有抵触情绪。有时候确实是我事情没做好，他一指出来我心里马上就意识到错了，可我就是嘴上不承认！他觉得我承认错误的态度不好就很生气！他往往在指出问题的时候语气态度很凶，我也跟他说过：“为什么不能好好说？”他回答：“别人指出你的错误你还要求人家态度好，可能吗？”但是我觉得你是我老公，为什么不能好好说？他觉得我骨子里很固执而且很自负！

老师，我到底怎么了？

▶ 专家答疑

这位女警朋友，你好！五一放假前看到了你的留言，匆匆给你回复如下：

其实家庭关系的处理既是一种学问，也是两人性格的互动。你们俩之间显然由于沟通模式不当而影响了彼此的心理感觉，形成了一些心理上的“负债”。所以，应当尽快通过反思、改进来“清账”，进而积蓄良好的情绪，增进亲密关系。

近年来比较流行的“萨提亚家庭沟通模式”总结了可能影响夫妻和亲子感情的家庭沟通模式，主要有：

(1)讨好型，表现为委曲求全，牺牲自己，会说“这都是我的错”，“我不值得”，“没有了你，我就一文不值”，“你喜欢什么？没事，没事”。

(2)指责型，表现为攻击、霸道，会说“这都是你的错”，“你到底在搞什么”，“你从来都没做对过”，“要是你……我就要(威胁)”，“我完全没错”。

(3)超理智型，表现为过于逻辑化，不露感情，逻辑而客观地、老是引述规条及抽象的想法和冗长的解释，避开有关个人的或情绪上的话题、复杂的术语。

(4)打岔型，表现为转移话题，回避，改变话题以分散注意力，不能专注于一件事上，避开有关个人或情绪上的话题，讲笑话，言不及义，打断话题。

(5)一致的亲密沟通模式，表现为将感官信息、解读、情感、意图、行动区分开来，并完整地表达自己，同时探询对方，对对方表示好奇(比如可以试着告诉你老公，让他在谈他对你的某些行为的不满时，注意对事不对人，谈改进方式而不要单纯地指责习惯行为等，然后两人共同努力，求大同存小异)。

亲密关系的发展一般是有过程和阶段的：第一阶段为“浪漫期”，第二阶段为“权力斗争期”，第三阶段为“整合期”，第四阶段为“承诺期”，第五阶段为“共同创造期”。

你们如果结婚的时间不长，可能正处于“权力斗争期”。毕竟，要由自由自在的独身生活变为互相照顾、互相帮助、互相爱护、互相支持、互相学习、互相监督、互相配合、互相督促的共同生活了，所以新婚期的磨合是必需和必要的。如果这一堆“互相”理不清、搞不顺，时间长了就会变成一地鸡毛或一团乱麻，消磨掉彼此的好感，甚至越走越远！

所以，建议你们静下心来，有空时两个人冷静地沟通一下，共同看看有关家庭心理学的文章、电影和讲座等。网络上有很多这类的资源，百度一下就可以找到，如外国电影《亲密关系》和美国加利福尼亚州立大学洛杉矶分校的网上公开课“家庭夫妇间的亲密关系”(有数十集，大多有中文翻译)，该课程探究了长期以来人们对家庭夫妇间亲密关系的理解和论断。通过对这门课程的学习，我们会对爱情、婚姻、承诺、友谊、激情、依恋等各个方面有一个崭新的认识。同时，也会对你们处理好其他人际关系有启发意义。你们会发现，其实最不应该伤害的就是自己的婚姻伴侣了，因为他或她是我们一生的依靠！

简单地说，家庭的经营实际上是一个“了解—理解—谅解—包容—亲密”的过程，一定要好好地走下去！

祝五一节日快乐，生活幸福！

（山东警察学院　丁文俊）

63.怎样与嫉妒心强的哥嫂相处

我对象的哥哥和嫂子嫉妒心特别强，没好心眼，很势利。但是他们还很会说，言行不一，表面一套，背后一套，人越多他们还越理你。现在我不理他们，他们就开始对我对象做工作，在我对象面前表现非常好，所以我偶尔说两句他们的不好，我对象就说我不讲究，事儿多，搞得我心情也不好，您说我该怎么办？

专家答疑

爱情心理学家曾说过，爱情的层次由低到高分别为：一是爱对方这个人，二是爱他或她的习惯（当然也包括你不"习惯"的习惯），三是爱对方的背景（包括对方的亲戚朋友）。也就是说，当两个人结合时，你所嫁的不只是他这个人，而是他所有的亲朋好友。所以亲戚关系如果处理不好，会使自己心情不爽，故对你提出以下建议：

（1）理解人性的弱点。嫉妒心强、势利、言行不一的人是人人讨厌的，但这些弱点往往会存在于每个人的心里或言行中，只不过人们因各自的修养不同而表现得或多或少、或轻或重。所以，要适度地理解和包容他人的弱点。比如，每个人都有嫉妒的本性，培根在《论嫉妒》中说："在人类的各种情欲中，有两种最为惑人心智，这就是爱情与嫉妒。这两种感情都能激发出强烈的欲望，创造出虚幻的意象，并且足以蛊惑人们的心灵……一般来说，德才等某方面处于劣势的人常常嫉妒优于他的人；得不到某方面利益的人常常嫉妒得到某种'好处'的人。"所以，被人嫉妒本身恰恰说明自己有某方面的优势或所得。如果一个人的幸福和所得被认为是其应得的，则不易招妒；而那种有意无意地总想显示自己优越的人最易被嫉妒。所以，当看到他人的缺点时，应当在理解、宽容、可怜对方的同时，警惕自己心灵上杂草的生长。

（2）遵循交际规则。人际交往的黄金和白金定律分别是"你希望别人怎样对你，你就怎样对待别人"和"别人需要你怎样对待他，你就怎样对待他"，而最不适当的错误认知则是"反黄金定律"，即"你怎样对待别人，就要求别人怎样对你”和“反白金定律”，即“我需要什么，你就该给我什么”。每个人的成长过程、学识修养和性格特点都不相同，认识和处理问题的方式也不同，也都有各自的长短。我们无法要求和改变别人，只能要求和改变自己。俗话说：“要想不让人说是非，自己先得无是非。”如果你认为自己在处理家庭关系的过程中做得很好，可以以身作则，用行动说话，做好自己应当做的事，如孝敬父母等，为他们做出榜样，但永远不要期望他们像你一样为人处世。

(3)善于以爱化恨。“恨是离心药，爱是胶合剂”，我们对他人的分析判断常常因感情色彩或个人成见而失真。社会心理学中有“晕圈效应”和“刻板效应”之说，指人们对别人的感觉会根据自己的喜好和认识能力而产生扩大或狭隘的偏见。亲戚毕竟不是敌人，有矛盾时应学会妥协和退让，最好不要“以其人之道还治其人之身”，而应当以爱化恨，以真诚的爱心去感化对方，从而消除和化解矛盾。即使不能完全化解，俗话说“见怪不怪，其怪自败”，各有各的活法，与其费尽心思地去琢磨，不如“无为而治”，顺其自然，可能会更加顺心、清心。

(4)学会有效沟通。有些矛盾是因误会产生的，需要进行及时的交流和说服，否则误会将越来越深，以至于严重干扰和破坏正常的人际交往。交流时要注意心平气和，也要有多次才能说服对方的心理准备。不过，这种沟通工作最好通过你的对象去做。如果你的对象对你都不理解，那就要反思一下，看是否真的是误会或是可以不必放在心上的“鸡毛蒜皮”了。

(5)保持适当距离。亲戚之间虽然应当亲情融融，但也毕竟各有各的家庭，各有各的处事原则，所以亲疏应当适度，既不能互不来往，也不能亲如一家，过分干预亲戚的家事。必须要共处时，则应大智若愚，难得糊涂。在家庭琐事之中，以不失原则的适度忍让来求大同存小异，或是求大同存大异，常常是避免和化解矛盾的好方式。

其实，在家庭关系中，常常出现2010年春节晚会小品“一句话的事儿”式的情况，所以对有些事睁只眼闭只眼算了，不必太在意。

最后，祝家庭幸福、春节快乐！

（山东警察学院　丁文俊）

64.他可能进入更年期了吧

以下情况算不算是抑郁症的表现？期待专家能够给予解答！症状表现为：(1)面色憔悴，表情苦闷。

(2)上班时应该说基本能保持正常状态,下班后不愿与人交谈(包括家人),疲劳感明显。

(3)长期睡眠不好,入睡困难,即便入睡,短时间就能醒来,醒来后再入睡困难,睡眠时间基本每天只有4~6小时,这是比较好的情况,经常也会发生睡2~4小时的情况,甚至整夜不能入睡。

(4)除工作外的日常生活里比较容易动怒,极小的事情都有可能引起情绪暴躁、烦躁,1~2小时内自己能恢复平静,恢复平静后自己承认发脾气时情绪自己无法控制。

(5)有时觉得生活无趣,会觉得令人开心的事情越来越少。

客观情况:52岁的男性,从事监管工作,生活长时间不规律,日常琐事极多,累人的事很多;属于对工作、生活极其有责任感的人,性格趋于偏内向型;家庭氛围很和睦。

以前不是这种情绪的人。近一年来,尤其是近半年来变化尤其明显,情绪变化反复更加频繁,不知道是不是有点抑郁了,家人尤为担心,希望专家能够给予帮助,谢谢!

专家答疑

这位朋友,你好!因为我在学院里过去曾一直主教预审课,所以对监管同行有着较多的了解和很深的感情。加之咱们年龄相仿,所以很愿意说说我对你所描述的情况的看法。

在我看来,与其说你“抑郁”了,倒不如说你是进入了“男性更年期”,对此既要注意,也不必紧张。

一般男性到了50岁以后,雄性激素的分泌机能会逐渐衰退,特别是睾固酮的分泌会减少,这种因为体内激素分泌的变化所产生的身心障碍,就是所谓的“男性更年期”。

除了年龄因素以外,男性更年期还存在高发人群,他们常常有下列几种情况:工作生活压力大;责任心强;性格内向;患有慢性疾病,如糖尿病、抑郁症、心血管疾病等;有不良生活方式,如抽烟、酗酒等;生活环境恶劣;缺乏体育运动;腹部肥胖等。

“男性更年期”的症状主要有:肌肤老化,心血管老化,消化器官老化(表现为肝肾阴虚现象,如眩晕腰酸,耳鸣盗汗,烦躁易怒,面赤升火,手足心热,口干咽燥,小便短赤,舌质红等),泌尿器官老化和生殖器官老化,神经系统老化(表现为精神与神经症状，如神经过敏，急躁，倦怠，常有压抑感，记忆力、思考力和集中力减退，失眠，有孤独恐怖感，缺乏自信等），骨骼老化等。

对“男性更年期”，一般的调节和治疗方法是首先要加强体育锻炼，增强体质，振奋精神，保持平和乐观的情绪，养成良好的生活习惯。家人、同事也要增强对其的关心和理解，有针对性地治疗调理，目前较为理想的药物治疗方法是口服睾酮类药物，可以改善总的健康状态和情绪，增加肌力和骨质密度。与此同时，心理调节也十分重要。

针对我们的职业和你的家庭、性格特点，提醒你特别注意以下几点：

(1)正确对待孩子的事情。这个年龄一般是孩子离家的“空巢期”或孩子要成家立业的关键期，中国的家长，特别是责任心过强的家长会过于为孩子操心、担心、焦心，甚至自责、自怨、自罪！可是要知道：20多岁孩子的性格已基本定型了，其人生观、世界观、价值观等也已形成，咱们该操的心、该出的力也已操过、出过了，为他们琢磨、担心一般也只是“瞎琢磨”和“瞎担心”，起不到多大作用，有时反而有反作用，如诸事从小被家长“代办”的孩子是永远长不大的！所以，该放手时就放手，让他们为咱们操操心吧，这样还能让他们在自己独立的同时学会关心、照顾家人和别人（我在网站的“民警驿站”栏目为咱们这个年龄的警察朋友分享了篇名为《人生五不》的文章，你可以看看）。

(2)在工作之中和工作之余“找乐子”。看守工作说枯燥就最枯燥，只是“守”人；说有趣则最有趣，因为可以研究人、分析人！年龄到知天命了，但我们知天命了吗？从在押人员身上，我们可以更好地了解人到底是怎么回事儿。比如盯着监控时，可以研究人的“微表情”；和在押人员谈话时，可以分析其犯罪原因，教育其重新做人，写点小报道之类的。工作之余，也一定要有点业余爱好，如唱唱歌、下下棋、看看书、散散步、聊聊天、旅旅游之类的。

(3)适度降低对自己的要求。咱们这个年龄已处于“退行”和“老化”期，也快要退休了。虽然要在岗一天负责一日，但也不必自我要求过高了。只要尽到职责，补住监管中该补的漏洞，完善各项管理制度，改进监管方法就可以了，别思前想后地顾虑太多、要求太高，尽量朝“几无”努力就是了。在相对想全的基础上，想开了，就放下吧！活在当下，过好今天！

(4)实在睡不着时，不妨吃一两片安定。尽量别天天吃、越吃越多，别形成依赖就行，不良反应不比总睡不好觉大！

总之，对更年期，我们既要重视，又不必太担心：调节好了，我们下半辈子还会身体健康、生活快乐的，人在快乐时大脑会产生快乐激素的，然后就是良性循环……

现在，就开始期待退休以后的好日子吧！为此，应该把身心调养得好好的，把工作干得好好的，把人际关系处得好好的，以后的生活会越来越有意思的！

祝老哥儿越活越自在！越过越乐呵！

（山东警察学院　丁文俊）

65.困惑、迷茫，压力好大

老师您好！我是一名女警，去年刚结婚，表面乐观开朗，实际上内心很纠结、很抑郁，下面说一下我的问题所在：

(1)还剩一个月要结婚的时候，我婆婆去找算命先生算命，结果说我们那年不适合结婚，得等一段时间，那时候亲戚朋友都通知完了，因为一个古老的“选择母亲还是妻子”的选择题摆在我们面前。我当时的表现就是哭，结果老公选择了我，婚礼正常进行，但是给我们都留下了阴影，老公说我事事都要争个我对他错。

(2)我大学毕业独自到外地找了工作和老公，身边没有一个好朋友和家人，就是有也是他朋友的妻子和他的家人，所以我把全部精力都放到了他身上。我们还是一个单位的，早晨一起上班，中午一个食堂吃饭，晚上一起下班，因为没有朋友，所以都是跟着他的步伐走，如果他晚上出去吃饭，我就只能自己在家。

(3)我自认为我老公很帅，虽然我长得不丑，但是结婚后胖了30斤，所以旁人一说放不放心什么的我就特别怀疑，曾经查看他的手机、QQ聊天记录等，也确实查到了，弄得很不愉快，也吵架了。

(4)他出去吃饭时，和他单位同事我就放心，一个电话都不打，可是和别人出去吃饭我就不放心，也确实出问题了。他曾经和朋友吃完饭去歌厅，还找陪唱歌的“小姐”，当然我老公没瞒我，说确实找了，但是就是陪着唱唱歌而已。我相信我老公，但是我曾经和朋友出去的时候也看过，虽然只是陪唱歌，但是也有身体接触啊！所以找了就是找了，我怪他自制力不够，他说我就知足吧，天天和我一起，出去干什么都告诉我，而且也没有像现在社会里那些真正出轨的人那样，但我还是难受，都有自残的情绪了。

说了一大堆，希望老师能开导开导我。我今天早上还想是离婚还是以后他只要有活动我就全程跟着。我也不知道自己怎么办才好，早上吵架老公也哭了，说虽然知道我小心眼但是我也不该这样。最近我好像总因为一点小事就和老公吵架，而且最后都得证明我有理。一般老公都让着我，但是他可能嘴上让心里不让，堆积了很多对我的不满，唉！

专家答疑

这位朋友,你好!

从你的描述可以看出,你是在和你老公的关系上出现了问题,这些问题一直困扰着你,使你产生了一些不良情绪。同样,作为女人,我非常理解你,我也经常希望老公能多抽出时间来陪陪我,陪陪家人;如果发现他和其他女性有亲密接触,我心里也会觉得不舒服。所以,你的一些情绪反应是可以理解的。

但问题是,你的这些强烈的情绪反应一方面让你很纠结、很抑郁,另一方面也影响了你的老公,你说到"一天早上你们吵架,老公也哭了"。那么,为什么你的情绪反应会这么强烈呢?可能和你的性格有关系:实际上,多数女性都有点小心眼,容易情绪化,但更重要的是,你之所以有如此强烈的情绪反应,是不是和你的一些不合理的认知有关呢?心理学中有一种理论认为,使人产生情绪困扰的不是诱发性事件本身,而是人们对这些事件的不合理信念和认知。因此,人们就可以通过改变不合理的认知来消除消极情绪。从这个方面来讲,结合你遇到的问题,可以从如下几个方面来和你进行一下探讨:

首先是你与你老公家庭(主要是父母)的关系。在你看来,老公是不是如期结婚,就是他在你和他母亲之间选择谁的问题。然而事实是这样的吗?假设他当时选择了延期结婚,就代表他只要他的母亲,完全不要你了吗?你仔细想想这个问题,你的这种想法是不是有点"以偏概全"了呢?而"以偏概全"正是人的非理性信念之一。反过来说,你老公当时选择了如期结婚,这就代表他"选择了你"吗?他是不是也考虑到亲戚朋友都通知了,再改不太合适呢?在生活中,特别是在婚姻生活中,哪有那么多"非此即彼""非对即错"呢?你说是不是?

另外,在中国,婚姻不仅是两个人的事情,而且还是两个家庭的事情。特别是按照咱们国家的传统,结婚仪式是男方家庭特别重视的一件事。那么,在你们俩决定结婚日期之前,有没有征求过你老公父母的意见呢?如果事前征求过老人的意见,老人在你们订日子之前就提出他们的意见,是不是就可以避免后续事情的发生?在处理和婆婆的关系时,多沟通是十分重要的。当然,如果在订结婚时间之前就已经征求过他父母的意见,后来他母亲又提出要改时间的话,那么考虑多方面因素,按时结婚就是合情合理的。但是,还是如我上面所说的,这件事并不代表着你老公选择谁的问题。

其次是对你老公的认识。首先是对你老公角色的认识。在你看来,你的老公仅仅是你的老公吗?他还有没有别的身份角色?肯定有。起码,他还是他母亲的儿子，他还是一名警察，他有他自己的工作，也有他自己的朋友。那你想想，你能在他出去应酬的时候时时刻刻跟着他吗？

还有，你说到最近经常跟老公吵架，因为你对他感到不满。那么你仔细想想，你到底希望你老公对你什么样？你有没有做到像你希望他对你的样子来对他呢？心理学中有一个人际关系的"黄金规则"，说的就是"像你希望别人如何对待你那样去对待别人"，这种观念才是理性的，而往往人们在交往中会形成"反黄金规则"，即要求别人必须怎么样，这是一种绝对化的要求，是不合理的。夫妻关系是相互的，只有互相尊重、互相理解、互相支持，婚姻才能够维持长久。

再者，关于你老公出去找陪唱"小姐"的事。我们不去讨论这件事情本身的对错，我们还是看你对这件事情的看法。很多人都在讨论"婚姻的底线"，我想可能每个人的标准不尽相同。但是，抛开其他原因不说，仅就感情问题来说的话，我想"用情不专"可能是很多人的底线之一。不妨你也思考一下你对婚姻的底线是什么？你老公的做法触碰到你的底线了吗？有没有到了和他离婚的程度？如果没有，那么就不要把离婚挂在嘴边，也不要再纠结于此，因为这样会更加伤害夫妻感情。

最后，改善婚姻关系要从改变自己开始。可以试着问问自己：当初老公是为什么和你走到一起的？他欣赏你的哪些优点？现在那些优点还存在吗？其实成功的婚姻不仅需要去爱对方，而且还需要用智慧去经营。

有人曾说过："夫妻只有保持适当的距离，才能使围城内有新鲜空气流通，婚姻才能够自由自在地成长，而能够不断成长的婚姻才是最好的婚姻。"你在留言中说，你把全部的精力放到了你老公身上，这是不是有一点忽视了自我？这样不仅让自己很累，而且还会给你老公增添压力。换位思考一下，试想如果你老公整天盯着你，天天围着你转，你会觉得舒服自在吗？因此，在工作之余找点自己喜欢的事情做，或者约上几个朋友吃饭逛街聊天，生活其实是很丰富的。

最后，希望你能尽快走出阴霾，做一名健康、快乐的女警！

（山东警察学院　鞠丽华）

66. 老公与别人发生了纠纷

老师您好！请教您一下。我老公与别人发生了纠纷，被别人用砖头砸了几个疙瘩。我问他的时候，他说踢了别人几脚，我想咱也没吃亏，就没必要再找人家，而且也没到派出所报案，这事就算了。可是第二天，他说要跟我离婚，要找那人算账，不让那人清净，我如何劝告他都不听，而且我老公在家不吃不喝，精神颓废。我看着十分着急，觉得为这点小事不值，可他不听。请教一下老师，我该怎么做？要怎么劝告他？他平常不出门，周末摆摊。我怕他得自闭症，钻牛角尖，走极端！

专家答疑

这位朋友，你好！

从你的描述可以看出，你老公特别希望得到你的关心，但是又不会明确表达出来。我觉得，其实对你老公来讲，他所想要的并不是去“跟人家算账”，而是需要在这件事上得到你的安慰和支持。事情发生后，你的想法是“反正咱也没吃亏，就行了呗”，但是你有没有想过你老公的想法？他和谁发生的纠纷？他们是因为什么事情而发生的纠纷？这个纠纷是不是仅仅是个导火索，在最近一段时间内你老公有没有遇到过其他不顺的事情？这些事情和你有什么样的关系？上述问题你都要仔细地想一想。

如果你老公仅仅是脾气暴躁而去找人算账的话，他只管去跟人家算账就好了，没必要跟你离婚后再去跟人家算账，所以在这件事情上，你老公在很大程度上针对的不是和他发生纠纷的人，而是针对你。是不是你最近对他的关心不够，还是他最近在工作生活中遇到了什么不顺心的事情？作为妻子，这些事情你都应该和他好好地沟通、交流。很多误解、矛盾在沟通交流中自然而然就化解了。而且我发现，你老公应该是非常在意你的，他不让你去找那个和他发生纠纷的人，其实也是因为他不想让你也参与到这件事情中来，不希望这件事对你有不好的影响，你说对不对？如果是这样的话，你就更应该理解他，给予他支持了，是不是？

我感觉你老公可能是一个性格相对内向的人。内向型的老公要想增进夫妻的感情，也得用“内向型”的方法，就是也要不声不响地让他内心里感受到你对他的关心。他可能不会直接表达他的想法，也可能会对你的关心表现得很不以为然，但其实他是很渴望并且享受你的关心的。

具体在这件事情上你应该怎么做呢？不知道你记不记得有一年的春节联欢晚会上，牛莉和郭冬临表演过一个小品，名叫“男子汉大丈夫”，说的是妻子牛莉和邻居吵架，要让丈夫郭冬临去给自己出气，结果郭冬临用尽了各种办法都没能使妻子改变想法，最后他用了一个方法，先用怀旧法引导妻子明白一家三口在一起就是天大的快乐，然后从妻子自身的想法出发（去找邻居算账），推论出妻子也不想要的结果（老公可能因此出事，家里的天塌了），最后妻子明白了自己之前的想法太冲动，从而更加明确了家人平平安安才是最大的幸福。郭冬临的这一做法有点类似于心理咨询中的一种方法，即合理情绪疗法中的“与不合理信念辩论”，你可能听说过苏格拉底的“产婆术”，这种方法就是来源于此，具体来说就是先让你说出你的观点，然后依照你的观点进一步推理，最后引出谬误，从而使你认识到自己先前思想中不合理的地方，并主动加以矫正。我建议在处理你和你老公的关系时不妨也参考上述方法，让他明白没有什么比家庭和睦更重要的了，也许这样对改善你俩的关系有帮助。但是要明确，辩论的目的是让他明白什么样的想法是合理的，而不是单纯地批判或抱怨他，当他明白后一定要给予他肯定和鼓励，并且要对他给予理解和支持。同时，也要多鼓励他出门，多和朋友、家人交往，多参与一些社交活动，很多不良情绪在与人交往的过程中自然就消减了。

值得注意的是，如果这件事情过去之后，你老公在没有其他特殊诱因的情况下，仍然有时精神颓废，或者经常心情烦躁、闷闷不乐，这种不良情绪不间断地持续满一个月，或者间断地持续两个月仍然不能自行化解，那么就要考虑是不是有抑郁的表现，这时建议你带他到当地的心理咨询机构做专业的心理咨询。

最后，愿你老公早日走出阴影，祝你们家庭和睦、幸福！

（山东警察学院　鞠丽华）

67. 公婆总是指责自己

老师您好！我的公婆平时尽心照顾孩子，让我有时间努力工作，但是公婆脾气不好，常常自以为是、逞强好胜，儿子的事情也摊到儿媳头上，不说儿子说儿媳，而且说话很难听，把儿媳当外人，家庭氛围常常被搞得很压抑。和他们分开住吧，他们不放心把儿子和孙子交给我；不分开吧，老是受他们责骂。和他们顶嘴他们就得气病；不顶嘴，脸上呈现不高兴的表情也不行。我做过的事情他们没有一件满意的，老爱批评我，而且是从头到脚地批评。我在别人面前很正常，说话办事都可以，可是在他们面前却是“弱智”和“笨拙”的，我都有些怕他们了，也不知道说什么话最能打入他们的心坎，他们横竖都有理，我真的很失败，过得很辛苦。我是不是太软弱？我的善心往往被他们误解。我渴望过安静、平等的家庭生活，不喜欢这样老受指责、压抑的家庭氛围，该如何解脱呢？

专家答疑

这位朋友,你好!

在各种家庭关系当中,婆媳之间的关系大概是最不容易相处的了,因此我很理解你现在的烦恼和无奈。俗话说:“婆媳亲,全家和。”这句话有双重意思:其一是说婆媳关系融洽与否直接影响着整个家庭中其他的人际关系,其二是说婆媳关系是家庭内部人际关系中最微妙、最难处的一种关系。看来,我们是“解脱不掉”这层重要关系了,对不对?

我们首先来说这样一个字——“恕”。在《论语·卫灵公》中,子贡曾问孔子说:“有一言而可以终身行之者乎?”孔子回答说:“其恕乎!己所不欲,勿施于人。”意思是说,孔子的弟子问孔子,有没有一句话可以让一个人终身受用的,孔子回答说,这个字就是“恕”,每次当你因为别人的行为而自己难过的时候,你都可以推己及人。当你这样做的时候,自己就不那么难受了。当我们对待别人像对待自己一样,遇到问题不要先想自己内心有多难受,而是去体谅一下别人,就是“恕”了,心上面一个如即为恕。

婆媳长年生活在一起,难免会发生一些不协调的事情,这时就更需要双方相互谅解。我们的祖先在处理人际关系时所提倡的“设身处地”“以己度人”“己所不欲,勿施于人”等原则,都包含着谅解的思想,是处理人际关系的金玉良言,也完全适合于处理婆媳关系。

此外,我们在处理家庭关系时要注意以下方式方法:

一是要注意有分歧时回避矛盾,礼让为先。婆媳之间一旦发生摩擦,不管孰是孰非,做晚辈的一定要先忍让,万不可针锋相对。公婆说什么,只管听着,等事后双方都心平气和了,再探讨矛盾的起因与解决方法。这样一来,公婆面子十足,自己今后也会想法子弥补自己的过失,你在他们眼中更是一个识大体的好媳妇。

二是可以将物质上的孝敬与情感上的交流相结合。上了年纪的人感情相对脆弱,怕孤独,爱唠叨。如能与老人多聊家常,买点老人喜欢吃的东西,会极大地安慰老人那颗孤独的心。除了物质上的孝敬之外,还应注意和公婆搞好感情交流,消除心理上的隔阂。如果经常向公婆表示关切之意,定能收到意想不到的效果。

三是注意发挥儿子的“中介”作用。婆媳关系本来就是亲子关系与夫妻关系各自延伸而形成的一种新的家庭人际关系,在你的留言中,没有看到关于你丈夫态度的描述。其实,丈夫在婆媳关系中扮演着重要的“中介”角色,切不可让他“坐视不管”。丈夫既可以帮助你与公婆进行心理沟通，又可以在婆媳之间发生矛盾时起疏导作用。由于婆媳之间既缺少母子间的亲切，又没有夫妇间的密切，因而出现了隔阂往往不容易消除。通过丈夫从中周旋，可以消除心理屏障，使你们和好如初。

还要注意，如果与公婆分开住，不仅可以给自己一个独立的空间，缓解家庭矛盾，而且对孩子的教育更有利。分开住有很多好处：培养年轻夫妇独立生活的能力，将自己的教育理念贯彻执行；可以防止老一辈对孩子的溺爱与过度关注，也可以让你与公婆“距离产生美”。如果对一家人的家庭氛围不进行及时调整，对孩子的成长是不利的。当然，如果分开住还要考虑很多方面的因素，要看具体条件是否成熟。

其他特别需要提醒的是，从你的留言中可以看出，你已经为这个家庭做了很多，当感觉不堪重负、强颜欢笑之时，要多关心关爱自己，把注意力从别人的责骂中转移到取悦自己上来，比如听音乐、外出散步这些让自己开心的事情。当你开始尊重自己、爱自己时，就会发现自己的开心、愉悦也会给这个家庭带来轻松愉快的氛围。

最后，作为一位母亲，我非常理解你为人母的辛苦与劳累，希望你能够处理好这些家庭关系，也祝你全家快乐！

（山东警察学院　费晓璐）

68.因工作问题与妻子发生了矛盾

老师您好！我和妻子今年都 40 岁了，孩子上六年级，本人从警 15 年。前几年，家人比较支持我的工作，但近两年，妻子对我的工作态度出现了不理解，经常和我闹别扭、生气，也给孩子造成了不良的影响。我感到很困惑，也找不到和妻子交流、沟通的办法。有时因为家里的事，工作情绪受到了影响。因工作的性质（指挥中心岗位），我经常加班，午饭、晚饭不能按点回家，周六、周日经常加班，也不知咋回事，满脑子全是工作，周六、周日不到单位转一圈感觉没着落。家里的事确实考虑得少，没时间陪孩子玩，只能是晚上回家检查一下作业。妻子对此不理解，认为我不顾家。请老师予以我帮助，谢谢！

▶ 专家答疑

你好！首先向辛苦工作在第一线的你致敬！看到留言，感到你有些焦急，也有些无奈！长时间的加班，没有时间顾家，这大概是我们很多公安民警所面临的最现实的问题吧！可以理解一个在岗位上高强度工作的丈夫回家之后的心情。随着婚龄的增加，不仅孩子的教育需要费心，而且自己的事业也处于压力更大的阶段，父母的赡养问题也越来越紧迫地显现了出来，婚姻生活就容易出现一些负面状况，这也是调整夫妻关系最重要的阶段。

好在你及时觉察到了这些不舒服的感受，注意到了家庭里某些不太对劲的气氛，这样可以早一点花时间处理与面对，否则在将来没有准备的情况下进一步发展，更容易坏事。每一位妻子和丈夫都是“摸着石头”才开始适应婚姻生活的。夫妻间相处时间长了，感觉太熟悉后，往往会忽略对方的需要，在表露自己的情感时不加掩饰。有的夫妻还因为太了解对方，因而在吵架时直指对方的痛处，很多情况下会伤及对方，导致双方情感转为冷漠，使家庭氛围日益紧张。

托尔斯泰曾说：“幸福的家庭都是一样的，不幸的家庭却各有各的不幸。”这句话不仅体现在“幸福的家庭”中，而且还体现在“幸福的婚姻”中。一段幸福的婚姻是存在共性因素的，要想让自己的婚姻幸福美满，下面这些因素是不可缺少的：

(1)沟通。不少夫妻喜欢把意见、不快压在心里，还美其名曰“脾气好，有修养”。其实，相互封闭只能导致误会加深，有为数不少的夫妻就是因为缺少沟通而导致劳燕分飞的。正常的做法应该是加强沟通，有意见就诚恳、温和、讲究策略地说出来，主动去了解对方的想法。吵架不一定就是坏事，毕竟这也是一种沟通的手段。

(2)欣赏。人们经常用欣赏的眼光看自己的孩子，却常用挑剔的眼光看自己的配偶，总觉得妻子/丈夫还是别人的好。如果你当面、背后都能毫不犹豫地说出配偶的优点，那么你也就学会了爱。

(3)童心。生活中，只要能用童心、浪漫和幽默的情怀对待家庭生活，用欣赏的眼光看待配偶，并且能把对配偶的感情用情话说出来，或用亲昵的举动表达出来，那么你所拥有的婚姻就是幸福的，你所生活的家庭也是美满的。

(4)浪漫。无可置疑，很多家庭是缺少浪漫的。工作、家务忙了一整天，为什么不在傍晚牵着爱人的手出去散散步呢？我们会说：“我很累，回到家爱人都睡着了。”其实，能否浪漫的关键在于你是否拥有浪漫的情怀，偶尔一次的浪漫能让夫妻感情“保鲜”。

(5)幽默。在生活中，不少人把喜欢开玩笑看成油嘴滑舌、办事靠不住，认为夫妻之间的谈话应该实事求是，用不着讲究谈话艺术。殊不知，说话幽默能化解纠纷、缓冲矛盾、消除隔阂、增加感情，从而让夫妻感情更深。

(6)亲昵。对于结婚多年的夫妻来讲，亲昵似乎已经成为一种奢侈。亲昵对提高家庭生活质量有着妙不可言的作用，长期缺少拥抱、亲吻的人容易产生“皮肤饥饿”，进而产生“感情饥饿”。

爱情是婚姻的灵魂，义务是婚姻的纽带。你由于工作繁忙，长期沉浸在工作中，往往会忽略在家庭中应尽的义务，忽略妻子承担这些义务时的辛苦。所以，请你暂时放下工作上的事情，多留点时间给孩子和家人，试着去感受一下妻子，看看她为何会生气、埋怨(也许不仅限于表面上工作忙、没时间陪孩子这么简单呢！)同时，可以试着去告诉妻子你的感受(比如焦虑，不知如何与她沟通)，注意不要带着相互指责和埋怨的情绪，有时候，一句真心话、一个眼神、一个动作可能就会化解两人的隔阂。或者一家人带着孩子外出玩一次，与孩子的沟通不能仅限于学习与作业，这应该是一种面对面的情感交流。你所描述的“也不知咋回事，满脑子全是工作，周六、周日不到单位转一圈感觉没着落”并不是一种自然的工作状态，是不是对工作过于看重、过于紧张了？因此你也需要留一点时间，好好审视一下自己到底发生了什么。婚姻和家庭对我们每一个人都很重要，它是我们温暖的港湾，如果没有这种温暖的支撑，恐怕工作上也难有建树。我们不是为了工作而工作，而是为了更快乐地生活而工作。

你可以从以下角度审视一下自己的婚姻：夫妻双方个性是否成熟，价值观是否相互认同，角色观念是否协调。一般说来，配偶双方要有“角色认同”，即彼此心目中的角色形象是相符的，重要的是夫妻角色互补，在平等的原则基础上达到一种“动态的和谐”。夫妻双方既要在理财、管家、照护子女、安排闲暇生活及其他家政问题上共同做出决定，又要在成就事业上取得一致意见。这些都要靠双方的沟通来实现，而良好的沟通不是一种机械的反应，而是情感的流动。

由于获得的信息有限，因此我看到的只是一些现象，比如加班、妻子埋怨等，也不敢妄下断言。实际上，在一些家庭中，家庭成员之间很明显地在彼此躲避，他们埋头工作或忙于外面的应酬，几乎不与家里人接触。如果是这样，忙于工作就是一种逃避。当然这只是一种猜测，实际情况怎样还需要你自己的判断。

此外，当婚姻真的出现长期问题，双方或单方尝试多次，仍无法改变婚姻现状时，建议选择婚姻专家介入，不要等到问题更加复杂化、无可挽回时再追悔不及。婚姻需要爱心与经营，防微杜渐，同时也不要讳疾忌医。良好的婚姻和夫妻感情是家庭的基础，也是孩子成长的最佳环境。

祝你一切顺利！如有需要可来电来函。

(山东警察学院　费晓璐)

69.家属得了重病怎么办

老师您好！前不久，家属在医院查出患有肺癌，心情十分悲痛，又不能表现出来，我该怎么办？谢谢！

专家答疑

首先，为你和你的家人感到难过！一般来说，当类似自己的亲人罹患重大疾病或不幸这样的生活事件发生的时候，会给人带来巨大的压力和心理问题，因为生活事件发生后，我们惯常的生活需要重新调整，这就需要我们动员我们的应激资源去作新的适应，因而会产生强烈的精神负荷和心理问题。由于你对自己的亲人爱得很深，所以你的心情会很沉重，并且这种心情会持续一段时间。

既然这样的不幸发生在自己身上，我们就应该坚强地面对。你谈到虽然你很悲痛，但还不能表现出来，这说明你是一个坚强的人，一个有顽强自制力的人。虽然目前你遇到了严重的情绪问题，但相信你一定能渡过目前的难关。当然，总压抑自己的情感也不利于自己的身心健康，可以找个渠道宣泄一下。

情绪问题的产生与人们对有关问题的看法有着直接的关系，所以对你来说，我认为首先要改变对下列几个问题的认知：

一是对疾病的认知：权威专家认为，任何一种疾病都不能和死亡画等号，肺癌也是一样。如果是早期肺癌患者，通过手术等治疗手段是可以做到临床治愈的；如果是中期肺癌患者，可以通过手术、放疗、化疗等治疗手段延长肺癌患者的生命。有这样一种说法："癌症患者三分之一是吓死的，三分之一是用药过度患者无法耐受而死的，最后三分之一才是治疗无效而死的。"这话虽无明确的科学根据，但说明了一个道理：患者若能乐观对待并采取正确的治疗行为，就可能战胜癌症，延长生命。

二是对患者的认知：一个人遇到自己不能接受的事，通常第一个反应是逃避与否认。如果无法逃避时，常会引发愤怒与攻击行为。当自己无法处理时，又可能会落入哀伤、忧郁、绝望、懊恼、自责等状况。只有在这些情绪结束之后才会思考：此刻我该怎样做才好。所以当你的家人知道自己的病情时，也会经历上述历程，而在这期间，患者往往是非理性和十分脆弱的，此时亲人是患者化解彷徨无助等负面情绪的重要支柱。

三是对自己的认知：上面已经谈到，对患者来说，亲人是其坚持求医、顽强生存下去的精神支柱，一旦亲人倒下或出现态度或心理上的问题，便会极大影响患者治疗癌症的决心、信心、意志与毅力。

四是对生活的认知：一个人的一生不可能总是一帆风顺，挫折总是难免的，关键是如何看待这种挫折。有这样一个哲理故事：两位旅行者在沙漠中行走了整整两天，身上带的水都喝完了，渴得要命，突然他们在半截土墙边发现了走在前面的旅行者给他们留下的两瓶水。甲奔过去拿起一个水瓶，一看只有半瓶水，十分丧气地说："唉，只有半瓶水，还不够我现在喝的，明天该怎么办啊！"乙拿起另一个水瓶，一看也只有半瓶水，却高兴地说："哈哈，我有半瓶水了，明天我靠它坚持几个小时就可以走出沙漠了！"第二天，甲走了不一会儿便倒在地上，他对前程充满了恐惧，心一死就迈不开步了。而乙则坚持着走出了沙漠，见到了绿洲，喝到了甘甜的泉水。如果我们都像乙一样积极乐观地看待人生，我想我们的人生一定会变得精彩的。

如果你对上述问题有了正确的认知，我想接下来你要做的就很简单了。比如可以适当宣泄，你可以大哭一场，找个地方大喊大叫一下；找人倾诉，找个自己信赖的朋友，把心里的委屈倾诉出来；找心理咨询机构寻求专业帮助；多陪伴患者，给予对方最大的关心、同情、安慰和理解，发挥"心理医生"的作用；学习和掌握一些护理和饮食调理方面的知识等。

希望你的家人早日康复！

（山东警察学院　王成义）

70.揭穿父亲的外遇后，我该怎么办

了解父亲有外遇后，我在视频中和父亲谈了，他无语，我也拨通了那个"第三者"的电话，她说和父亲没有什么，只是单纯地通电话。父亲和她相差21岁，很可笑吧，虽然我都和他俩摊了牌，但我们相隔太远，我和母亲在山东，他和"第三者"在昆明，我心里很乱，接下来我到底应该怎么办？

专家答疑

这位警官朋友，你好！你给公安厅心理健康网站的专家信箱发了咨询信件，但由于留的是外网邮箱，无法直接回复，因此临时借用这个邮箱给你回复。

我非常理解你此时此刻的心情，也愿意为你提供帮助，但是具体的解决办法应根据实际情况灵活来定。比如，对于他们的这种关系，你是仅凭猜测还是有确凿的证据可以确定？你对此是怎么想的，是愤怒还是原谅？你母亲对此事知情吗？她又是什么态度？一直以来，父母间的感情是怎么样的？父亲对家庭负责任吗？父亲的道德品质如何？你在父亲心目中的地位怎样？父亲的未来打算是什么？如果一旦“分离”，你和你母亲能够承受吗？如果你父亲愿意回心转意，你和你母亲又是什么态度？等等。甚至父母的经济能力、生活能力、身体状况等都是需要考虑的因素。这些问题你也可以自己梳理一下，综合权衡一下，也借此冷静下来，不要贸然采取行动。

不知道你和父亲摊牌是想达到什么目的，是以什么样的方式和父亲摊牌的。如果是期待他回心转意，我不赞成大加斥责，也不赞成在并不了解对方的情况下对“第三者”有直接的或者过激的接触和行为。因为你父亲的心意并不确定，这时采用激烈的方式，反而会使他没有面子，也没有了退路。心理学上有一种“罗密欧与朱丽叶效应”，说的是如果出现了干扰双方亲密关系的外在力量，双方的情感反而会加强。虽然这个理论用在父亲和“第三者”之间并不十分妥帖，但道理是一样的：当被迫做出某种选择时，人们往往会有逆反心理。特别是在双方情感的“发烧期”，就是感情特别浓烈的时期，这一时期的恋人缺乏理智和冷静，很少意识到自己的荒唐，意识到自己对家人的伤害。这时采取激烈的行动，反而会使你父亲和你们之间的情感越来越疏远。应当在平心静气的前提下，再设法让你父亲知道你们对他的感情和需要以及如果分离会造成的后果等。而“发烧期”往往是不能持久的，你父亲和小他 20 多岁的“第三者”之间在各个方面恐怕也会有种种的矛盾和不适应。在适当的时机做父亲的工作更合适。

另外，你还要做好妈妈的工作，鼓励妈妈多关爱自己，保持情绪的稳定和身体的健康。如果是想要挽回，就需要让妈妈静下心来，冷静地思考双方的问题所在，多一点平心静气的交流和沟通。当然，要做到这一点，你母亲需要一定的时间、耐心、毅力和包容心，这些也要视其个人的心意而定，不能一概而论。

以上仅是个人的一些意见和建议，供你参考。

（山东警察学院　单冬）

71.丈夫有恶习

老师您好！我丈夫身体不大好，抽烟很凶，他自己也知道这样会把身体搞垮，可又控制不住。我说他他也不听，管也管不住。有时候听着他深夜里咳嗽，真担心他有一天会得肺癌，离开我们娘俩。这件事成了我的心结，一想起来就烦躁不安，非常焦虑。我该怎么办？

专家答疑

你好，非常感谢你对我们的信任！

我很能理解你此时焦虑的心情，想来“丈夫吸烟”这种事情给你造成了不小的压力。焦虑情绪的产生有多方面的原因，应该说就你所经历的而言，“丈夫吸烟”是使你产生焦虑情绪的诱因，你所担心的是丈夫可能因吸烟而得肺癌。的确，就概率而言，吸烟致癌的可能性要远远高于不吸烟人群，所以你的担心不是多余的。不过，我们在这里谈的是可能的问题，而不是绝对发生的事情，如果你认为这件事情致癌的可能性是百分之百的话，那就有违事实了。对于丈夫吸烟这件事，与其不停地担心，不如劝说他到医院定期接受相关的专业检查，尽量避免讳疾忌医，让丈夫和你树立正确的态度，力争打一场“戒烟战”，从科学的角度打消某些无端的猜疑。

对于你所提及的烦躁不安等表现，因所获取的信息有限，不能贸然给你下定论，在此建议你到专业的心理咨询机构接受进一步的检查。不过就初步诊断而言，如果近期比较焦虑的话，首先要接受这种情绪。不仅是你，我们每一个人在碰到类似问题时，都会产生焦虑情绪，你的焦虑从更深层来讲是来自你对家庭、对丈夫的一种浓浓的关爱之情，大可不必排斥这种情绪。其次要仔细分析，找出产生焦虑的原因，是不是因为某种具体的诱因（丈夫吸烟）而导致这种焦虑？也许是来自你自身的人格方面的原因（如果丈夫不吸烟了，你是否会有其他的担心呢?），也许是你自己近期遭遇的消极事件导致了你负性情绪的转移（如由于单位或家庭中的其他事情使你迁怨于丈夫吸烟等）。再次要针对产生的原因分析对策，对于因为某种具体事件诱发的焦虑，要直面这种事件，尝试采用各种方法消除这种诱因，如果是因为人格方面的原因的话，要注意人格的修养，尤其要避免在日常工作和生活中产生的“绝对化”和“以偏概全”的思维方式。很多时候，人们消极情绪的产生不是因为具体事件，而是由人们对这种事件的态度和一些自动化的想法所导致的;对于负性情绪的迁移原因,要注意分清产生情绪的真正原因,学会控制情绪。最后,学习一些放松的方法,如当你焦虑紧张的时候,可以有意识地放松肌肉,也可以通过在音乐声中进行冥想的方式进行放松,每次产生焦虑的时候就有意识地放松一下,坚持下来就会收到很好的效果。

以上只是泛泛而谈,希望能够对你有所帮助!

(山东警察学院　程亮)

72.不孕的压力

老师您好!最近我真的好烦,好茫然!希望您能给我一些建议,也希望通过向您倾诉我的心里话,让自己的思想压力能减轻一些。我与老公结婚快4年了,一直没怀上小孩,这给我和老公都造成了很大的压力,有时也给我们的生活带来了很多不快!从事公安工作本身压力就大,休息时间少,而身为女性,检查不孕症的就诊日期时间非常严格,就诊治疗起来也非常复杂,因此这接近4年的婚后生活我过得非常艰辛,我真的很累、很辛苦。这个过程不仅要请很多假,要花费大量的金钱、时间、精力,或许到最后我依然会没有孩子,这让我很难过!但我始终告诉自己要坚强,不要放弃,努力地去笑着生活!同时,我给老公说我很爱他!我希望我和他共同努力,希望能生一个孩子。实在不行,比起两个人都这样辛苦,还不如我们离婚,我希望他能重组一个家庭,希望他有一个孩子,希望他能幸福快乐!我也得到了老公的一些支持,他鼓励并配合我去检查治疗。但今天,他从他的工作单位打电话来,问我是否有好消息(怀孕),我告诉他没有,他一句话也没说就把我的电话挂断了!我拿着被老公挂掉的电话哭了。我该怎么办?之后几天他也没再打电话,我也没有打给他。我不知道该说什么。老师,我该怎么办?

▶ 专家答疑

这位朋友你好,感谢你的留言!非常抱歉答复得稍晚了一些。其实你说的这种情况是不孕症患者普遍存在的心理压力。

在育龄妇女中,不孕的发生率为8%～17%,近年来还有上升的趋势。女性不孕者在心理方面主要表现为自卑感、心神不安、精神紧张、社交减少、对生活缺乏爱好、焦虑多怒、不愿或忌讳与他人交谈生育方面的事情等。可以理解，长期不孕并奔走于治疗，随着婚龄延长和年龄增大，心理上的压力会更加沉重，严重的会导致人际关系敏感、焦虑、抑郁、偏执，越来越缺乏治愈的信心。这既与中国人传统的思想观念有很大关系，也与每个人自身的应对能力、思想意识、自我调节等方面有关。

不孕患者需要面对的是来自配偶、父母、亲戚甚至朋友的压力，如果不及时调节，多方的压力可能会让自己丧失自信心，选择逃避或不愿意接受治疗，最后因无法调整自身的情绪而变得孤立，其严重影响是不容忽视的。

遇到这样的状况，大多数人通常会把注意力集中在不孕者的生理状态上，反而忽略了她们的心理状况。有时，心理越紧张反而越会因影响内分泌而使自己更难受孕；个别情况下，不孕还可能是因为没有掌握生育技巧而导致的，有时则是多种原因并存。对此，你可以思考一下，自己属于哪种情况呢？

另外，有些人常把不孕的原因归咎于女性，导致现在不孕症妇女的焦虑与忧郁程度是一般妇女的 6～7 倍。其实，这是一种认知偏差，影响不孕的因素有很多，男性也存在不能让女性怀孕的生理可能。同时，能否顺利受孕还跟双方的体质、生活环境、生活紧张度等都有关系。当一个人压力过大，内分泌紊乱时，受孕的可能性就会降低。即使采用人工受孕，也可能因为心理因素而无法成功。可见，心理调适是不可忽视的重要因素。因心情上不稳定，会间接影响夫妻生活，导致感情不和谐，情绪波动引起女性内分泌不稳定，相对受孕的可能性也会降低，因此不孕夫妻所面临的心理困扰远比想象中的大，应该积极寻求专业的治疗协助。

针对你的情况，有以下建议不妨试试看：

首先，切勿胡乱听信小道偏方，延误诊疗时机。当夫妻得知一方有生育问题时，往往容易先陷入悲伤、埋怨情绪，仿佛生活失去了色彩，或是情急之下胡乱投医，四处去求各地的“祖传秘方”，长期下来付出大量的金钱与时间，但结果仍不见效，反而会造成心理负面情绪累积过大，这对夫妻两人更是二度的伤害。

其次，遵照专业医师的指示进行专业治疗。专业治疗包括两个方面：一是身体方面的诊疗。应及时到正规医院找医生咨询，明确不孕的原因，分清是相对不孕还是绝对不孕，在明确病情的基础上采取相应的治疗措施，尽早解除不孕的痛苦。另外需要强调的是，一定要自己了解医学知识，增强自我控制疾病的能力和对不孕的适应能力。二是心理方面的专业辅导。在身体治疗的同时，配合心理咨询与治疗，对不孕症会起到辅助治疗的作用。心理咨询活动可明显提高一两年都不能成功受孕的妇女的怀孕率。大量的临床资料证实，精神过度紧张、心理发生障碍往往会导致内分泌功能紊乱、排卵障碍，形成越想怀孕越难以怀孕的局面。对这一道理，你本人要了解，家人也要了解。根据你留言所反映的情况，建议你在当地寻求专业的心理辅导，让心理咨询师介入，做好心理调适。

最后，夫妻关系是家庭的核心，双方应互相扶持，彼此给予心灵慰藉。当必须面对不孕的可能性时，夫妻之间应该学习如何做好自我调适，可以选择外出度假、适度运动、放慢生活脚步等小技巧来舒缓压力。夫妻之间要互相扶持，共同面对问题，而不是一味地怪罪对方或自责，将问题丢给另一半或者自己独自承受。如果在医学上确定是生理问题导致的不孕，仍然可以采取试管婴儿或者领养的方式拥有可爱的孩子。

这位朋友，孩子是我们生命的延续，可以带给我们无限的欢乐，但孩子不是我们生命的全部，生命有多种存在方式，我们还可以以其他不同的形式来延续生命，并体会生命的存在与延续。比如，很多没有孩子的家庭不是同样生活得很幸福吗？

从我们还很小、还未能够独立思考之前，我们就已经开始被灌输各种关于“事情应该怎样”的观念。所以，对于生命中的大部分事物，我们的头脑中已经有了“答案”，即我们已经知道事情“应该”是怎样的。很多人都认为结婚生子是一件自然而然或者是必然的事情，从来没有深入思考过“自己为什么要孩子”这个问题。你也可以借此机会思索一下自己为什么“必须”拥有一个孩子。满足长辈的需要？作为自己的精神寄托？维护夫妻关系？还是出于其他原因？孩子是不是必然和必需的呢？你的答案是怎样的呢？其实，人生难免有缺憾，人生的智慧就是接受。满足自己当下的需要，才能够保持平和的心态。

不知以上的建议有没有帮到你呢？祝你早日有个好心情！

（山东警察学院　费晓璐）

73.如何处理与岳母家的关系

老师您好！我老家是外地农村的，家庭条件很一般，是家里的独生子。我大学毕业后在公安局干协勤，爱人考公务员到了县城，两地分居。我爱人家是本地的，家庭条件比我家好很多，结婚之前和结婚之后我一直都很努力地考公务员。当时买房的时候是两家合伙买的，我家出了1/3，她家出了2/3，当然一开始我就觉得这样不妥，因为买房毕竟是男方家的事，但是我家条件一般，拿不出那么多钱，只好这样了。后来我一直想着把她家出的那 2/3 的钱打欠条，我挣了钱再还给她家，但是一说这个妻子就不愿意，说我现在变得清高了。其实，我一直都觉得欠我妻子很多，所以导致后来我在她家基本没地位，后来考上公务员了，我觉得我有能力还钱了，我不想就这么在不安中度过，但是妻子不理解。一直以来，我都觉得自己特别憋屈，在她家我基本不发言，有什么事只有接受的份，虽然心里不好受但从不表现出来，我觉得忍一忍就过去了。自从考上公务员之后，我发现我现在对岳母家的生活习惯特别反感，我现在到底怎么了？是我变了，还是我本性就不能忍受岳母的自以为是？原来没考上公务员之前，我一直装作一团和气，但我现在真的不想再这么装下去了，我觉得这么活着太憋屈。一个男人在生活当中不是强者，就别指望在事业上能够干出业绩。

每次我们周末回岳母家对我来说都是一种煎熬，说实话我看不惯岳母专横、爱占小便宜的样子。她经常在饭店吃饭的时候带回来一些剩饭剩菜，不管谁请客，最后她都要打包弄回来，然后就塞进冰箱，时间长了冰箱里的饭菜变质了，自己也不愿意吃，但又舍不得扔掉，于是她就送给她家在农村的亲戚。岳母脾气不好，有一次我听到岳母说了很多刺耳的话，我是那种心里高兴或难受都表现在脸上的人，她看见我脸色不好看，就找了个借口逮着岳父骂了一顿，其实我听出来了，那都是骂给我听的，说"装什么，不好好过日子，不行就撵走他"，我听了很生气，岳母可能又在拿房子说事，她意图很明显，就是我们的房子她家出的钱多。但我知道她在气头上，不好发作，就想"算了，忍忍吧，跟这样的人吵架不值得"。

我不是那种不孝顺的孩子，两边都有父母，我们成立了新家庭，我们家的事就该我们自己做主，不需要其他人插手。作为岳父岳母，可以在经济上资助自己的女儿，但你们千万别给我们做主呀！而且岳母的生活习惯我确实接受不了，我们已经不是小孩子了，是成年人，有自己的独立思维和处事方式，请长辈不要横加干涉。现在我特别不愿意去岳母家，但这也不是个办法呀，我总不能不见丈母娘呀！我该怎么办呢？

专家答疑

这位朋友，你好！

作为同样来自农村、同样需要岳父岳母资助买房的人，我理解你的想法，但不认同你的想法和做法。限于篇幅，你可能还有很多其他的信息不方便透露，但从你的字里行间里，我感到的是你的怨言、不满、牢骚，甚至还有些怒气，我想你这样反应自有你的理由。但在这里，我有几个疑问想与你探讨一下：

首先，你提到“自从考上公务员之后，我发现我现在对岳母家的生活习惯特别反感”，那你以前为什么没有这种强烈的感觉呢？你也提到你妻子说你“变得清高了”，事情往往就是这样，当局者迷，旁观者清。你是否应该静下心来仔细考虑一下这个问题呢？到底是谁变了？为什么会有变化？

其次，你说“生活中不是强者，事业上就不会干出业绩”。这句话是有道理，但关键是什么算强者？强者难道是什么都自己说了算，别人都得听自己的？我认为，强者应该是能协调处理各种人际关系，使一家人能和睦相处的人。如果连这一点都做不到，何谈事业上的成功呢？

再次，你说看不惯岳母的生活习惯。你们也不是天天见面，连这个你都接受不了，还能接受什么？你提到岳母带剩饭的问题，现在国家不是提倡“光盘行动”吗，节约粮食有错吗？还有，岳母脾气不好，就不能友好相处吗？在工作中、社会上遇到的脾气不好的人太多了，如果不会与他们相处的话，你在事业上会有成就吗？

最后，房款要不要还，关键看一家人的态度。如果妻子和岳父母没有要你还，那你也没必要非得分清你我。房款不用你还，你的经济压力就减轻了，你可以集中精力用在工作上，在事业上干出成绩。你有成绩了，岳父母会以你为荣，会替女儿感到高兴，会认为那 2/3 的房款出得值。

所以，我想你是不是该调整下心态，让自己多些宽容、平和、理解和感恩。如果你真想既做生活的强者，又在事业上有所成就的话，那就先把家庭经营好吧，对此有以下建议：

一是多从岳父母、妻子的角度考虑问题，如岳父母需要什么样的女婿？女婿应该如何对待自己和他们的女儿？妻子需要什么样的丈夫？丈夫考上公务员后还是她以前爱的丈夫吗？丈夫的心有没有膨胀？丈夫应该如何对待自己的父母？如果我们稍微调整一下看问题的角度，我们会发现自己以前的认识有多么片面，本来很简单的事情，却让我们搞得如此复杂，如此难以收拾。

二是尊重岳父母。岳父母毕竟是长辈，毕竟是你妻子的父母，你至少应该感恩他们为你培养了他们的女儿——你的妻子。千万不要当面顶撞岳父母或给他们使脸色。有什么冲突、矛盾可以“冷处理”，如果不同意岳父母的意见，一定要耐心细致地做工作，不能着急，可以让妻子多说，自己少参与。

三是与妻子达成一致。有什么问题一定先与妻子交流，夫妻达成一致后，最好由妻子去跟岳父母说。如对岳父母的行为习惯看不惯，可以让妻子去说，自己不要有任何表现。

四是求同存异。你与岳父母既有代际的差异，也有价值观、个性上的差异，但这并不意味着你与岳父母之间没有共同点。可以找准他们感兴趣的事情或话题，多与其交流，甚至做一些使他们感动的事，哪怕很微小，往往也能打动老人的心。其实，哪一位老人不希望子女对自己多一些关怀和了解呢？

最后要说的是，你只提到了岳母的强势，对岳父却很少提及。一般来说，这样的家庭女性强势，男性往往会弱势一些，子女则可能会要么依附于父母，要么远离家庭。根据你的描述，你的岳父母家庭应该是属于女强男弱、女儿依附的类型。你的加入可能搅动了原来的平衡，你想在这个家庭中扮演什么样的角色，决定权在你的手中。

（山东警察学院　王成义）

74.如何选择合适的老公

老师您好！家长通过亲戚朋友给我介绍了两个对象，他们两个各有各的优点和缺点，各方面的条件也差不多，也不知道他们谁更爱我。我现在很矛盾，不知该怎么取舍，请问我该如何做出选择？女人应该选什么样的男人当老公？谢谢！

专家答疑

这位朋友，你好！

选择什么样的男人当老公，这个问题可以用一、二、三、四之类的明文条款来回答，比如要善良，要孝敬老人，要人品好，要有一定的经济基础，要有责任心，要有共同语言等，但其实并没有放之四海而皆准的标准，最终的选择也是最适合你自己的选择。你期望有什么样的丈夫，期望有什么样的婚姻生活，两人是否情投意合志趣相投，这些问题只有你自己能回答，也只有你自己能够真正帮助你。能够做出选择的只有你自己，而不会是别人。

但这个问题的提出，最起码证明你还没有作好准备，没有认真思考过自己想要什么样的人生，不妨借这个机会梳理一下。你可以把两个人各方面的特征详细列出来，静下心来，一项一项地进行取舍对比，最后汇总进行比较。在这个过程中，你会感受到你真正在乎的是什么，最后的结果是否合你心愿，你是不是有遗憾想要反悔，也可以窥见自己真正的心意。

同时，也希望你能够明白，一段幸福的婚姻是因为有爱作为前提，才会彼此感到幸福无比。只要有爱作为奠基石，你们的婚姻才会既经得起柴米油盐的平淡，又经得起狂风巨浪的侵袭以及围城外风花雪月的诱惑。幸福的婚姻更需要彼此的包容和理解，和双方是否真心付出有直接的关系，这些内容比外在的条件更重要。

并且，无论选择谁做自己终身相伴的伴侣，婚姻都是需要磨合和经营的，不要总是寄希望于对方的德行和品质，也不要总在主张自己的要求，强求另一半应该怎么对你。问题的关键在你，你是如何看待和对待生活的？你是如何认识婚姻和对待婚姻的？在问女人需要怎样的高标准老公的同时，还要考虑自己该怎么样才匹配，怎么样才能做一个好女人，怎么样才能做一个好妻子（这里的好女人、好妻子不是传统意义上的，而是基于平等、尊重的主动选择），怎么样才会活出自己的精彩和魅力。

祝生活愉快！

（山东警察学院　单冬）

75.妻子有外遇了该怎么办

尊敬的老师您好！我是一座偏僻县城的一名基层民警。我一直在关注你们的栏目。我有些事需要求助，因为我们这里没条件，只能希望你们帮帮我！谢谢！

我今年38岁，妻子36岁，我们自由恋爱并结婚11年了，有个9岁的儿子。去年年底我发现妻子有外遇，我追问她，她告诉我是真的，他们都深爱对方，而且快一年了，他们已经发生关系了，“第三者”是她同事，小她9岁。当时我感觉整个世界都坍塌了，但我没打她，也没去找“第三者”的麻烦。我是个很重感情的男人，结婚11年来我从没有过外心。我们从一贫如洗到现在房子有了，车有了，儿子很可爱，这一路走来我们都感觉很幸福（她也是这样认为的）。双方的老人对我们也很放心，朋友同事都羡慕我们。她漂亮，我也不赖，夫妻生活也很和谐，我实在想不通为什么会发生这种事，心里难受死了！

更复杂的是，我无法容忍妻子的背叛。今年2月14日我们离婚了，儿子跟我，但她不愿意搬出去住，称和我还有感情，舍不得这个家，要回心转意跟我好好过日子。我也知道离婚对儿子的伤害是家长无法想象的，所以就同意她暂时和我们一起住，更可笑的是，我们还睡一张床，而且还像以前一样经常过夫妻生活，这算什么事啊？！

也许她是想复婚，但我不想复婚，对我来说妻子身体的背叛是不能原谅的，虽然她已经保证不再和那个男的来往，但我真的过不了这个坎。再说谁知道她还会不会和那个男的来往，我不想在猜忌中过日子。但她说要这样静静地陪着我们，要等儿子高中毕业再分开(还有 9 年)。这样等 9 年不是办法啊！但为了儿子，我好像又只能答应她和我们住在一起。

还有，那个男的已经清楚我知道他们这些龌龊的事。我们生活工作的地方是个很小的县城，以后我遇上那个男的是常有的事，我想冲上去把他撂倒，维护男人的尊严，但我又是名人民警察，不能知法犯法，忍着吧又不像个男人，左右都不是，气死人了，我该怎么办啊？

专家答疑

这位警官朋友，你好！

非常理解你此时此刻的心情，也愿意为你提供帮助。但是具体生活问题的解决办法，应该根据实际情况综合权衡再来定夺，旁人没有办法来代替你选择，也难以真正了解你内心的挣扎和变化。因此，请你自己冷静梳理和思考。

首先，对于是否复婚或者继续保持“离婚不离家”的状态，建议冷静地问问自己，你对此事是怎么想的，是无比愤怒还是在有条件的前提下可以原谅？在采取了离婚的方式之后，是否已经纾解了你内心的愤怒？离婚不离家是不是最好的选择？其次，孩子对父母的感情如何？孩子是否能够接受父母离婚？你是否把孩子的选择作为第一选择？再次，出轨毕竟是对婚姻关系的背叛，你的妻子是否已经真正意识到她的所作所为给家人带来的伤害，真正懂得了该如何真正地珍惜家庭，爱护孩子？最后，你所处的社会环境、亲人朋友、经济条件、生活能力、身体状况等也都是需要考虑的因素。这些问题需要冷静下来综合权衡，再做出决定。

其次，根据你的叙述，以前感觉很幸福，不知道生活的什么环节出了什么问题，会发生这样的事情。其实，既然已经发生了意外的事件，不妨也从自我的角度反思一下以往看似完美的生活中是否早就存在了事件发生的征兆，承认并反思不仅有利于你们两个人关系的调整，即使将来另组家庭，也能提高维护家庭幸福的能力。

爱情婚姻研究者将导致夫妻亲密程度减弱的主要原因归结为以下十点：(1)空间上的分离；(2)新朋友代替了老朋友；(3)逐渐不喜欢对方行为上或人格上的某些特点；(4)交换回报水平的变化；(5)妒忌或批评；(6)对对方与第三方的关系不能容忍；(7)泄密；(8)对方需要时不主动帮忙；(9)没有表现出信任、积极肯定、情感支持等行为；(10)一方的喜好标准发生了变化。研究者设定每条原因分值为 2 分，当有 3 条以上的原因综合叠加起来超过 6 分的时候，就很容易使两个人的亲密关系破裂，发生“婚姻之痒”。你们过往的婚姻关系中是否也存在这些因素，并且当这些因素出现时，你忙于工作而忽略了这些信号，没有及时地去维护感情呢？而且，爱情婚姻心理学认为，婚后出轨的原因未必就是对对方不满，有时就只是单纯的偶发因素触动了对方性格中的某根神经冲动或对自身某种需求一直未能得到满足的心理补偿。比如，如果你年近 40 的妻子与比她小 9 岁的“第三者”有了关系却又放不下你和孩子，她是否已经对自己过去的行为有所悔悟了呢?!

最后，对于那位“第三者”，大可不必用自己的前途和名誉为代价进行报复。如果他是认真地对待这份不道德的关系，想必也经受了感情上的痛苦；如果是没有道德底线地游戏人生，那么生活也不会给他以真正的幸福作为回报。武力并不是泄愤的好方式，不动手不代表忍让，如果真的偶然遇到了那个人，不怒而威可能对对方的心理造成的震慑力更大。贸然打对方一顿，首先会对自己造成伤害，无故打人是人民警察的纪律所坚决不允许的。其次，对方会给自己的不轨行为找借口，如就是因为丈夫的鲁莽和跋扈，才导致妻子的出轨，反而更觉得自己理所应当了。如果实在气不过，也可以用其他合法的、不违背纪律和职业道德的方式来捍卫自己的尊严，你选择离婚也是维护自己尊严的方式之一。通过离婚维护尊严，甚至不离婚，继续给孩子和睦的家庭生活，都不涉及“是不是男人”这个评价。不原谅是对自己处世信念的坚持，选择原谅也不是对苟且行为的认同，而是出于对以往夫妻感情的留恋、对人性弱点的包容和对孩子深沉的爱和责任。

当然，能不能做到真正原谅，也需要一定的时间、耐心、毅力和包容之心。也许我们要经历很多感情上的波折，走过漫长的岁月，最终才能明白，我们真正该留住和珍视的是什么。相信你的前妻也会在生活中明白什么是值得珍视和守护的。

我们都想要有爱、有尊严的生活，可爱情是什么？众说纷纭。人们常常把迷恋和激情理解为爱情，婚姻出轨的男女也为了短暂的激情如飞蛾扑火般奋不顾身，但这种激情注定是不能长久的。有研究表明，男女爱情是由大脑中的三种化学物质多巴胺、苯乙胺和催产素激发出来的，当男女初次产生爱情时，这三种化学物质会迸射而出，即所谓的“亢奋”和“欲罢不能”。但随着时间的流逝，人的肌体内渐渐会对这三种化学物质产生抗体，大约两年之后，这三种化学物质的作用就会消失，男女之间的新鲜感会逐渐消退，随之而来的是情感的交融。

因此，真正支撑一对夫妻白头偕老的并不是浪漫的激情，而是更高意义上的爱情，即彼此亲密、包容、理解和支持。美国心理学家斯滕伯格曾提出过著名的“爱情三角理论”，他认为，爱情有三个基本成分：亲密、激情与承诺。[①] 随着认识时间的增加以及相处方式的改变，爱情三角形的形状和大小会发生改变。三角形的面积代表爱情的质与量，三角形越大，爱情就越丰富。达到完整包含亲密、激情与承诺三种成分的爱情，婚姻才会稳定；反之，就有可能遭遇“婚姻之痒”。可以相信，你前妻对于婚外“第三者”的感情是可以消退的，但能不能保证她不再和那个男的来往，更多地取决于她的诚信和道德因素，这需要你自己基于对以往生活的了解做出理性的判断。真正的爱情本身就意味着了解和同情，婚姻更是一种“社会契约”，婚姻中的双方都有责任去维护感情、维护家庭。希望你经过更成熟的思考后，会做出对自己、对孩子、对家人负责任的选择。

祝生活幸福！

（山东警察学院　单冬　丁文俊）

76.夫妻两地分居的问题

老师您好！我和我对象都是警察，却不在一个城市，一个月只能见一次面，现在我们还没有孩子，也许还能顶住，但如果有了孩子，可能会很不方便。真的好想调到一起工作，但不知道要等到什么时候，真的很累！我该怎么办呢？

▶ 专家答疑

这位朋友，你好！

两地分居确实会给生活带来一定的不便和困扰，因此非常能够理解你现在低落的心情。这种客观现实可能一时间不能很快得到改变，但如何度过却是可以选择的，是充实地度过还是自怨自艾地度过，取决于你的认知和自我调整。如何认识分居的客观现实和进行自我调整，在此有以下几点建议：

首先，积极参加各种活动，努力充实自己。两地分居可能会使你有更多的闲暇时间，与其在别人合家团聚的时候顾影自怜，不如抓住这段难得的自在时间，努力充实自己。如果是在工作单位，可以把工作内容尽量安排得满一些，全身心地投入到工作中去，使自己没有空闲时间去想那些烦恼的事情，工作上的

---

① 参见 STERNBERG R J. A triangular theory of love[J]. Psychological Review, 1986, 93(2): 119-138.

努力付出也必然会给你带来事业上更多的机遇。良好的工作成绩、个人的才能是争取调动的资本和砝码。如果是休息日，你可以根据自己的兴趣爱好，将生活调整一下，如读读书，看看报，锻炼一下身体，去郊外走走，去商场逛逛，都可以丰富自己的生活。很多成年人会感慨，成家后想要静下心来看看书，提高一下自己真是太难了，工作忙、家务忙，很难抽出时间来充实提高自己，趁着家务负担不重的时候，通过学习提高自己是个不错的选择。本地的同事家中有事，也可以替他值值班，到自己探亲的时候就能换回更多团聚的时间，这样不仅帮助了他人，而且自己也因此而结善缘，利人利己，何乐而不为呢？

其次，发挥两地分居的优势，增进夫妻感情。两地分居有什么优势？这不是玩笑话，长相厮守的夫妻在日复一日的单调家庭生活中，有可能会渐渐觉得生活平淡无奇，甚至因为鸡毛蒜皮的小事而争吵不休。两地分居反而能增加神秘感、新鲜感，使爱情常葆青春。难得的相聚时间会使双方都格外珍惜，相信不会舍得用来吵架。当然，两地分居也会给夫妻双方的情感交流带来不便，这就需要双方以高度的责任心、充分的信任度、理性的交流方式、积极的心态进行精心地维护，互相关心、互相理解、互相支持，及时地进行沟通，如通过电话、短信联系，网络通话更加便宜便捷。虽然两地分居，你们应该都是省内的警察吧，城市之间也不会离得很远，不见得非得约定一个月见一次面，只要是不影响工作，时间上允许，可以在周末多跑几趟。路上固然辛苦，但是前方有家人，路上有风景，希望在转角，调整好自己的心态，是可以适应这份辛苦和期盼的。

最后，做好规划，积极行动。你说“好想调到一起工作，但是不知道要等到什么时候”。想要解决两地分居问题，仅仅靠等是不现实的。两个人最好做一下交流，权衡一下双方的职业发展，两人之间势必要有一个人做出让步，是你还是你爱人需要调动，怎样调整生活重心对家庭、对事业的发展更有利，需要经过深思熟虑之后再做出决定，然后为这件事去积极努力吧！都是警察，都在编制内，调动虽然有难度，但也不是不可能的。

有一句很时髦的话叫“活在当下”。不要把一切都寄托到未来，不要把一切最美好的事情都放到解决两地分居团聚后。生命就是生活，珍惜每一天，每一天都不可再来，善待自己，对未来充满信心。比如忧虑有了孩子之后依然分居怎么办之类的困扰，想多了只不过是白白让自己烦恼忧虑而已，车到山前必有路，该来的总会来，提前烦恼并不能改变现实，能够改变现实的是你们的努力和坚持！

祝家庭美满，早日团聚！

（山东警察学院　单冬）

77.女儿是强迫症吗

老师您好！我的女儿在重点中学上学，她很要强，常常想考第一名，把自己弄得很累，我很担心她的健康，怎样才能让她不要太过于执着？她是个办事十分认真的人，别人做的她看不上。

专家答疑

这位朋友，你好！

看了你的留言，我想起了自己的女儿。我的女儿马上就要上大四了，虽然她当初没考上一流大学时我们也曾难过过，但她在现在的学校里得到了全方位的锻炼和她开始展现出的较高的情商、乐观的生活态度等，反而使我们感觉欣慰和庆幸：幸亏当初她不是个事事求完美、事事争第一的孩子，因为人生并不是一场竞赛，而应该是一个寻找幸福快乐的过程！所以，做母亲的我非常理解你的心情，也和你颇有同感：你能在被大家视为优点和长处的“争第一”的特点里发现问题并试图引导女儿正确对待，对她一生的发展肯定会大有益处的！

刘墉在《做个快乐读书人》中对孩子说：“人生何必处处拿第一。爸爸不要你拿第一，只希望你做个快乐的读书人。”中央电视台主持人白岩松在他孩子出生后给孩子的信中对孩子提出了三点希望：“学会宽容，不争第一，爱上音乐。”所以，建议你可以给孩子讲清以下道理：

(1)第一只能是相对的，而且只有一个。绝大多数孩子的智力、能力、刻苦程度相差不多，每个人的智商也有很强的遗传局限性和与他人的先天差异性，自己事事处处得第一是不现实的，因此应树立“没有最好，只有更好”的理念。

(2)事事争第一实际上是不自信的表现。处处争强好胜，担心自己做不好，会得不到别人的肯定和爱，容易使自己在面临任何事情，特别是遇到失败和挫折时，导致高度的内心焦虑。而真正的自信是一个人在对自己作出辩证、客观的评价的基础上，根据自己的实力和局限性，心态平和地去迎接各种挑战和各种结果。

(3)上进和争强好胜有本质的区别。上进是纵向的，是与自己比较后的长进，这可以促使自己常常进步，从而自我肯定，来自自己内心的力量比外界的看法要重要得多；相反，争强好胜之“争胜”的横向比较方式，则会导致长久的不快乐！正如俗话所说：“人比人，气死人！”

(4)争第一之心过切，反而不利于成绩的提高。人的动机与行为效果之间的关系呈一条倒“U”形曲线，即没有动机就没有动力，但动机过强反而会导致效率和效果不是最佳。就像一条过紧的橡皮筋，时间长了还有崩断的可能！所以，把目标定在符合自己实际情况的前提下，把目光放在当下的方法改进和计划加强上，而非是否“得第一”的结果上，才能真正有助于提高学习成绩。

(5)事事争第一会影响身心健康。长期过度紧张容易形成A型性格且易患心血管疾病。按人的言行和情感表现方式，可将人的性格分为A型性格、B型性格和C型性格。A型性格的人脾气比较火爆，有闯劲，遇事容易急躁，不善克制，喜欢竞争，好斗，爱显示自己的才华，对人常存戒心等，常处于中度的焦虑状态。上述情绪作为一种心理应激，极易影响神经内分泌系统的正常功能，导致心血管疾病的发生。

(6)“第一”者将来未必真能成功。有这样一个研究结果：取得大成就的人多是在学校里成绩排在第15名之后的；在实践中，在领导群体中，B型性格的人一般占据高层，A型性格的人多在执行层。其原因主要在于，成功的决定因素并非智商(研究认为只占20%左右)。A型性格的人习惯于因过于追求数量而影响质量，且因好胜心过强易导致人缘欠佳。甚至有的女孩儿发现，找男朋友时，那种事事争第一的男孩也未必是最佳选择。在他们当中，可能更加“自我”、过于执着、不顾其他的人会多些吧！我认为，孩子不必非得往一流大学里挤，挤进去当然更好；进不去，找个自己喜欢的城市和专业，可能同样会有丰富多彩的大学生活和更洒脱的人生前程！我现在年近半百，最大的体会就是：决定命运的，的确是人的性格，而不是学历和知识。

当然，在学习阶段，孩子还是得尽量集中精力，提高成绩，考个好点的大学的！为此，建议用以下方法让孩子适度调节压力：

(1)制订一个符合自己实际能力的目标，分析自己的学习现状，弄清自己的优势和劣势，并在此基础上制订自己的具体学习计划。记住，一定要相对具体！老师的作业是针对全体同学的，自己的计划才是供自己巩固、深化和补短的。

(2)在时间安排上要预留回旋的余地，留出相对充足的活动和睡眠时间，用手机存点喜欢的音乐，常常听听，等等。这些活动可以调节内分泌，补充体能，让大脑得到休息和放松。

(3)改进学习方法，构建知识网络系统。要善于抓点、连线、成面，找出规律，这样才能事半功倍；至于较薄弱的科目，可以找个好老师点拨一下。

(4)只要学习有进步，哪怕是很小的进步，也可以自我奖励或家长奖励一下，如做点好吃的，玩上一小时，睡上一大觉，和爸爸妈妈拥抱一下，假期来次小旅游等，这样过后孩子干劲会更大，效果会更好，人也不会变成“书呆子”。

人的性格成因约有一半来源于遗传，一半来源于后天环境的影响。而且，人格的形成和童年时期的生长环境密切相关。在儿童和青少年时期，如果家长的要求过分严格，一味追求完美，会让孩子慢慢形成经常性紧张、焦虑的情绪反应。一些家庭成员的生活习惯也有可能对孩子产生不好的影响。

书画大师刘海粟在画室内悬挂着这样一副对联："宠辱不惊，看庭前花开花落；去留无意，望天上云卷云舒。"这份淡泊，悟出了人生真谛。只要我们静心细思，诸事种种，拿不拿第一的，对生活真的那么重要吗？当然，话说回来，必要的"第一"我们还是要争的，但这种"第一"必定是建立在实事求是的基础上，孩子的健康、快乐成长才是真正的"第一"。

希望令媛把心放宽、气用匀，可能越是这样效果越好，一不留神反而会考得更好，真的会"常得第一"呢！祝令媛和所有的家人都健康快乐！

（山东警察学院　丁文俊）

78.他是否自闭了

老师您好，有个问题想向您咨询一下。我家外甥今年 17 岁，性格内向，学习也不上进。他近期不说话，不与人交流，经常眯着眼，也不大喝水，吃素。自孩子上初中的时候，我姐姐跟姐夫就经常打架，姐夫甚至多次把姐姐打伤，逼迫姐姐与他离婚。因考虑到孩子，我姐姐与姐夫没有离婚。一直以来，姐夫很少尽做父亲的义务。姐夫现在做生意失败，欠债 30 余万元，人不上进，不去工作，每天白天睡觉，晚上打一晚上的游戏，一天只吃一顿晚饭。因姐夫家拆迁，与父母闹得也不和。外甥对父亲非常抵抗，不理睬，对爷爷奶奶也不理睬。我们对孩子现在的表现非常焦虑，我多次提议让姐姐带孩子去看心理医生，外甥不配合，姐姐自我安慰说是青春期。可是作为家人，我实在是担心极了。请老师指点一下，到底该怎么办？

▶ 专家答疑

你好，感谢你对我们的信任！

首先回答你关于孩子自闭的问题，目前国际上一般以美国的《精神疾患的分类与诊断》(DSM，第四版）中给出的自闭症的诊断标准来进行诊断。在该诊断标准中，自闭症主要有以下四条症状：

(1)在3岁以前出现,如在3岁以后出现,就不能诊断为自闭症。

(2)有语言障碍。自闭症儿童不会使用人称代词且语法混乱。有些自闭症儿童说话声调异常,没有节奏,发声有些奇怪,也有些自闭症儿童会出现语言暂时消失的情况。

(3)有社会人际交流障碍,如和他人没有感情交流,很少和他人进行视线交流,对他人的拥抱没有反应或反感。

(4)行为刻板、反复、机械,带有强迫性,有时有固定的仪式,如一直盯着旋转的东西看,玩具要按固定顺序排列,不能容忍变化等。

以上四点全都有的可以诊断为典型的自闭症,如果只具备一部分,可能是轻度的、边缘性的自闭症或其他心理障碍。

通过上述标准来判断,很显然,虽然你的外甥有些症状符合,但按照第一条标准就能否定他不是自闭症,除非你的外甥在3岁以前就出现过上述症状。而且,自闭症患者一般来讲从小学就会表现出明显的学习困难,是不可能进入普通高中学习的,所以就你所提供的信息来看,你的外甥不是自闭症。他的一些异常表现还是来自个人特殊成长期(你姐姐所言的"青春期")和家庭环境的影响。家庭是社会的细胞,和谐和睦的家庭对于个人的成长具有不可替代的作用。尤其是对于处于青春期的未成年人,在这个方面只能对你姐姐及其家人的遭遇表示遗憾,也希望能够引起你的姐姐和姐夫的重视。对孩子而言,家庭是他最后的港湾,也是温暖的归宿,所以因家庭不幸、夫妻关系紧张等因素造成的伤害中,受伤害最大的恰恰是父母们最疼爱的自己的孩子。青春期是孩子身心变化最为迅速而明显的时期,在身体、外貌、行为模式、自我意识、交往与情绪特点、人生观等方面,都脱离了儿童的特征而逐渐成熟起来,尤其是生理的成熟要远快于心理的成熟,这些变化和落差会使青春期的孩子产生困扰、自卑、不安、焦虑等心理卫生问题,甚至产生不良行为。作为孩子所最依赖的家庭是他最后的港湾和温暖的归宿,家长要有意主动跟孩子交流,注意揣摩观察孩子出现的一些"问题"或异常行为,适时地与孩子交流原因,尝试打开孩子的心扉。在此,我们希望你能够主动且用心分析孩子出现异样行为的原因,一定要跟孩子主动交流后再尝试寻找解决的方法,避免在没有弄清问题的原因时就武断地进行教育,这样更容易引发孩子的抵触心理,造成孩子与你更加疏远。尝试学习一些倾听的技巧对于改善你姐姐与孩子,甚至与她丈夫的关系会有很大帮助的,在此给出如下建议:

(1)要体察对方的感觉。一个人感觉到的往往比他的思想更能引导他的行为,愈不注意人感觉的真实面,就越不会彼此沟通。体察感觉,意思就是指将对方的话背后的情感复述出来,表示接受并了解对方的感觉,有时会产生相当好的效果。

(2)要注意反馈。倾听别人的谈话要注意信息反馈,及时查证自己是否了解对方。你不妨这样说:“不知我是否了解了你的话,你的意思是……”一旦确定了你对他的了解,就要进入积极实际的帮助和建议阶段。

(3)要抓住主要意思,不要被个别枝节所吸引。善于倾听的人总是注意分析哪些内容是主要的,哪些内容是次要的,以便抓住事实背后的主要意思,避免造成误解。

(4)要关怀、了解、接受对方,鼓励对方或帮助其寻求解决问题的途径。

(5)要克服以自我为中心。不要总是谈论自己,要克服自以为是的心理;不要总想占主导地位,要尊重对方;不要打断对话,要让对方把话说完。千万不要因深究那些不重要或不相关的细节而打断对方。

(6)不要激动,不要匆忙下结论,不要急于评价对方的观点,不要急切地表达建议,不要因为与对方不同的见解而产生激烈的争执。要仔细地听对方说些什么,不要把精力放在思考怎样反驳对方所说的某一个具体的小观点上。

(7)尽量不要边听边琢磨他下面将会说什么。

(8)问自己是不是有偏见或成见,它们很容易影响你去听别人说话。

(9)不要使你的思维跳跃得比说话者还快,不要试图理解对方还没有说出来的意思。

(10)注重一些细节,不要了解自己不应该知道的东西,不要做小动作,不要走神,不必介意别人讲话的特点。

此外,你也可以查找与倾听相关的其他资料并介绍给你姐姐,通过倾听来营造良好的家庭氛围,帮助孩子顺利度过青春期。

上述是我个人的一些粗浅看法,希望能够对你姐姐有所帮助。如果需要进一步咨询的话,欢迎拨打山东省公安民警心理健康服务中心的心理咨询热线。

(山东警察学院　程亮)

79.孩子患了重病

尊敬的各位老师,您好!我是一个6岁男孩的父亲,也是我们当地派出所的一名协勤人员。我的孩子半年前检查出患有血液病,现在正在治疗。孩子服药治疗后病情有了明显好转,可是医生说要服用非常长时间的药物。对此,我的思想压力一直很大，可是又不想和别人诉说。

尊敬的老师，我的焦虑表现在一个人独处的时候老是在担心孩子的病情会不断恶化，甚至有时候会产生孩子如果突然离我而去这种忧虑。有时候也知道自己这么想不好，可是很多时候控制不住自己，我想听听老师们的建议，我该怎么办才好？谢谢您！

专家答疑

你好！你的问题我们已经收到，从你的表述来看，是因为孩子患病而产生的焦虑情绪在一直困扰着你。对此，首先我想说的是，我十分理解你的这种情绪反应。人们常说孩子是父母的心头肉，孩子如果生病，父母肯定会比孩子还要难过、担心。不要说你的这种情况了，就拿我自己来说，我的孩子一岁半了，就算是他得了一个小小的感冒，我也是会担心，比自己感冒还难受。更何况你的孩子病情相对比较严重，我想在这样的情况下，任何一个做父母的在面对孩子的这种情况时，都是会担心、焦虑的，所以你有这种情绪反应是很正常的。

虽然焦虑是人的一种正常的情绪反应，但如果焦虑情绪长期持续的话，会导致生理和心理上的疾病，会对人的健康产生不利的影响。因此，必须尽快让自己从焦虑情绪中走出来。不知道你独处时的这种焦虑状态持续多长时间了？是从孩子一开始生病就这样了吗？还是后来才这样的？除了这种情绪反应外，身体上有没有什么不适？

如果这种情绪状态持续时间不长（半年以下），并且没有什么身体上的不适，那么我推荐以下几种缓解焦虑情绪的方法，希望能对你有所帮助：

首先是改变自己的认识，包括以下两个方面：

一是对自身焦虑情绪的认识。就像我上面所说的，任何父母在遇到你这种情况时都会产生焦虑情绪，你自己不要觉得你的这种情绪有多么不好，或者就像你说的，老觉得自己这么想不好，这样反而会在无形中加重自己的思想负担，也不利于你孩子生病问题的解决。那么，有了这样的情绪后该怎么办呢？显然，像你的做法“不想和别人说”不是解决问题的好办法，因为压抑不会使不良情绪有所改善。好的方法是倾诉，向自己的家人、亲人、朋友说出你的担心，给自己的心理减压。

二是对孩子生病问题的认识。在心理学上有一个情绪的“ABC 理论”，说的是让人感到不舒服的不是事件本身，而是你对事件的认识。正是人们心中的一些不合理的观念，使得人们对事件产生了不理性的认识，从而导致人们产生不良情绪。在这些不合理的观念中,有一种叫作“糟糕至极”,也就是对事物的可能后果感到非常可怕、非常糟糕,甚至会有一种灾难性的预期。但是我们知道,对任何一件事情来说,都有比之更坏的情况发生,没有一种事情可以被定义为百分之百的糟糕透顶。虽然不好的事情确实可能发生,我们也有很多原因不希望它发生,但我们却没有理由说它不该发生,因此,面对不好的事情,我们应该努力接受现实,在可能的情况下去改变这种状态,而在不能改变时去学会如何在这种状态下生活。就你所遇到的这个情况来讲,你经常担心孩子的病情会不断恶化,甚至有时候会产生孩子如果突然离你而去这种忧虑,这在一定程度上就是糟糕至极的表现,然而实际情况是你的孩子正在服药治疗并且病情有了明显好转,事情并没有你想象的那么糟,你能做的就是尽可能地给孩子看好病,看到孩子病情的改善,而一味地担心焦虑反而不利于孩子病情的痊愈。

其次,介绍几种缓解焦虑的具体方法:

一是深呼吸。当情绪紧张时,可以做深呼吸,这样有助于舒解压力,消除焦虑与紧张。当你感到焦虑时,你的脉搏会加速,呼吸也会加快,而深呼吸可以迫使你减慢呼吸速率,使身体相信焦虑已经过去。正确的腹式呼吸方式是,当你一吸一呼时,腹部将随之一起一伏。

二是活动下颚和四肢。当一个人面临压力时容易咬紧牙关。此时不妨放松下颚,左右摆动一会儿,以松弛肌肉,疏解压力。你还可以做扩胸运动,因为许多人在焦虑时会出现肌肉紧绷的现象,引起呼吸困难。而呼吸不畅可能会使原有的焦虑更严重。欲恢复舒坦的呼吸,不妨上下转动双肩,并配合深呼吸,举肩时吸气,松肩时呼气,如此反复数次。

三是听音乐。音乐是对抗焦虑的好帮手,听听轻松舒缓的音乐不仅可以使肌肉松弛,而且还可以使精神放松,心情愉悦,释放积聚的压力。

四是冥想。冥想最好是在刚睡醒或黄昏时分进行,腾出约20分钟,并要使之成为一种习惯才有效。可以找一个清静而温度适中的位置,可选择坐着或躺着,坐着时双手放在大腿、膝盖上,手掌向下,或双掌朝天,食指和拇指接触(类似“OK”手势),配合冥想音乐或引导语进行。具体步骤为:

(1)渐进式肌肉松弛法:闭上眼睛,先收紧、后放松由头顶至脚的第一组肌肉,如头皮、脸颊、下巴、颈、肩、脚等,采用这个顺序的目的是令我们重新对不自觉长期处于紧张状态的肌肉获得知觉。

(2)专注地呼吸,或将意念集中于两眉之间,或丹田(上腹)的位置,此时脑中若有杂念,不必刻意不去想,只要专心致志,杂念便会自然溜走,或者可尝试想象杂念是一团云,然后渐渐散去。

(3)就在这潜意识开放的时刻,想象在面前的是一个健康、充满自信和愉快的你。更可预先构思一些具有激励性的话语,然后将信息输入自己的脑海,秘诀是这些信息必须简单、正面及用现在的句式,如“我是一个自信的人”,让潜意识接收这个积极的信息。

在冥想过程中,意识是清醒的,但由于意念高度集中于一点,故完成整个过程后,应在心里从10倒数至1,告诉自己到达1的时候便会酣醒,精神畅快及充满活力,通过这样的过程可以让自己慢慢适应,然后再次投入平日生活的状态。

值得注意的是,如果你的这种情绪状态持续时间超过半年,并且伴有一定的身体不适,或者这种状态有恶化的趋势,那么就要考虑是不是有焦虑性神经症的可能,建议到当地的心理咨询机构做专业的心理咨询和治疗。

保持良好的情绪状态会为自己的生活和工作增添动力,希望你能早日走出不良情绪的阴霾!

(山东警察学院　鞠丽华)

80.孩子缠着妈妈不爱上幼儿园

老师您好!我女儿今年4岁半,上幼儿园中班。开学十几天了,每天送她上学成了件苦恼事。早上在家吃早饭的时候,她说得很好:“到幼儿园不哭不闹”,可一进幼儿园大门就又哭又闹,怎么也不进去,缠在我身上硬拽都拽不动,说什么“一天见不到妈妈很想妈妈”“幼儿园不好,不能想干什么就干什么”“肚子疼,腿疼”之类的理由。往教室里拉她她就跑,您能想象那个场景吗?一个小孩满院子跑,妈妈和老师在后面追。天啊,像猫捉老鼠!唉,哭闹上半个小时,最后在“威逼利诱”下被送进教室。

老师说,我走后女儿很快就能和小朋友打成一片,吃饭睡觉都特别好。女儿性格很活泼,班里所有的小朋友都喜欢她,她在部分小朋友中还有点号召力。下午放学去接时,问她明天还哭闹不哭闹,她都不好意思地说不哭了,可第二天仍故伎重演。再就是,她爸爸去送她的时候表现得略好一点,哭,但不跑。去年上小班的时候每周也有一两天不愿去幼儿园,但只是送的时候不高兴,没有现在表现得这样激烈。

您说,她是不是太依恋我了?还是不愿受约束?或是有别的什么原因?我好苦恼,请老师给予帮助。谢谢您!

专家答疑

这位妈妈你好！非常能理解你的心情，孩子哭闹、不能正常上幼儿园对于妈妈来说确实是一件棘手的事情，每天宝贝的故伎重演会让妈妈感到身心疲惫。从你给出的信息中，不能十分确定孩子过分依恋妈妈的原因，但是可以初步判断，这种情况持续了十几天，从中班开始，并不属于初次离开妈妈刚上幼儿园的情形。凡事都有起因，只有找到原因才能够“对症下药”。

首先，我们需要排除以下因素：第一，是否在幼儿园发生过不愉快的事情，哭闹是从第一天开学开始还是以后的几天里？第二，是否因为放假在家待的时间太长，不习惯幼儿园的作息与节奏？孩子对不去幼儿园存有侥幸心理，认为哭闹就可以不去幼儿园了。如果是这样的话，她坚持了十几天，那一定是她觉得哭闹这种方法有效才继续使用。孩子有时会非常灵巧地找到控制父母的方法，敏锐地感觉到父母哪里有“漏洞”(比如你对她不想上幼儿园的过于担心，比如以往有通过哭闹成功达到目的的经验)。这就需要你审视一下，自己在面对孩子的不合理要求时是如何应对的。我的建议是要坚持送孩子到幼儿园，在她哭闹的时候保持冷静，用温和而坚定的态度对待孩子的哭闹。另外在家里重新让孩子养成在幼儿园的作息习惯，比如早睡早起，按时吃饭，只能在固定的时间看电视、玩游戏等，帮助她重新适应幼儿园生活。

其次，可能是没有与孩子建立良好的安全依恋关系。以前是否有过你曾经离开女儿出远门，或 3 岁之前不是妈妈自己带孩子，或有段时间不是自己带孩子的经历？如果是，她如今的表现多半是由于缺乏安全感，没有建立良好的依恋关系造成的。亲子依恋是孩子与母亲或主要抚养人之间建立的一种特殊的情感联系纽带，一般在 3 岁前建立。母亲是幼儿的第一依恋对象，母亲在与幼儿交往过程中的积极经验会帮助幼儿形成对周围世界和自我的基本信任感，幼儿会将母亲视为“安全基地”。母亲不仅能满足幼儿在生理上的需求和情感上的“饥饿”，而且是孩子心理上的“安全岛”和快乐的源泉。只要母亲在身边，幼儿就能安心、愉快地玩耍，探索周围的环境。如果没有建立安全的依恋关系，孩子有可能在将来出现过分依恋母亲的表现，具体表现有：

(1)紧张，孩子表现为一到陌生的环境就会出现莫名的紧张，不知所措，一定要和爸爸妈妈有肢体接触才能稍稍缓解。

(2)脆弱，孩子表现为受不得任何批评，一旦有人对他说了重话，就会以大哭大闹来表示反抗，没有自我控制情绪的能力。

(3)易怒,孩子表现为当有人想靠近他时,会表现得特别抗拒,如果抗拒不成,很容易转化成愤怒的情绪,对试图接近的人进行攻击。

下面是一些解决方法,你可以借鉴:

(1)全家参与育儿。在育儿过程中,父母不要大包大揽,可以让爷爷奶奶、外公外婆,甚至是其他的亲戚朋友都参与进来,让孩子从小享受和谐、自然的大家庭氛围,让孩子在和别人的接触过程中得到快乐,从而也相对弱化其对父母的过度关注。

(2)锻炼交往能力。利用节假日,带孩子多到户外活动,特别是儿童聚集较多的公园、游乐场等,通过带孩子观察其他孩子的活动情况,鼓励孩子尝试和别人交往,让孩子在和其他儿童的接触与交流过程中体会到与平时不同的快乐感受。

(3)发挥榜样的力量。利用孩子爱听故事的天性,在选择故事时多找一些类似的内容,用故事中的人物作为榜样,来让孩子理解自己在长大,很多事情需要勇敢地去面对。通过诵读对孩子进行潜移默化的教育,让孩子在榜样的鼓舞下逐渐改变。

(4)独立的游戏空间。给孩子开辟一个相对独立的游戏空间,在排除不安全因素后,让孩子在自己的"领土"内自由地玩耍。在这种情况下,父母尽量不要参与,给孩子一个机会,让孩子学会自己寻找乐趣,同时也尝试着自己解决问题。

此外,父母在教养过程中,如果教养态度不一致也会导致不能与孩子建立良好的安全依恋关系。因此,夫妻之间的沟通也很重要。在与孩子的交流中,应尽可能地让孩子看到、听到、感受到一致,形成对自己、对世界的稳定评价。如果父母之间发生争执,会让孩子感到混乱,对建立安全依恋构成障碍。当然还有一种可能,就是陪孩子少了,多陪伴孩子就可以消除这种分离焦虑。

最后顺便提一句,有时候自己童年的经历也会影响父母与孩子的互动,你可以回忆一下,自己的童年有没有与父母分离的经历。某种情况下孩子的过分依恋不是孩子不想分离,而是父母对依恋的需要。当然,这是一个更为复杂的问题了,如果你还有疑问,可以拨打我们的热线电话,我们再进行交流。

安全依恋的建立依赖于对孩子高质量的陪伴以及妈妈的耐心、爱心和坚持,在遇到情况时请静下心来,一心一意、全身心地投入。妈妈的心理状态、情绪能够影响处理问题是否客观以及最终的效果。祝你成功!

(山东警察学院　费晓璐)

81.孩子喜欢咬下嘴唇

老师您好！我儿子今年2岁了，平时无聊时就喜欢咬下嘴唇，睡觉时也必须咬着下嘴唇才入睡，而且喜欢摸别人的耳朵，现在我也提醒过他，也曾经用辣椒抹嘴，讲道理，忽视他的行为，转移他的注意力，悄悄地用手给他扒开，给他吃东西，各种方法都试过，但是就是不见效果。带孩子去社区医院查体，发现有点缺钙，医生让补钙和锌，现在也给孩子补了。因为我和孩子爸爸每天上班，平时由他爷爷奶奶看着，但是爷爷非常惯孩子，有时还不能守着他们说孩子的不良习惯，我们很是苦恼。

我去年11月份集中培训了20天，因为是隔一天回家，或者每天回来，也早出晚归，孩子由他爸爸照看多些，而且他爸爸批评孩子较少，和他玩得比较多。自那以后，孩子就摸着他爸爸的耳朵睡觉，咬下嘴唇(在我集中培训前已经开始咬下嘴唇)。最近孩子不喜欢找我，晚上睡觉必须找他爸爸，我抱他不让抱，有时我爱人值夜班，半夜醒来和入睡前见他爸爸不在身边就要哭一会儿。我先是和他讲道理，但一般不会有效，只能用不理他或假装要离开的方式，他才能不哭了。近来为了孩子的问题，我自己很是苦恼，不知如何是好？请您帮帮我，谢谢！

专家答疑

你好！很能理解你此时的心情，如焦虑、苦闷、无助、烦躁等，似乎一系列的负面情绪都一股脑儿地冲你袭来，但我要说的是，这些情绪对于目前处境中的你是再正常不过的事情了，换作其他的母亲，同样也会如此，因为这是自己孩子出现的“问题”(注意，是打了引号的问题)，所以你大可不必对自己感到苦恼。既然大家碰到了这样的问题一般都会如此，想来你也应该放松下来。

前面述及孩子的“问题”是打引号的，就是给你传达这样一个信息：这种行为本身不是问题，个体行为的产生不外乎两个方面：生理与环境。对于未成年人，特别是小孩子，其大脑发育不甚完善，各种生理机能不能有效发挥，自我控制能力比较差，在行为的获得过程中更多地体现出一种被动性，多通过模仿而获得各种行为，咬嘴唇这种行为就是一种紧张的表现，是一种对外界环境(在孩子眼中对其存在威胁的环境)的无声抵抗。孩子对你的态度也似乎说明你在“威胁”着他。也可能是在某种情境中孩子习得了这种行为。某种行为获得后，由于家长或孩子个人的强化而使之成为习惯，应该说这是一种正常的成长。只是如果家长对于某些所谓的“坏习惯”进行呵斥（这也是一种强化，一种负强化）时，反而使孩子的行为（咬嘴唇）得以巩固，而且“愈演愈烈”。

所以，在孩子出现类似的行为时，首先要做到不着急，习惯的养成是一个过程，同样，其消失也需要一个过程。还有一个原因就是，随着孩子年龄的成长、大脑发育的完善和控制能力的增强，这些所谓的“坏习惯”也就烟消云散了。

放心吧，由着孩子去，不要过多地干涉，更不能去指责，关键是将自己的心态调整好，放松下来，和孩子多交流，跟他做朋友，相信这些“坏习惯”会很快消失的。

希望以上能够对你有所帮助！

（山东警察学院　程亮）

82.孩子左利手需要纠正吗

老师您好！我女儿今年5岁，从小喜欢用左手，现在拿筷子用左手，画画、写数字都用左手，但我担心以后上学她写汉字不方便，请问是否需要改正？有比较好的改正方法吗？麻烦老师了。

▶ 专家答疑

你好！谢谢你对我们的信任。你在留言中所提及的是有关“利手”的问题，利手是指一个人在日常生活中做技巧性活动时习惯使用的那只手。习惯用右手的人称为“右利手”，习惯用左手的人称为“左利手”或“左撇子”。在人群中，大多数为右利手，但也有约10％的人为左利手。

左利手的形成原因比较复杂，不能简单地认为是某种因素单独导致了左利手。左利手的形成既有遗传影响，也可能有病理学、生物学方面的原因，还可能具有深刻的心理、社会根源。

左利手和右利手在认知能力上是否存在差异，是一个仍有争议的问题。不过即使存在，这种差距也不会很大，而且这只是从统计的角度而言，对于个体来说意义更小。更何况一个人是否能愉快而有质量地生活，和本人的智商也未必有很大的联系。无论是作为左利手而感到自豪，或是作为右利手而对左利手感到羡慕，都是没有必要的。

一般来说，左利手在当前的社会生活和工作中是可以做到应对自如的，完全没必要去进行刻意的矫正。至于你所谈到的孩子将来上学的问题，在顺其自然的基础上，家长要放弃“必须矫正”的念头，引导孩子在写字时可以尝试“左右开弓”（一般认为，多用左手会锻炼右脑的形象思维等能力，多用右手则会使左脑的逻辑思维等能力得到提高）。家长应以鼓励和示范为主，告诉孩子我们是“全利手”，逐步地、循序渐进地进行改变，切忌生硬责骂。如果孩子上学时还不能改变，可以提前和老师沟通，让老师协助解决问题。

（山东警察学院　程亮）

83.孩子马上要上小学了

老师您好！孩子马上就要上一年级了，现在好多家长都给孩子报识字班，我不知道是否有必要。还有就是我应该怎样帮助孩子顺利地从幼儿园过渡到小学？有这方面的书籍吗？请老师帮忙推荐一下。

专家答疑

你好！我很能理解和体会你此时的心情，因为去年的此时此刻，我也曾为孩子入学方面的问题困扰过，为此还专门请教过高年级孩子的家长，也上网查阅了大量资料。由于树立了正确的教育理念，并为孩子的入学作了一些准备，因此孩子入学后很快便适应了小学的学习生活，现在正在快乐地成长。现在把我以前搜集的资料简单整理如下，希望对你有所帮助。

一年级新生入学前家长该作些什么准备？这是很多家长都会想到的问题，因为这是孩子从幼儿园进入小学的一个非常重要的转折点，家长们往往会有太多的担心，怕孩子进入小学后不适应，怕学习跟不上，等等。其实，只要家长作好以下准备，孩子便能很快地适应并喜欢上小学的生活。

首先，要作好观念方面的准备，具体来说有以下几点：

一是客观了解孩子将要面临的六大变化。孩子从幼儿园到上小学，是一个很大的转折，能够顺利适应小学生活是每个家长的心愿。处于幼儿园和小学衔接阶段的儿童通常会面临六大方面的重要变化：师生关系的变化，同学关系的变化，行为规范的变化，学习性质的变化，学习方式的变化，期望水平的变化。

幼小衔接教育需要帮助孩子适应以上六大方面的变化，幼儿园、学校和家庭三者要形成合力，携手共同努力，让孩子走好漫漫求学路的第一步。

作为家长来说，既要担负起孩子入学前的准备教育，也要担负起孩子入学后的适应教育。家长首先要关注幼儿园老师的反映，从老师那里了解孩子是否具有对上小学的向往和自信，平时的生活自理水平怎么样，会不会与小朋友和睦相处，是否具有初步的学习意识和学习习惯等。暑假期间，家长要带着孩子一起挑选书包和文具，让孩子参与上学的物质准备过程，这有利于培养孩子的学生意识。入学后，家长要与小学老师加强联系，了解孩子上课时能否专心听讲，会不会记录老师布置的作业；晚上睡觉前耐心指导孩子带全学习用品，开学后请个别新同学来自己家里玩，帮助孩子融入新班级中。在学习要求上，家长不能一味地让孩子争先考第一，孩子遇到挫折时，家长要注意不要打击孩子的学习自主性和兴趣等。

二是重视家长的作用。家长是影响孩子个性最重要的人，是孩子人生中的第一任老师，也是对孩子影响最深刻的老师，家长的作用超出了一般意义上的老师。

个性化的家庭教育既要有“扬长”的教育方案，又要有“补短”的教育方案。大多数家长都很重视通过“扬长”方案培养孩子的特长，使孩子好上加好，却忽略了“补短”方案。实际上，基础教育的基本意义是使孩子在各个方面的发展都打下一个良好的基础，不要让孩子的缺点和短处限制孩子综合素质的提升，这就像管理学上的“木桶原理”。在家庭教育中，可以发挥家族资源对孩子的积极影响，如果孩子在家庭中有哥哥、姐姐等，家长要指导他们为弟弟、妹妹树立良好的学习榜样，建立自己在家庭同辈中的威信；家长要为孩子们提供游戏和相处的时间，培养和锻炼孩子的自律意识、协调能力和组织管理能力。如果孩子在家庭中有弟弟、妹妹，家长要指导孩子谦虚地学习哥哥、姐姐的长处，有问题时教育孩子要主动反映和妥善地与孩子协商，培养和锻炼孩子的配合意识、合作能力和积极沟通能力。

家庭是社会的细胞，是孩子了解社会的窗口。家庭资源对孩子的影响是复杂细致、无所不在的，它并不必然都是积极影响，也会存在消极影响。要发挥积极影响，减少消极影响，事在人为，其中父母的所作所为最重要。父母在复杂的家庭关系中所表现出来的是非观念、宽容态度、互帮互助和协调能力，对孩子的潜移默化作用非常大，孩子的很多人生观、价值观和处事态度与能力都会受到深刻的影响。

其次，要作好心理方面的准备，逐渐消解一年级新生入学的各种担忧，具体来说有以下几点：

一是入学资格不等于入学能力。我国《义务教育法》规定，凡年满6周岁的孩子都应当接受并完成义务教育。上学是适龄儿童的权利，也是学校和家长必须履行的义务。这就是说，所有适龄的孩子不分性别、民族、家庭财产状况等，入学资格都是平等的，但入学资格平等不等于入学能力平等。

孩子入学时应该具备的六大基本能力是：身体健康，乐意与人交往，初步的上学意识，生活自理能力，语言交流与表达能力，初步的数学意识。

二是培养孩子上学的兴趣，而不是强迫孩子上学。上学是孩子一生中的一个重要转折，是孩子必经的人生之路，其中既有新奇和快乐，也有挫折和困难，需要孩子具有持之以恒的精神。孩子上学往往首先是为一些表面现象所吸引，可能只是喜欢小学生的书包，可能只是对校园里的设施好奇，等等。然而，表面的兴趣不能持续很久，所以孩子对学校的感情需要一定时间的酝酿。孩子从中班升入大班，有一年的时间，幼儿园大班老师会经常不断地培养孩子的学生意识，给孩子足够的时间来接受这种变化，即使遇到困难，孩子也会有缓冲的空间，一边放松地享受幼儿园的快乐生活，一边体验和理解伴随着成长必然会出现的烦恼。

三是熏陶孩子的上学意识，而不是片面追求成绩。上学需要孩子具备一些基本的思想意识，例如：

(1)时间意识。孩子需要掌握课间10分钟能做哪些事情，走多快能保证上课不迟到。

(2)规则意识。孩子需要懂得在游戏中遵守规则才能玩得好，在交往中需要尊重对方才能交上朋友。

(3)任务意识。孩子需要通过学习来完成老师和家长交代的简单任务，而不是有始无终等。

这些都是孩子应该具备的上学意识，而这一切需要在大班的日常生活、学习和游戏中培养。学前班因为不再是幼儿园的生活环境，是小学化的教室、教学和课本，用学习成绩的高低代替了上学意识的成熟，从孩子的长远发展来说，将导致“欲速则不达”。

四是注重培养孩子的学习习惯，而不是强行灌输知识。灌输知识能让孩子的学习成绩出现立竿见影的效果，而学习习惯则不能直接、立即地提高孩子的成绩。不少学前班就是迎合家长的功利心，提前学习小学知识，让家长感觉孩子上学后不费力就能取得好成绩。

通过观察也发现，在小学一年级，不少上过学前班的孩子比没有上过学前班的孩子成绩要好，但这种优势是暂时的，二年级之后的学习成绩不再取决于提前学习，而是学习习惯。有些上过学前班的孩子对学过的知识没有新鲜感，上课时不认真听讲，养成了东张西望、注意力不集中、不喜欢动脑筋等不良习惯，而不良习惯对孩子的危害是长远的。

五是发挥游戏功能，而不是反复单调训练。幼儿园大班孩子的游戏水平已达到童年时期的高峰，在这一年里，他们通过各种综合游戏可获得许多有益于一生发展的经验和能力。例如，综合体育游戏极大地促进了孩子体能的发展，既提高了孩子全身运动的大肌肉活动能力，也提高了孩子抓握、手眼协调等小肌肉动作水平；合作交往游戏让孩子领悟了与不同人交往需要不同的方式；较多的画画时间锻炼了孩子的想象力与创造力；丰富的讲故事和听故事活动培养了孩子的语言表达能力和倾听别人诉说的能力等，这一切的发展都将在丰富多彩的幼儿园大班活动中自然获得。

最后，是利用暑假为孩子入学作准备。根据入学的需要和孩子的特点，暑假期间的入学准备可以分为物质准备与心理准备两方面。家长可以根据实际情况，列出一个准备清单，让孩子从小朋友到小学生的身份转变来得更加从容与快乐。暑假期间的入学物品准备清单如下：

(1)一个安静的、固定的学习地方，有利于孩子形成条件反射，进入这个地方就知道该读书、写作业了。

(2)一套适合孩子身高的桌椅，椅子的高度能保证孩子的双脚自然平放在地面上，桌子的高度能保证孩子的双臂自然摆放在桌面上，双臂和双肩都不会感觉到高架或低垂。

(3)一架亮度适宜的护眼台灯，灯光不要太亮也不要太暗，一般选择15～25瓦的白炽灯，光线不要直射孩子的眼睛，右利手的孩子左前方取光，左利手的孩子右前方取光。

(4)一些方便整理学习物品的抽屉、塑料箱、书架或书立。

(5)一套简洁、实用和耐用的书包、笔袋、铅笔、橡皮、卷笔刀、尺子等，不要太花哨，以免孩子过多摆弄，分散学习时的注意力。在孩子的书包里放进水壶、手帕、餐巾纸和创可贴，不要让孩子把剪刀、打火机等尖锐和危险物品放进书包。

(6)一套遮阳避雨的用具。

暑假期间对孩子的入学心理准备清单如下：

(1)锻炼身体。对于刚上学的孩子来说，上学既是脑力活动，也是体力活动，好的身体素质是孩子适应入学变化的“本钱”。

(2)上学生物钟。入学前一个月模仿学校的作息时间起床和睡觉，不要晚睡晚起；可以安排一个小时的午睡时间，午睡时间不要过长。可以提供一个小闹钟，敦促孩子养成闹钟一响就起床的时间概念与生活习惯。

(3)饮食习惯。一天三顿按时吃饭，每顿吃饱，三餐中间不吃零食，不挑食，让孩子养成喝白开水的习惯。

(4)自理能力。提高孩子穿衣戴帽、上厕所的熟练程度和速度，让孩子自己利落地洗脸、洗脚、刷牙，会简单地铺床叠被，这些技能有利于孩子适应入学后较快的生活节奏。

(5)独立学习的意识。每天给孩子布置一定时间的阅读、手工等活动，鼓励孩子自己完成学习任务，不依赖家长，也不让家长陪着。

(6)劳动能力。为孩子提供扫地、擦桌子、洗杯子的锻炼机会，这样有利于孩子入学后适应集体劳动和集体生活。

(7)整理能力。告诉孩子书包、书本、文具、衣服、鞋子都要放在固定的地方，不能随便乱扔。指导孩子怎样合理安排书包和笔袋的空间，分类放置各种物品。

(8)管理物品的能力。让孩子记住自己的物品，为自己的书包、文具等贴上自己喜欢的标签，做个标记或者写上名字，孩子上学后发了统一的课本与校服之后也要这样做。这样，当孩子的物品与其他同学的混淆，或者忘记丢在学校的什么地方时，可以方便孩子的分辨和查找。

我想，只要作好以上准备，孩子将来适应小学学习生活应该是没有问题的。至于要不要报识字班，其实并不重要，因为到了小学，老师会系统教的，有时提前学习的读法、写法跟小学老师教的并不一致，到时候反而会给孩子带来困惑。至于书籍，我给您推荐一本非常火的家庭教育原创作品——教育专家尹建莉写的《好妈妈胜过好老师》，希望对你有所启发，也希望你的孩子能健康快乐地成长！

(山东警察学院　王成义)

84.上幼儿园的儿子表现异常怎么办

我儿子今年刚刚6岁，因为经常生病，所以上幼儿园比较晚，就在幼儿园上了一年。他跟别的小朋友接触比较晚，不会和别的小朋友交流。我儿子本身是个比较热心肠的孩子，也挺活泼的，但不会经常性地跟别的孩子说话，而是经常

“动手动脚”，以此来引起别人的注意，可是会被别的小朋友误解，大家都认为他不礼貌，这也引起了别的小朋友的反感，别的小朋友也时常对他“还击”。时间长了，大家都不大喜欢他，当他想和别的小朋友玩时，凑上前去，一群小朋友喊着“不和他玩”就跑开了，或者大家对他拳打脚踢，把他惹急了，他就和大家动起手来。我孩子现在一点事办不好就表现得很没有耐性，经常发脾气，他应该是受大人爱着急的影响。孩子马上就要上小学了，我们也很着急，是否该再让他继续上一年幼儿园再上小学？我们正犹豫着，不知道怎么办才好。

专家答疑

这位家长朋友，你好！抱歉回复晚了！

6 岁的儿童已进入学龄期，开始了一生中非常重要的时期——学校生活，而你提出的正是你孩子的心理发展水平能否适应学校正规、系统的学习生活的问题，目前来看，可能孩子会有一定的适应困难。

6 岁儿童心理过程的发展包括思维、语言、认知、空间知觉、社会性发展、生活自理等方面。通过你的描述，你的孩子也许由于上幼儿园的时间比较晚，错过了一些与其他小朋友和老师交流的时机，而显得有一定的人际交往障碍以及适应性方面的问题。

首先，作为家长，建议你学习并了解一名 6 岁幼儿应具备的心理与行为特点，做到“知己知彼”。下面给你一些简要的介绍。

一是在思维方面，有些 6 岁儿童已经具备了归类的能力。比如同样的一个问题：“什么是猫？”3～4 岁的儿童因为一般都是凭借事物的具体形象来概括其外部特点，所以会说“猫很小，有黑色花斑”，这是指他们看见过的某只猫。而 5 岁左右的儿童会回答说：“猫会抓老鼠。”他们能凭借猫的某些特征来进行概括。只有 6 岁的儿童会说：“猫浑身长着毛，有胡子，喜欢吃鱼，会抓老鼠。”这个例子说明，儿童到了学龄前期的晚期，其思维已由初期的具体形象思维向抽象逻辑思维发展，不仅考虑事物的外部特征，而且能认识事物的内部特征和内在联系并进行概括，这为他们入学后学习语言文字作好了准备。在观察、注意、记忆方面，3～4 岁的儿童的注意力、识记能力都缺乏自觉性、目的性，因而在表现上以无意注意及无意识记为主。在教育的影响下，儿童逐渐能够按照成人指导的活动和任务来有意识地调节和控制自己的行动。到了 5～6 岁时，儿童逐渐发展了有意注意、有意识记和有目的、有组织的观察能力，这些能力均有益于孩子入学后的学习。

二是在语言方面，6 岁儿童约能掌握 3500 个词汇，对量词的正确使用率显著高于 5 岁儿童，对副词的使用不但更经常，而且更加多样化和准确，能恰当地使用“根本”“简直”“大概”“永远”等副词，使语言的感情色彩更鲜明；对代词、助词的运用比以前更为得当。由于词汇和句子的质量有了显著提高，因此他们在讲述事情时内容更丰富，句法更正确，语言更连贯，层次也更清楚。此时，他们能把一套 3～5 张图片按情节顺序做出正确排列，并进行有头有尾的叙述，使听者能领会他们的意思。在这一时期，孩子出声的自言自语开始减少，逐渐向内部言语（无声言语）过渡。有些 6 岁儿童能够初步掌握一些简单的书面用语，开始识字。

三是在认知方面，大部分 6 岁儿童能掌握 20 以内的数字概念，能按成人的要求从一堆物体中取出 20 个，能将阿拉伯数字 1～10 依正确顺序排列起来，并开始能够不依靠实物运用数字做 10 以内的加减运算。

四是在时间知觉和空间知觉方面，6 岁儿童能够对一周的时序基本掌握，在辨别“今天”“明天”“昨天”的基础上，开始延伸到能辨别“后天”“前天”“大前天”。最难掌握的是认识钟点，只有极少数的 6 岁儿童能认识钟表，会报出时间；此外，大多数 6 岁儿童能以自我为中心，正确地把自己的左右方位和词语联系起来，从而产生最初的“左”“右”概念，但常常只限于自身的方位而不能辨别对面人的左右方位。

五是在社会性发展方面，6 岁儿童的游戏更有计划性，喜欢用简单的工具，也开始玩用言语推理的游戏（猜谜语）；能自己选择朋友，当小伙伴遇到困难时，会加以安慰并给予帮助；会明确表达自己的情感，如愤怒、快乐等，而面对在游戏中发生的争执，一般都能用游戏规则来解决，不需要成人监督。6 岁儿童开始能在成人的帮助下拟定一个目标去实现，如制定一个“每晚不需提醒就刷牙”的目标，然后自己画个图表。每天做到后就打个钩，定期检查。父母应对儿童按目标执行的行为给予鼓励。

六是在生活自理方面，6 岁儿童除了基本上能够生活自理外，还能在家中及幼儿园中承担一些力所能及的劳动；能够独自去邻居家及旁边的商店，懂得过马路时先看红绿灯及两边，要走斑马线；认识男女洗手间的标志，选择正确的入口；坐车会主动系上安全带。每个儿童在即将上学时会表露出兴奋和向往的情绪，但其中又会夹杂着一丝对陌生环境的不安。

你可以对照一下，孩子的心理发展是否能达到一个 6 岁儿童的基本状况呢？如果相差很远，建议你调整一年再入学。然后，请再审视一下自己与家庭成员对待孩子的态度，并进行一些合理的调整。在留言中你提到，上幼儿园比较晚的原因是孩子经常生病，你所说的“经常生病”是指比较严重的疾病吗？如果是，那么你孩子的成长过程与健康成长的幼儿不同，孩子与父母都需要一些专业的心理指导，毕竟两年的患病时间对孩子与父母的精神与体力都是一种考验，心理与身体上没有准备好，上小学就需要再从长计议；如果不是患严重的疾病，那就是由于感冒发烧之类的小病症而推迟了孩子上幼儿园的时间？如果是这样的话，大概你或你的家人对孩子就有过度保护的行为了。当然，对儿童的保护是家庭、学校、社会共同的责任，但是过度保护会使儿童变得软弱、依赖，不能独立。孩子在长大的过程中必须要经历一些磨难，每个人都一定要在体验中成长，成长是不能代替的，所以体验也是不能代替的。如果剥夺孩子人际交往的体验，孩子将无法成长。

因留言中的信息所限，上述推测若属实，建议你多给孩子提供体验的机会，比如定期参加亲子游戏及亲子活动，让孩子多与同龄儿童接触，帮助孩子找到自己的好朋友等。当然，在最初的时候会有一些困难，家长要付出耐心、努力，关键是对孩子要有信心，要能够接受孩子受挫，要不断鼓励孩子，相信孩子有自我成长的能力。

最后，我们再来谈谈具体的问题。你在留言中表明，孩子的问题表现在一是他的人际沟通障碍上，具体表现在表达能力方面，比如用嘴无法表达就用手，也就是说他不善于用语言来表达，其实他没有什么恶意，结果由于表达不当导致与他人的沟通出现了问题；二是“一点事办不好就表现得很没有耐性，经常发脾气”，也就是说孩子的情绪不佳，比较急躁。

究其原因，你认为“应该是受大人爱着急的影响”，所以针对具体问题，特提出以下建议：

（1）注意平常对孩子的表达训练。在家里，他只要想表达，在表达得不恰当的时候，大人可以耐心地告诉孩子如何表达；在外面，大人可以仔细观察孩子与其他小朋友的交往过程，在处理不恰当的时候轻声耐心地告诉孩子应该怎么表达。

（2）理解孩子的没有耐性、急躁。一个 6 岁的孩子，他不能表达自己，不能顺畅地与他人互动，在幼儿园的适应出现问题，这个时候他不可能不急躁的。所以作为大人，要理解自己的孩子，可以做一些具体的事情，比如在孩子不耐烦的时候给他一些鼓励，提醒他要耐心，说出自己的心思等，这些都会缓解孩子的焦虑状态。

（3）调节好大人的心态。孩子是大人的一面镜子，当看到孩子急躁、没有耐性时，恰恰映照出了大人的心态。如果大人自己心态浮躁，一些本应该观察到的现象就会被忽略而错失教育良机，并且反过来会导致孩子更焦虑。所以无论如何，心态是父母教育好孩子的第一步，你首先要放平心态，才能帮助孩子渡过难关。比如表达训练开始并不一定有效果，如果持之以恒则必然有所改观。另外，在自己的压力过大时要注意调节，尽量不要把工作中的情绪带回家，遇到难题时不急躁、有耐心，以一种平和、轻松、愉快的心态来面对孩子，如何保持健康、平和的心态可参见我们网站中的有关文章。

(4)要不断学习，留心观察孩子的变化。家长的学习要跟得上孩子成长的步伐，比如如何帮助和引导儿童顺利地从幼儿园过渡到小学？从以游戏为主导活动的幼儿园到以学习为主导活动的小学，对 6 岁的儿童来说确实是一个巨大的转折，我们作为家长，应以最大的爱心和耐心，引导儿童顺利进入小学生的角色。可以带领孩子在教师的教导下，从事有目的、有计划、有系统地掌握知识技能和行为规范的活动。“幼小衔接”本身就是一个社会问题，所以需要家长全面了解，才能根据自己孩子的情况做出合理评估。

(5)搞好亲子关系、夫妻关系。6 岁的儿童多多少少有了自己的小主意，所以亲子关系是一切的基础，亲子关系不好，靠强制手段会造成很多后续问题，也不利于孩子人际沟通问题的解决。关系好了，孩子会对大人信任，便于我们进一步引导、帮助。父母之间的关系融洽、快乐会感染孩子、影响孩子，也是孩子健康成长不可或缺的条件。

说了这么多，你能够做出决定了吗？相信你静下心来，仔细观察一下自己的孩子，合理地评估现状，必然能够找到正确的答案。请相信自己的孩子，也祝福你和你的家庭！

（山东警察学院　费晓璐）

85. 儿子不会听课

老师您好！我的儿子今年 7 岁了，现在上小学一年级，上课不好好听课，老师讲课时他总是做小动作或胡思乱想，换句话说，他现在不会听课。我该怎么办？请老师予以帮助。

▶ 专家答疑

你好！由于你在留言中提供的信息比较少，在这里只能概括地对你孩子听课的情况进行分析。

首先要强调的是，家长对孩子出现的问题一定不要太着急，不要训斥孩子，更不要失去对孩子的信心。要想解决这个问题，必须明确孩子不好好听课的原因到底是什么。一般来说，孩子上课精力不集中、做小动作的原因无非是有生理上的原因、心理上的原因和教育上的原因。从生理方面来看，孩子若出现身体不适、知觉发展不良、天生好动（有的可能患有多动症）以及神经系统或大脑微功能发生问题时，都可能会出现注意力不集中的现象，当然这要经过医生的全面检查才能确诊。从心理的角度来讲，孩子心理上缺乏安全感、自信心不足、过分依赖、缺乏耐心或存在情绪困扰等，亦是注意力不集中的原因。你的孩子刚刚开始上小学，面临一个全新的环境，也可能因为对环境不适应才出现这样的问题。再者，从教育的角度来讲，这可能和教师未能在孩子刚入学时进行日常行为规范方面的教育和训练有关。特别要指出的是，家庭教育对培养孩子的专注力有十分重要的影响。孩子只要没有生理方面的问题，一般来讲都可以通过训练、学习和教育来提高其注意力。在家庭教育中，很多不当的教育方式都可能影响对孩子注意力的培养，如孩子正在专注地做某件事情，家长却按自己的意志任意打扰、干涉和打断；父母自己也没有形成专注的品质，没有给孩子树立良好的榜样；孩子的成长环境比较复杂，外界干扰太多；父母的教育方式过于严苛，对孩子的指责多、鼓励少等。

针对上述原因，要培养孩子的注意力，家长可以考虑以下几点：

首先，与学校，尤其是孩子的班主任建立密切的联系，及时了解孩子在学校中的表现，并与老师一道制定培养孩子注意力的计划。如和孩子一起制订学习计划，计划越具体越好，并督促孩子完成；与孩子“约法三章”，制定在校和在家的行为规范；和老师一道激发孩子对学校的向往及对学习的热情。

其次，调整教育方式。给孩子创造一个宽松、和睦的成长环境，尊重孩子，多和孩子交流、做游戏。不要强迫孩子做孩子不喜欢的事情，要激发孩子的求知欲，让孩子愿意去做某件有意义的事情。不要过多地干涉孩子，要引导孩子采取更合理的方式去做。一次不要给孩子买过多的玩具、图书或其他礼物，以免孩子难以选择，例如买书时一次只买一本，等孩子彻底看完了再买另一本。在孩子做游戏、学习或看书时，要将环境安排得有条不紊，以免孩子分心。

最后，对孩子进行专门的注意力训练。家长可以采取做游戏的方式进行，以调动孩子的积极性。如家长和孩子一起看书，比赛谁看得认真，谁记住的多。另外，书店里也有很多专门培养孩子注意力的书籍，你也可以参考。

如果采取上述措施还不能奏效，可以带孩子去医院做一下全面检查，看孩子是否有生理方面的问题。

祝愿你的孩子早日养成良好的学习习惯!

(山东警察学院 王成义)

86.孩子有网瘾

老师您好!我一亲戚的儿子从高中开始出现了心理问题,总是对电脑以及手机过分迷恋,有些网瘾,虽然现在有所改善,但还是有点迷,有时候在电脑面前一坐几乎就是一天,门也不出,有点自闭似的。可能跟曾经父母的争吵和缺少关心有关,以至于没有人跟他沟通,解开他的心结和困惑,所以自己就走向了自己的心理世界,别人说话就听不进去,永远坚持自己是对的,钻牛角尖。一直到25岁了还没有谈过恋爱,父母也没有对他做过青春期教育,现在父母想给他上个生理课,来启蒙他对于婚姻以及人的生理的认识,但是毕竟是很隐私的事情,是关于道德以及他心理底线的一个话题,父母应该从哪里说起?如何着手才能让他敞开心扉,来跟父母好好沟通一下这个问题呢?现在网络上什么都有,有很多不健康的网站,怕他不小心看了之后不懂,自己容易走偏,所以想咨询一下专家。

▶ 专家答疑

你好!感谢你的留言以及对我们的信任,回复晚了些,请见谅!

读了你的留言,能够理解孩子父母焦急的心情。其实隔了这么多天才回复,是觉得不知道如何通过一封邮件帮助到你。通过你的描述,孩子从高中开始有心理问题、网瘾,有点自闭,现在25岁了还没有谈过恋爱,所以父母想从上生理课入手,来启蒙他对于婚姻以及人的生理的认识,却不知道如何入手,希望得到帮助,对吗?

我觉得你提出的问题主要有三个:一是网瘾,二是亲子如何沟通,三是婚姻问题。而第三个问题本身不是问题,如果父母能与孩子共同面对前两个问题,不再受网络成瘾的困扰,能够与孩子良好地沟通,孩子身心发育正常了,第三个问题也就会迎刃而解了。这种说法你同意吗?

首先我们要意识到,网瘾对于我们的生活、生理及心理发育的负面影响。孩子的父母对网瘾的了解有多少?如果想与有网瘾的孩子有效沟通,需要了解网瘾的特点、成因以及产生网瘾的孩子会有怎样的心理状态。

网瘾又称“网络过度使用综合征”，主要是指长时间沉迷于网络，对网络之外的事情都没有过多的兴趣，从而影响身心健康的一种病症。网瘾的高发人群多为12～18岁的青少年，以男性居多，这个时期的孩子本身大脑皮层发育不完善，意识也比较弱化，理解判断力差，自控能力也比较差。他们大多都处于青春期，反叛心理严重，对新鲜事物充满了好奇，喜欢寻求刺激、惊险和浪漫，而网络出现之后，网络游戏、不健康的内容和网上聊天恰好对应了这个年龄段的心理需求，所以很多人形象地称这些东西是“电子海洛因”。

你所提到的孩子已经25岁了，如果现在父母还发现他经常痴迷于网络，那么这个孩子网瘾的时间已经较长了，高中阶段从16～17岁开始，至今已有8～9年的时间了。关于网瘾，他的父母曾经采取过什么改善的措施吗？效果如何？另外，家长了解网瘾的危害吗？青少年由于自我防护意识和自我控制能力相对薄弱，长时间上网会在大脑的神经元中制造“上网兴奋点”，这些兴奋点会使大脑对上网产生持续的兴奋，给个人的身心发育造成危害，具体表现在：

(1)强烈的依赖性。当上网演变为主要的心理需要时，会产生强烈的依恋性，表现为无法控制自己上网的冲动，觉得只有不断增加上网时间才能满足，在无法上网时表现为烦躁不安的情绪和行为。

(2)社会功能的下降。由于上网占用了大量时间，有网瘾者的心理和行为被上网活动所支配，个体生物钟紊乱，使学习、工作的动机和目标减弱，精神懒散，影响了正常的生活、学习、工作和人际交往，导致社会功能下降，学习及工作任务不能完成。

(3)人际交往能力下降，人际交往范围变窄。有网瘾者将自己的人际交往转入虚拟的网络空间，长期下去虽然在网上社交游刃有余，但易导致现实的人际交往能力下降，在现实生活中可能会不断遭受交往挫折，导致人际关系疏远或恶化，对周围的人和环境采取逃避或对抗的态度，从而产生严重的社交焦虑。两者的反差势必导致更多的重复上网行为。另外，有网瘾者会出现语言表达能力的下降，与人沟通困难，易出现人际交往障碍。

(4)人格的改变和情感的淡泊。一旦网络成瘾，带来的是人格的改变。比如说长期看一些暴力的、不良的网上内容，这些不健康的东西会导致人格的异化，亲情疏远，跟亲人、朋友特别是与父母的情感疏远、冷漠。有网瘾者情绪低落，不向家人和朋友表露，只在网上倾吐和宣泄。当家人限制他上网时，常常会与家人产生强烈的冲突。

(5)导致不良行为。长期上网会影响人的情绪，易造成消极状态。如长期玩一种不良的游戏，只要不断地重复，就会出现道德概念的模糊和道德水准的下降，导致一些不良行为。

就以上表现而言，这个孩子有多少？他上网主要浏览什么信息？不上网时会有什么反应？是工作还是赋闲在家？如果工作了，是否工作会受到影响？他人际交往的情况如何？由于你给出的信息有限，我不能准确判断出这个孩子的情况，但是你提出的孩子的性格问题、恋爱婚姻问题、沟通问题毋庸置疑与网瘾有关。这个孩子不谈恋爱、不结婚有可能是缺乏生活目标和毅力，是逃避现实的生活责任的表现。

产生网瘾的原因有很多，包括社会、家庭教育方面的原因，内因主要是满足感缺失，包括学业失败、孤独感、人际交往障碍等；网瘾的大部分人群都会出现学业失败，从而导致心理空虚，缺乏自信，长时间会有一种孤独感，为满足自己的内心，他们通常会选择逃避，因此周而复始，导致陷入网瘾不可自拔。

任何事物都有一个最初的起因，找到这个最初的起因尤为重要。孩子的成长有三个关键期：第一个在 3 岁前后，第二个在 9 岁前后，第三个在 13 岁前后。如果错过了成长的关键期则后患无穷。从咨询留言所提供的信息中可知，父母与孩子或者父母之间的沟通显然不够与不及时，似乎还错过了最佳矫正时期。

有句话说："孩子是上天派来帮助我们的天使。"当孩子出现问题的时候，往往是从另一个角度来告诉父母需要做点什么来改变、完善，来重新审视自己的婚姻以及对问题的看法。我们又回到了先前的问题上：当这个孩子的父母想到给他上生理课，来启蒙孩子对婚姻以及人的生理认识的时候，有没有问问自己对"婚姻以及人的生理"的认识，有没有认真地思索一下这个问题的答案？

当然，这只是其中的一个方面。可怜天下父母心，我能体会到这个孩子的父母是非常爱自己的孩子，并期望帮助到儿子的，任何时候都不算晚，不是吗？我们也许只是没有找到相应的方法与技巧。除了进一步了解网瘾的成因、发展以及危害之外，孩子的父母还需要掌握一些亲子沟通以及夫妻之间沟通的方法，能够帮助孩子一起度过这个困难的时刻，这里给出如下具体的建议：

(1)和孩子平等对话。在日常生活中，父母应尊重孩子的意见，不要用居高临下的态度对孩子说话，应将自己摆在一个"参谋"的位置上。在做出有关孩子的决定时，多引导孩子发表看法，家长则以建议的形式将自己的决定告诉孩子，让他们自己做出判断。同时，在引导孩子自我决策时，家长也应设立一个教育底线。要慢慢地走进孩子的心理，慢慢谈，从各方面切入孩子的"盲点"，这样会比较自然，也就是水到渠成。有的家长会说："真不知道孩子心里在想什么，他太不听话了。"通过这句话马上可以看出家庭教育中的问题："不知道孩子心里在想什么＝沟通严重不畅”,“他太不听话了＝孩子没有得到尊重”。如果父母经常倾听孩子,懂得和孩子平等对话并欣赏孩子,在孩子身上投入足够多的感情,那么家长就一定不会这么说了。

(2)接纳孩子,改变亲子关系。心理学把接纳视为沟通的先锋。接纳就是在跟孩子沟通时,注意接受、容纳、解读孩子传达出的各种信息,然后利用这些信息做出更妥当的回应。当需要说服孩子的时候,接纳的语言表述是“我很理解你现在的感受”;可以通过重复孩子说过的话表示接纳,还可以用肢体语言和表情来接纳孩子。即使你所提到的这个孩子的生理年龄已经有25岁了,但只要他还不够心理成熟、精神独立,父母的接纳对他的自我成长无疑就还是非常重要的。要让孩子感受到家长的温暖和爱心,当孩子沉迷网络时,父母不应采取放任或暴怒的极端方法,而应采取包容、客观的态度。在生活中,父母可对孩子的一些积极行为给予肯定,对孩子的不良行为进行淡化。在亲子沟通中,父母和孩子的感受基本是相似的:父母在批评孩子不懂事时,孩子也在抱怨父母的不理解;父母在责怪孩子快把自己逼疯了时,父母基本上也快把孩子逼疯了。在改变亲子关系,可以从接纳开始,先调整自己的情绪和态度,试着用心与孩子沟通。在语言上,可以采用以下技巧:用“我”代替“你”,比如把“你总是这样躲在家里”改成“我希望你勇敢自信,有自己的朋友”;用鼓励代替抱怨,比如把“你总是让家人这么操心”改成“你比昨天有进步,加油”;少说“总是”,比如把“你总是做不好”改成“偶尔做不好也很正常”。

(3)父母的自我成长。苏联著名教育实践家和教育理论家苏霍姆林斯基曾经说过,父母自身的行为对孩子有着重大的影响。不要以为只有你们同孩子谈话和教导孩子、吩咐孩子的时候才是在教育孩子,在你们生活的每一瞬间,你们怎样穿衣,怎样跟别人说话,怎样表示欢欣和不快,怎样对待朋友和仇敌,怎样笑……所有这一切,对孩子都有很大的教育意义。作为家长,有责任去反省自己的人格、自己的修养、自己的胸怀对孩子发展的影响,有意识地为孩子创造良好的心理环境和成长条件,如接纳和欣赏自己的孩子,爱自己的伴侣,经营好婚姻(这个非常重要,夫妻关系会影响孩子的成长),做孩子的好榜样。教育是自我管理,不是责罚孩子;改变孩子要从改变自己开始;要有自己的生活和爱好,保持阅读的习惯;锻炼好自己的身体,秉持积极乐观的生活态度;不断学习,了解新事物,与孩子有共同语言。

(4)鼓励孩子与同龄人交流,必要时面对面咨询专业机构。严格来讲,电脑游戏本身只是一种科技产品,至于是用它来放松身心还是沉迷其中,都在于使用者本身。如果家长感到孩子自控力不足,或无法解决家庭教育的问题时,可求助于心理咨询师、教育专家这类专业人士，来对孩子进行面对面的指导，鼓励并设法为孩子营造出与同龄人现实交往、展现自我的交流环境。当孩子逐渐产生改变自我的想法后，便可以结合孩子的兴趣，引导他培养另一个兴趣点。家长可以让孩子参加一些同龄人团体，让孩子在无法接触网络的环境中试着与人交际，尝试体验与网络以外的同龄人群体交往的乐趣，使孩子从虚拟的网络世界中摆脱出来。

对于我的回答，你还满意吗？总之，找到问题的根源才能解决问题，区区一封留言确实不能够解决你的许多现实问题，但是，一个健康活泼、积极向上、有良好情感和人际关系的孩子才能够组建好自己的家庭并获得幸福，不是吗？要相信，只要我们不断努力，不放弃希望，才能帮助这个孩子走向幸福。要相信，父母是孩子获得勇气与力量的源泉，当然，这个孩子的父母错过了关键期，还需要付出更多的耐心、爱心与责任心，才能更好地帮助自己的儿子。期待你们的好消息！

（山东警察学院　费晓璐）

87. 儿子没培养好怎么办

老师您好！我的儿子今年13岁了，现在读初中一年级。不怕您笑话，我期盼着总有一天，儿子能知道学习，成绩会有所进步，可是我在忙忙碌碌中等待了5年多了，孩子的成绩没有一次提高，相反，现在脾气倒大了起来，还说谎（可能是跟我学的，我经常说谎躲酒场），对学习以外的任何事情，尤其是玩最感兴趣。作为警察，我自认为不少人通过我的教育改恶从善，而对儿子，我实在有些灰心了。这样下去，我担心孩子什么也干不好，求帮忙理理思路。

专家答疑

你好！你在留言中所担忧的分别是孩子脾气大、说谎和学习成绩问题，对此给你提供以下建议：

首先，13岁的男孩子已经步入个体发展的“青春叛逆期”了，这是个体生理发展的一个显著加速期，他们身体的各个方面都在迅速发育并逐渐达到成熟，心理发展的速度却远远跟不上其生理的发展速度，会造成少年身心发展上的种种矛盾和一些特殊表现。你提到儿子脾气大了，这就是叛逆期的一种典型表现。他们产生了一种强烈的成人感和独立意识，遇事开始思考，形成并不成熟的主见，对父母的话开始怀疑，在内心和外在行为表现上开始挑战父母的权威。而父母在权威动摇后，一时难以适应，又不愿放下权威和身段并调整教育方法。教育方法不当，孩子会更加觉得没有办法和家长沟通，更易心生抗拒，家长也觉得孩子难以教育。

其实，青春期的孩子内心并不能完全摆脱对父母的依赖，他们也非常希望从父母那里得到精神上的理解和支持。因此，家长并不能放手不管，任其自然生长，而是要更加耐心、细心和用心地去教育孩子。建议家长跟孩子做朋友，以平等和尊重的姿态真正跟孩子沟通。例如，家长应积极了解孩子现在喜欢的新鲜事物，寻找交流的切入点，不要对自己不了解的事物随便下结论，尽可能地多找孩子的优点，多鼓励，减少孩子对家长的抗拒心理。遇到问题不妨换位思考一下。另外，在和孩子沟通交流前，家长注意要先调整好自己的心态和情绪。家长带着情绪去教育孩子肯定是不理智的，会导致孩子愈加抗拒。所以，家长在急躁、心烦、不冷静的时候不要教育孩子，要待冷静后再去同孩子交流。同时，家长是孩子最好的榜样，叛逆期的孩子模仿能力强，家长的良好言行能给孩子以潜移默化的影响。

其次，根据社会学习理论，影响儿童道德行为发展的主要因素是环境，包括客观环境、文化背景、人际关系、观察到的榜样等。成年人的示范作用的确会影响孩子的道德行为获得和改变。因此，要培养孩子具有诚实的道德品质和行为习惯，父母自己要做出好榜样，尽量避免不必要的谎话和借口。此外，还应注意，父母对孩子的爱与包容以及能够让孩子感受到父母的爱与包容是孩子诚实的前提条件。多数情况下，孩子是因为害怕受到惩罚而说谎，所以父母要让孩子知道，你是爱他的，你能理解他的心情，你会帮助他而不是责罚他。不要日常用吓唬和采取惩罚措施的方法来和孩子对话，这往往会让孩子说更多的谎，做事更加“狡猾”，以便不被家长发现。重要的是了解孩子说谎背后的深层原因，教育要做到有的放矢、对症下药。平时应多关心孩子的生活，对孩子的要求应切合实际，鼓励孩子点滴的进步，帮助孩子建立正向的行为。

最后，根据教育心理学和发展心理学总结的经验，虽然男女两性的平均智力水平相当，但在智力发展上特征不同。男性的智力发展比女性略慢一点，从少年期开始，男生的智力发育开始加速，如果此时能把更多的精力投入到学习上，成绩的提高是非常有可能的。所以，你期盼孩子的学习成绩进步是有理由的，但仅仅只是期盼和等待是远远不够的。教育专家菲尔德曼这样评价家长的作用：“作为家长，你是孩子生活中最为强大的力量。你可以通过给孩子以鼓励，并对他们所取得的每一点儿成绩给予肯定和赞赏，来让孩子振作精神，拼搏进取，勇于创新。你不必总是对孩子的每种做法都表示赞同，但是你应该让他们时时刻刻都坚信，你是他们前进途中的坚定支持者。”[①]你或者你的爱人需要做出更多的努力，比如引导孩子树立自己的学习目标，激励孩子建立自发性的学习动力，帮助孩子形成良好的学习习惯，等等。好的思维、学习、行为习惯是一笔受益终生的财富。然而，习惯的养成并不是一蹴而就的，要改掉坏习惯也不是一朝一夕就能够做到的。研究表明，要培养一个习惯，最少需要 21 天的时间，90 天的重复才可能形成稳定的行为模式。不同的行为习惯形成的时间不尽相同，因此建议你们至少选取 1 个月的时间，每天在工作之余，把重心放到孩子身上，用民主的态度与孩子交流沟通，帮助孩子分析成绩不能进步的原因，引导甚至陪同孩子建立适合自己的良好学习和行为习惯。在此推荐一本书，中国人民大学附中优等生刘朔写的《习惯制胜：如何成就优等生》，这本书出自学生的手笔，更能引起同龄人的共鸣，有借鉴和参考的价值。也向你推荐知名教育专家王金战的书籍。我们的心理健康网站里也有一些家庭教育的文章值得一读。如果你还有问题可以继续与我们交流，期待你的好消息！

（山东警察学院　单冬）

88. 经常加班，孩子学习习惯差怎么办

老师您好！我是一个民警，平时工作很忙，无暇接送孩子，更没时间管孩子的学习。孩子现在读二年级，写作业总是要拖很长时间，对孩子说说骂骂，听一会，好一下，过后又是老调重弹。孩子吃饭也磨蹭，干什么都磨蹭，我该怎么办？心急如焚！

▶ 专家答疑

这位朋友，你好！

关于二年级小学生写作业慢的问题，有多种可能的原因，作为家长，简单粗暴地说说骂骂并不能真正解决问题。你首先需要观察你的孩子是因为什么原因导致的写作业慢，之后才能采取有针对性的措施，对症下药。一般而言，孩子

① 参见赵璇．浅析家庭教育的现状及对策[J]．南北桥，2009，(1)：50，54.

写作业慢有以下几种原因：

(1)课堂知识没掌握。作业的目的是要让学生及时复习掌握所学的知识，孩子能高效完成作业是建立在对课堂上老师所讲授知识的基本理解和掌握的基础之上的。如果孩子上课没有认真听讲，回家做作业时也不看书，不先消化和理解所学的内容，急于赶作业，作业就会越写越慢，需要不断地去查找资料。面对这种情况，需要家长向老师了解孩子在校的学习表现，督促孩子认真听讲，掌握所学知识。如果孩子遇到不会做的题目，家长要引导孩子养成"先做其他题目，最后再做不会的题目"的习惯，这样可以节省时间，也不会打断孩子的思路。对于孩子没学会的知识，家长要鼓励孩子问问题、做笔记，及时给孩子补习。

(2)家庭学习环境不佳。良好的学习状态是以一个安静、无噪声和不受干扰的学习环境为条件的。如果学习环境不佳，不仅会让孩子无法集中注意力，不断被打断学习思路，而且还会形成一种条件性的情绪反应，即每当孩子学习时总会伴随焦虑、紧张的情绪，在很长一段时间内都会影响学习效率和成果。所以，家长要主动给孩子提供良好的学习环境，最起码是提供一个安静的学习环境。如果家庭纠纷不断，两天一小吵，三天一大吵，孩子就会心事重重、精神紧张；如果家长在孩子学习时高声喧哗，把电视节目外放声音调得很大，甚至在家聚会喝酒，孩子也会心神不宁。或者有妈妈过于关爱自己的孩子，在孩子学习时一会送牛奶，一会送水果，嘘寒问暖，也会不停地打断孩子的学习进程。孩子很难静下心来读书学习，效率自然会低。请你对照一下自己的情况，看是否已经给孩子提供了一个良好的学习环境。

(3)条理性差，学习无方法。有的孩子开始写作业了还不知道有什么作业，对各科作业的先后顺序不懂得合理安排，文具准备不齐全，用到的时候才慌慌忙忙去找，等等。不能统筹安排、合理规划自己的学习，写作业自然也慢。面对这种情况，父母要慢慢教会孩子先做什么，后做什么，文具要事先准备好等。并且要培养孩子独立自主和自我管理的能力，不仅是学习上，而且在生活上也要慢慢放手，让孩子自己学着照顾自己，自己安排自己的生活和学习、锻炼。这样，孩子的条理性会越来越好，各方面的能力也会越来越强。

(4)学习兴趣不浓。孩子如果对学习没有兴趣，就没有自觉性，在写作业的时候往往能拖就拖，三心二意，东摸西看。针对这种情况，要设法让学习变得有趣起来。父母要多想办法调动孩子写作业的兴趣，比如因材施教，帮助孩子寻找自己学业上的兴趣点，把学习目标分解成更容易达成的阶段性小目标，给小目标设置奖励，当完成小目标时满足孩子由来已久的愿望，从而给予孩子学习的动力。

(5)与家长消极对抗。有些父母“望子成龙”心切,课外给孩子安排各种学习,很少给孩子空闲的、可以自由支配的时间。孩子一件任务完成了,家长立刻提出新的要求。学校作业做完了还有额外的家庭作业,家庭作业做完了还要画画、练琴,完全不给孩子游戏玩耍的时间。孩子负担重、任务多,疲惫不堪的孩子便想出了磨蹭的招数。孩子按时、保质、保量地完成作业之后,家长应该欣赏和鼓励,给孩子自由支配的时间。否则,孩子会开始有意无意地拖拉,久而久之,渐渐地养成习惯,就真变成做事磨蹭了。

(6)年纪小,能力不够。一年级和二年级的孩子写字慢其实是正常的现象,这是因为六七岁的孩子正在成长过程中,他的神经肌肉发育还不充分,手和眼的协调能力还在逐步锻炼中,精神集中的时间一般为 20 分钟。教育部门近年来抓素质教育,给小学生“减负”,对此是有明文规定的:“小学一二年级不留书面家庭作业,小学其他年级书面家庭作业控制在 60 分钟以内。”对于六七岁的儿童,如果连续思考问题的时间较长,大脑会产生疲劳,导致学习效率下降,错误率增高。作为家长,应该知道和理解成年人和儿童之间能力的差异,既不要在孩子面前抱怨为什么学校布置给二年级的学生过多的作业,也不要一味地责怪孩子,你的说说骂骂会给孩子带来更大的压力,甚至会导致孩子惧怕写作业,更惧怕父母来看着自己写作业。

社会心理学家库利提出过一个“镜像自我理论”,该理论认为,儿童是通过别人对自己的态度反应来发展自我概念的,他人对儿童的表情、评价和态度不仅塑造着儿童的自我意象,而且还会通过自我概念引导行为的作用塑造儿童的实际自我。所以,在孩子还不能对自己有明确的认知和定位时,一味地指责只会让孩子把自己定位成一个不擅长、不喜欢学习的孩子。所以,对待孩子可以严格要求,也必须建立规范,但是必须是系统地、循序渐进地进行教育,不能没有时间的时候就不闻不问,有时间的时候看着孩子做作业不满意就随意斥责,这相当于不事耕耘却期望收获硕果,你觉得这可能吗?你在留言中提到,孩子写作业磨蹭,你就说说骂骂,这种教育方法并不可取。在儿童自我意识尚未成熟时,最好的教育是鼓励教育。适当的鼓励能够塑造孩子自信、大方的性格,能够激发孩子的无限潜能。

看得出来,你是位急脾气的家长,同时也非常关心自己的孩子,只是工作非常忙,没有太多的时间陪护在孩子身边。在这种情况下,帮助孩子养成一个好的生活和学习习惯尤为重要。你或者你的爱人需要做出更多的努力,比如引导孩子树立自己的学习目标,激励孩子建立自发性的学习动力,帮助孩子形成良好的学习习惯,等等。

我在暑期调研的时候,见到、听到不少警察的子女高考成绩非常好,捷报频传。所以,工作忙不见得会耽误孩子的学习,有时还能够培养孩子独立自主的能力,再加上耳濡目染身为警察的父母的坚强的意志品质和干练的工作作风,这些孩子反而会成为同龄人中的佼佼者。前提是,你简单的、略显粗暴的教育方式要修正一下。建议你读一下《好妈妈胜过好老师》和《如何说孩子才会听》这两本书,书里有较为系统的家庭教育和与孩子沟通的方法,非常实用,希望对你有所帮助。

(山东警察学院　单冬)

89.父亲老是喝醉酒

老师您好,现在有一个问题正在深深地刺痛着我的心。我父亲原来是一名公务员,以前工作时应酬比较多。他喝酒有一个问题,就是逢喝必醉(但自己在家就喝一点点,也没酒瘾),喝醉后还要继续喝,而且乱骂人、乱打电话,很失态,因此得罪了许多单位上的人和朋友,职位也没有提上去,为这事我和母亲不知和他吵过多少次架,好听的难听的都说过,就是没用。他总是抱着一种“别人都不如自己,喝点酒算什么”的态度,我现在一听说他有应酬,就一整天都紧张得不行,因为每次他喝多了都是我去收拾烂摊子,很丢人。我不想这样下去了,请问有什么方法可以化解?谢谢!

▶ 专家答疑

你好!感谢你提了一个非常有代表性的问题。不知有多少人为此而困惑烦恼却又欲罢不能呢!而且,有个像你这样为父亲着想的孩子,真的是父母的幸运啊!只是由于年底事务繁杂,我们答复得迟缓了些,在此请你原谅。现在,我们就来一起分析一下你父亲喝醉酒的问题。

你父亲的情况比较像典型的“急性酒精中毒”,即俗称的“醉酒”,这是指饮入过量的酒精或酒精饮料后所引起的中枢神经系统兴奋及随后出现的抑制状态。醉酒主要有三种类型,即普通醉酒、病理性醉酒和复杂醉酒。如果喝酒不能控制好量,不仅有“丢脸”的可能,而且还会严重影响人的身体健康,所以建议你做好以下几件事情:

(1)在你父亲醉酒失态时,寻找机会悄悄拍下或录下他的窘态,等他清醒后让他自我“观赏”一下，激发他自我控制的动机和自发的行动。只有他自己下定决心了，才有可能有所改变。

(2)在你父亲清醒时，帮助他改变对酒精的认识。首先，可以给他讲一讲过度饮酒的危害。对乙醇适应能力相对较差的人喝少量酒也会引起酒精中毒性身体不适；长期过度饮酒，高剂量摄入酒精，会因血液里含乙醇超过人的承受能力而导致各种疾病；短期内摄入高浓度的乙醇可能会引起呼吸中枢和控制心跳的神经中枢的暂时性麻醉，从而因无法摄入氧气或者养料不能送达全身而导致死亡。其次，认识酒后的快乐是一种自欺欺人的假象。人们之所以喜欢喝酒，是因为酒精开始时会让人感到愉悦。但问题的实质是，酒喝得越多，人反而会越痛苦。其原因在于，人脑中会分泌多种让人感到快乐、安全和有成就感的物质，如产生快感的多巴胺、带来激情的去甲肾上腺素、负责取乐和镇痛的内啡肽，还有协助我们战胜困难的催产素。这些物质统称为“快乐素”。正常情况下，人体不会分泌很多的“快乐素”，这能保持大脑对“快乐素”的高度敏感性，表现为一点点成功就可以获得足够的满足感，这样人们才有动力去完成长期、艰巨的任务。而长期大量饮酒会使“快乐素”大量释放，人们不用通过努力就可以感受到巨大的欢乐，由此越来越贪恋杯中之物。表面看来，醉酒后的大多数症状属于“兴奋”，但实际上是大脑皮层受抑制的表现。当大脑皮层被抑制时，皮层下中枢失去皮层的控制，便会出现一些失控的兴奋行为；当皮层下中枢也受抑制时，这种表面兴奋的现象才会消失。因此，“醉酒”的本质不是兴奋而是抑制。大量的酒精加速了“快乐素”的快速耗竭，停止饮酒后，神经细胞合成“快乐素”的速度不足以抵消“快乐素”的消耗速度，血液中“快乐素”的水平反而比正常时更低，人的身体和心理感觉都会更加低落。最后，“借酒浇愁愁更愁”。看得出，你父亲似乎在工作和生活中有些不如意，所以才会常常酒后失言失态，发泄一下心中的怨怼。但酒后的宣泄不仅不能解决问题，反而会使问题变得更加复杂，或使他的形象变得更差。所以，关键还是“心病还须心药医”。应当清醒而理智地分析和解决他的实际问题，而不是靠酒精麻醉或逃避。

(3)和父亲共同努力，避免产生“酒瘾”。酒瘾是指酒精导致的成瘾综合征。如果嗜酒者身体逐渐适应了高水平的“快乐素”，此时正常生活中的低水平“快乐素”已经不能让大脑满足，酒后比正常产量更低的“快乐素”更是难以让大脑恢复往日的平静。结果，大脑就像长久被“快乐素”掩盖的痛苦怪兽一样，一旦得不到“快乐素”的安慰就会立马性情狂躁，感觉痛苦，并因此出现“戒断反应”，轻者感到无聊、空虚、烦躁，重者出现抽搐、恶心、呕吐等躯体症状，从而被迫再次饮酒，以获取高水平的“快乐素”。到这个时候，酗酒已经不是为了获得更大的快乐，而是为了避免不饮酒的痛苦，这被称为“生理依赖性”。

（4）创造无酒或少酒生活的乐趣。心理治疗和行为治疗是戒瘾治疗的关键部分。酒瘾是酒精滥用导致大脑奖赏机制失效而造成的。走出酒的阴影重新生活，建立新的人际关系和正常工作，对于嗜酒者来说的确比较困难。需要重新建立获取“快乐素”的行为方式，才能在正常社会活动中感受到快乐，真正戒掉酒瘾。对嗜酒者来说，只有当他们重建其人际交往能力和对正常生活的信心，在日常生活中重新感受到成就感、满足感，才会停止酗酒行为。因此有必要设置一些他们感兴趣的生活话题或场景，让他们亲身体会无酒生活的乐趣，使他们感到由于戒酒而改善了人际关系，提高了工作和生活质量，促使其真正自觉地与酒“绝缘”，走向新生活。

（5）必要时在医生的指导下服用戒酒药物。目前应用的戒酒药物走的是“曲线救国”路线：让患者在饮酒时产生躯体不适，从而打断酒精与“快乐素”的联系，以达到戒酒的目的，代表药物有戒酒硫、呋喃唑酮和阿扑吗啡。这些药物的效果都是使患者想到酒或闻到酒味，就条件反射性地产生不良反应，甚至达到“闻酒色变”的程度，从而不再饮酒。

当然，任何人、任何事都是性格决定命运，认识改变态度，态度引发改变，但也常有思想上改变了但行为难以改变的情况，因为毕竟是“习惯成自然”么！特别是长期形成的嗜酒习惯，嗜酒者在生理和心理上都有了依赖，改变的过程会很艰难、很漫长，甚至你父亲可能根本不想改变。所以，要做好打“持久战”的思想准备。

事在人为，祝愿在新的一年里，你的爱心和恒心能够打动和带动你父亲，由量变到质变地慢慢减少饮酒量，提高生活品质。最后祝新年快乐！

（山东警察学院　丁文俊）

90.父亲有被害妄想

我的父亲是一名老公安，思想比较保守，现已退休。因我上学的时候托了些关系，内退的时候组织上也没有找他谈话，还有一些工作上的事情，使得他总觉得有人要害他。现在父亲也不出门，而且把阳台都遮挡上，总爱谈以前的事情，有时候还说些骂人的脏话，有时候还骂邻居，我觉得父亲是不是抑郁症，或者是有些精神疾病。母亲很压抑，我们也感觉很无奈，总不能强行让他去治疗呀！请老师帮我们分析一下该怎么办？

专家答疑

你好！根据你描述的情况，你的父亲似乎有些“被害妄想”症状。“妄想”是指患者整天多疑多虑，胡乱推理和判断，思维发生障碍，是精神疾病的一种重要症状。患者可伴有幻觉，但无其他明显的精神症状。妄想多发于老人或某些曾经受过超出自身承受能力范围的打击的人身上。被害妄想是妄想中很常见的一种，患者往往处于恐惧状态，感觉被人议论、诬陷，遭人暗算，财产会被劫，甚至被人伤害等。被害妄想患者往往有自杀企图，如不早诊断、早治疗易酿成大祸。

被害妄想是内因和外因相互作用的结果。内因是每个人的遗传基因及性格特点，外因是社会生活中的突发事件及脑部的器质性变化。发生妄想的人往往有着特殊的性格缺陷，如主观、敏感、多疑、自尊心强、以自我为中心、好幻想等。这常与患者童年时期受过的某些刺激，缺乏母爱，缺乏与人建立的良好人际关系等有关。另外，退休后在家精神寂寞、孤独的“空巢老人”也容易出现这种症状。被害妄想也是强迫症的一种，但是这已经更倾向于是精神分裂症的前兆，而且这些症状会对患者的生活造成影响。

要避免患者的症状加重，你和你的家人应当给予老人更多的关心和耐心。可以多和你父亲沟通，了解他的想法，知道他的需求，从而增加他的安全感，消除他的紧张和不安。同时，要帮助老人培养多种有益的爱好，让他多找朋友和家人谈天交流，或者参加一些体育运动，或者是出去观光旅游。另外，去医院心理门诊找心理医生做心理咨询，或者去精神卫生中心进行药物治疗是更有效的解决方法，专业人员会针对每个人的情况提出各种解决方案，逐步引导患者重回快乐的生活。

（山东警察学院　丁文俊）

91. 有关老人心理健康的问题

老师您好！我想咨询一下有关老人心理健康的问题。我父亲今年 73 岁，他对死亡有严重的恐惧心理，动不动就怀疑自己有绝症，我们这些当儿女的夹在中间都快崩溃了！

专家答疑

这位警察朋友，你好！首先向关心老人的你和你的家人致敬！我家的老人比你父亲的年龄还要大，所以很理解你此时的心情。根据你所提供的信息，估计你父亲似乎有些死亡恐惧症的表现。

死亡恐惧症是一种非正常的“怕死”，属于神经性恐惧症之一种，其恐惧感往往由幻觉、错觉及妄想引起，病症会在深度幻觉中强烈发作。发作时，除精神极度紧张外，还伴有明显的自主神经系统症状，如心悸、气急、尿意频频、四肢颤抖、汗流不止等；恐惧往往与焦虑等症状混合在一起，比如对自身将来遭遇的焦虑（如担心自己得重病后无人照料），忌讳提到有关死的任何话题或任何有死的暗示意义的物品等。一旦接触到这些事物，就会出现四肢发抖、浑身冒汗等神经症状。也就是说，这种心理疾病的最大特点一是怀疑，二是害怕，而且二者紧密相关。

老人之所以惧怕死亡，主要与自身因素和家庭因素等方面有关。先来看自身因素的影响。从老人自身来说，主要在于认为自己虚度了人生，或者是对人生未完成的事情留有遗憾；或者是因为他们放不下现在拥有的一切，比如儿孙满堂、其乐融融，抑或多病、苦难的亲朋等。再来看家庭因素方面，很多夫妻没有时间或者能力去照顾两对父母，致使有的老人独守孤独和寂寞，有的老人面临着贫困或疾病的困扰，还有的老人遭到了遗弃或虐待。所以很多老人无限痛苦，难以体会晚年生活的意义和幸福，因此普遍存在对死亡的恐惧，有的老人甚至选择以自杀的方式来草率对待死亡。

为此，亲朋好友应当理解他们的处境，并针对老人的心理特点，帮助他们安度晚年。

（1）理解死亡恐惧者的心态。你父亲好像经常怀疑自己得了重病。如果他实际上并没有什么大毛病的话，这实际上就是在自己吓自己。而如果经常自己吓自己，没病也能吓出毛病来，这就是心理学上所说的“精神交互作用”：人对周围的一切都有某种感觉，如果人对自己的某种感觉特别注意，这种感觉就会变得很敏感；这种敏感又会反过来强化注意力，而强化后的注意力又会使感觉变得更加敏感。如此循环，就形成了精神的交互作用。所以严重的疑病症患者常常会因为怀疑自己得了重病而整天担惊受怕，出现坐立不安、食欲缺乏、失眠、胸闷、心律失常等表现。这就是所谓的“没事找事，没病找病”，但引发的生理疾病不会像患者自己想象的那么严重。但他们常常不甘心、不放心，于是三天两头地往医院跑，可接受了各种检查后却什么也查不出来，只是白花钱罢了。同时，往往更让家人烦恼的是，他们会觉得别人都不了解自己，特别是家人对自己不够关心，于是有什么愤怒、忧伤的情绪总是会拿家人撒气，弄得家人也不得安宁。其实，这本身就是一种心理疾病了。

(2)引导老人正确认识死亡。正确认识死亡是老人克服死亡恐惧的前提。人的生命是有限的，生命的尽头便是死亡，死亡是生命程序的终极部分。生命的有限性和生命的变数意味着死亡的必然性，任何人都逃脱不了死亡。所以，对待死亡不必大惊小怪，也不必害怕恐惧。这些行为不但不会改变人必然会死的事实，而且还会对死前的生活造成不良影响。可以引导老人这么想：人生中存在着诸多的不公平，但死亡却是最后的公平，因为每个人都会死去，老人一旦接受了死亡的必然性，其内心就会变得坦然。

(3)提醒老人充实晚年生活。充实晚年生活是老人克服死亡恐惧的重要途径。对于老人来说，抓住现在便是对生命的珍视，只要自己的身体允许，就应做些力所能及的事。有信心、有计划、尽力去做自己尚未完成的事，就会弥补过去的遗憾，忙得没有时间去考虑死的问题。这样的老人会无惧死亡，因为他们的生活是充实的、愉快的、有意义的，他们无愧于社会所给予他们的一切。

(4)用亲情的力量淡化恐惧。亲情可以淡化老人对死亡的恐惧。孝顺老人一方面要进行经济赡养或物质赡养，如果老人需要，就应在经济上对其予以一定的照顾；另一方面要进行精神赡养，精神空虚和情感缺失是对老人身体健康的严重威胁，很容易加重他们对死亡的恐惧。精神赡养或许只是一句嘘寒问暖的话语，一次久别之后的促膝交谈，一顿温馨和谐的晚餐。只要有那么一个时刻，被儿孙围绕着，自己唠叨着，老人在心理上就会感到无比满足，这种满足足以淡化他们内心深处那份对死亡的恐惧。

(5)针对老人的心理特点，减少怀疑和恐惧。一是针对怀疑担心的心理，面对患病现实，排除或控制器质性病变。如果你父亲确实患有什么病，可以先带他去较好的医院进行仔细的体格检查，以排除患有严重躯体疾病的可能，尽量消除患者的顾虑。当然，可能一时难以消除，但可以指导他接受症状而不要排斥它。也就是说，首先要承认和尊重自己患病的现实，承认自己是患者，只不过要帮助他认识到，进而承认自己患的不是他所怀疑的病，而是心理上想得太多太重了，自己的病有大半是自己琢磨出来的，而且因为长期的臆想导致身体功能也产生了一些想当然的功能性毛病，而不是真患有那么重的器质性病变。

二是针对烦恼恐惧心理，理解性格矛盾，增强自控能力。这种老人的性格一般既有争强好胜、以自我为中心的一面，又有心理脆弱、稳定性差的一面。在理解的前提下，帮助他们认识到，病情反复波动的原因往往和他的担心、害怕有关，而不是躯体上存在不治之症。要增强老人的自我控制能力，并鼓励他“迎着困难而上”，积极地去应对内外刺激，训练承受能力。收到效果后，还要反复训练，提高和巩固疗效。但同时要注意一点，即嘱咐老人不必反复和亲友谈症状，也嘱咐亲友们尽量不听、不答复老人的病述，免得强化对老人的消极暗示。

三是针对消极依赖心理，建立自救信心，尽到应有的责任。这种老人的性格纠结还体现在他的消极依赖与积极自救的矛盾上。由于自认为久病缠身，久治不愈，拖累家人，自己总认为是一个无用的人，在日常生活中他们往往时时、事事依赖家人，或消极对待人生。但只有他自己才能救自己。要鼓励老人正确地安排工作、学习和生活，以自己的能力去为家人和社会服务，使他感到自己仍是一个有用的人。让老人在自救的过程中体验“吸引力法则”，即自己的思想专注什么，自己就会看到什么。只要坚定信心，就能逐渐减弱直至消除老人对疾病、衰老甚至死亡的恐惧。

说了这么多，我感觉，其实最重要的“孝顺”就是顺着老人、哄着老人，让他高兴，让他有种被尊重的感觉。也许，他天天怀疑自己得病的主要目的之一，就是想引起家人对他的关注呢！对此，还是尽量顺着、哄着吧！最后，也祝你家庭和睦、工作顺利！

（山东警察学院　丁文俊）

92.母亲太多疑

老师您好！我一位朋友的母亲从一年前开始，总怀疑儿媳将家里的东西给别人，最近又怀疑家里一张1万元的存单被自己小姑偷走，又偷了她的身份证后把钱提走了，经查都没有依据。近半年来，我这位朋友的母亲晚上睡眠不好，有时整夜不能入睡，总想这些事，白天没精神，总是打瞌睡，求诊断和治疗方法。

▶ 专家答疑

你好！从你描述的情况看，你朋友母亲的主要症状是多疑并伴有失眠。不知她的年龄是多大？如果是40～55岁，那么除了上述症状外，如果没有其他明显异常的话，主要考虑是不是更年期综合征的表现，因为处在这一年龄段的妇女往往容易出现失眠、多梦、烦躁、易怒、精力体力下降、记忆力减退等表现，严重的还会出现忧虑、抑郁、易激动、好哭、思想不集中等表现。

除了考虑更年期综合征外，上述症状的产生还可能与她的人格特点和生活的环境有关。性格敏感、固执的人往往容易猜疑，随着年龄的增长会变得更为严重，甚至会导致偏执型人格障碍的产生。这种人要做好自我心理调节，比如积极的自我暗示，让自己放弃猜疑，坦诚地把问题提出来，和别人交换意见等。除此之外，家人的关爱对他们来讲意义也很重大，不知你朋友的母亲是独自居住还是和子女住在一起？如果是独自居住的话，建议子女多抽出时间去陪陪她，多和她沟通交流，让她把心中的疑虑和猜忌讲出来，把她想知道的事情告诉她，同时在大事小事上多听听她的意见，让她拿拿主意，从而让她达到心理上的满足。如果症状还是比较严重的话，建议带她去看心理医生，做专业的心理咨询和治疗。

如果她的年龄在 60 岁左右，或者是 60 岁以上的话，主要考虑是阿尔茨海默病的前期表现。随着年龄的增长，老人接触的事物不如以前多，记忆力也在减弱，再加上在社会中扮演的角色也变化了，因此容易变得多疑，甚至把过去发生的事情说成是现在发生的，把几件互不关联的事情串在一起等。这时，要多鼓励她参加一些社会活动，比如参加老年舞蹈队、歌唱队等，让她在有事可做的同时丰富社会交往，一些问题在交流中自然就解决了。也可以鼓励她继续学习，发展一些从前因为工作忙而没法实现的兴趣爱好，比如集邮、书画，适当地打打牌、下下棋等。另外，家人对待多疑的老人要开诚布公，先做个耐心的倾听者，再把疑心的地方帮老人弄清楚，并尽量理解老人因为年龄大而产生的一些多疑情绪，多制造一些机会让老人接触外界的事物，巧妙地转移老人的注意力。同时，要格外注意老人的人身安全问题，在老人外出时让她随身携带手机，或者随身携带上面有详细家庭住址和联系方式的卡片，以便发生特殊情况时能及时和家人取得联系。

值得注意的是，如果你朋友的母亲和过去相比，明显表现出记忆力差、过度多疑，甚至经常出现被偷、被害的妄想，那可能是患有精神疾病的预兆，建议带她到医院精神科做进一步的检查。

以上是针对你所提供的信息给出的初步诊断和建议，希望对你有所帮助。如果你朋友母亲的症状仍然存在，建议到当地医院接受进一步的诊断。

（山东警察学院　鞠丽华）

93.与父母不和

老师您好！过年我跟老公到婆婆家过年，期间因为一些言谈举止，老公跟公公、婆婆发生了语言冲突。据老公说，小时候因为尿床，天天半夜被打，父亲偶尔回来之后，也因为他调皮而打他。还有一次，娘俩不知为啥，娘逼儿喝农药，儿逼娘喝农药。可能还有一些不知道的事，老公对父母有些怨恨。并且三人争吵后我很为难，自从我进门，感觉公婆对老公还可以。三人吵过后，我老公就不跟他父母说话，我劝他他也不听。我感觉是不是老公心理有些问题？要不要去看心理医生？我该怎么办？

▶ 专家答疑

你好！感谢你对我们的信任。由于这些困扰，你这个新年可能过得有些缺憾。不过，早认识到问题总比晚发现好，那么就在这新年伊始，开始想办法解决你老公的问题吧！

由于你提供的信息还不充分，如你老公的年龄、他的个性特点、你公公婆婆的个性特点，你老公除了与父母有冲突外，是否也容易与别人发生冲突等我们都不知道，因此在这里也仅仅是概括地为你分析，并提供一些解决问题的思路，希望对你有所帮助。

一般来讲，子女与父母关系不和甚至发生冲突与双方都有关系，比如双方的个性特点、处理问题的方式、过往的经历等，如双方都有容易冲动、自我控制力差的性格特点，彼此间很容易产生“摩擦”；缺乏解决问题的策略，考虑问题比较简单，也容易因为对方的不理解和不接受而造成误解，产生矛盾；老一辈父母的教育方式和互动经历也会埋下一些“隐患”，随时可能引发冲突。你谈到了很多你老公以前的经历，可以推断你老公在内心深处对父母是有意见的，所以这个心结如果解不开，将来还会发生一些摩擦和冲突。

如何来解决这些问题，有以下几个思路供你参考：

首先，你要继续表达你对目前老公与公婆关系的担忧。等老公冷静下来之后，你要和老公谈谈你的感受，表达对双方的理解，但问题必须解决，解决的突破口主要在你老公身上。作为晚辈，不要奢望父母有大的改变。我不知道你们是否有孩子，如果你们已为人父母，可以让他考虑对孩子的影响；如果还没有，你要强调家庭和睦对孩子健康成长的重要性，相信他也不希望你们的孩子将来也跟你们吵个不停吧！

其次，你要作好长期准备，协调处理老公与父母的关系。从你的描述中，我感觉你老公有些做法还不是很成熟。你们都是成年人了，都形成了自己的个性特点，都有自己对问题的看法，要想改变一个人是很困难的。但随着阅历的增加，我们都会在原来的基础上有所改变和调整。如果一个人身边有及时的监督、督促和提醒，这样的人可能会调整得更快一些。我想你应该发挥这样的作用。

最后，如果你老公认可心理咨询，他愿意去寻求一些专业帮助来解决与父母的关系，那当然可以带他去寻求一些专业帮助。当然，我们这里也有一些婚姻家庭心理咨询专家，如果你愿意也可以跟我们联系。如果你老公不愿意向别人诉说家庭的事情，或者他根本认识不到这样的冲突有什么不妥，那你就不要强求他去见心理医生，或在他面前谈他有心理问题的话题。你可以采取很多迂回的方式，让你老公认识到目前他这种与父母的关系是不健康的。如你身边或听到有反面的例子，你可以讲给他听；你也可以有意无意地在他面前放些有关家庭关系的报纸或杂志，或与他一起看一些有关心理问题的电视节目，如中央电视台的“心理访谈”和北京电视台的“生活广角”等。

说到最后，还得表扬一下你，一般的家庭往往是婆媳关系不好相处，你正好反过来了，你反而成了老公与公婆之间的调节人了，并且能非常理智地做出抉择，这个家庭离不开你这个调节者，希望你能继续发挥作用，融化双方有些冰冷的心，使家庭重现和睦。

（山东警察学院　王成义）

94. 父母总吵架

端午节的前一天，母亲从200多公里外的农村打来电话，絮絮叨叨地说父亲喝醉了，言语之间是那样地无奈和不满；电话里，父亲喝醉后说胡话的声音又是那样的清晰。我的心在节前再一次受到了伤害，往昔的回忆渐渐复活，压力塞满了胸膛……

在儿时的记忆里，家里很贫穷，常常受到村里人的冷眼。父母狠下心，想好好地把三个儿子供应上学，有个好的工作。可最后，还是因为经济压力而只把作为老大的我供了出来，我成了村里第一个有体制内工作的人，成了第一个教师，第一个警察。

记忆最深的，还是家里不断的吵闹声。父母和别人吵，他们两个也经常吵架，好多时候，甚至还大打出手。每当吵完，母亲便躺在床上什么也不做，就睡觉，有时一睡就是一个星期，饿了就起来做点东西自己吃，要不就跑回娘家。过了几天，在公婆的劝解下又回来了。我母亲睡觉的习惯到现在也还保持着……

对于我自己，我也认为自己的安全感较低，防范意识强，在和人交往方面不太积极主动。以前自己一个人觉得孤单、无聊，常会一个人伤感、无奈；现在家远在他乡，思念越发强烈，但听到、想到父母的种种，有时有点时间都不愿回去看父母憔悴而故作欢颜的脸。回到媳妇身边，只有媳妇的亲人是认识的。我没有朋友，每当媳妇去上班，一个人的日子难熬得可怕。

近来，不知是天气太热还是上了年纪的缘故，还是工作压力大，还是生活理不顺，老是觉得身心疲惫，走路都很累，自己的生活处在低谷，不知何时是尽头？

▶ 专家答疑

谢谢你很坦诚地把自己的心理困惑说出来，对你的这种心情我非常理解。希望我下面的分析对你有所帮助。

首先，要明确的一点是父母吵架不止发生在你父母身上，很多家庭都存在这种现象。有一项对孩子的调查表明，父母偶尔吵架的有53.2%，经常吵架的有20.1%，这两项加起来就有73.3%，也就是说接近3/4的孩子小时候或多或少要面对父母吵架的问题；更有甚者，有1.8%的孩子回忆说，每天父母只要开口说话就要吵架。

其次，我们要明白父母吵架的原因。一般来说，夫妻吵架分两种情况：一种是性格不合，关系不好，感情有问题；另一种是夫妻之间不知道该怎样相处，不知道该怎样用一种更好的方法解决他们之间的问题，所以就用吵架的方式。根据你的描述，我认为这两种原因可能都有。对于你父母那个年代的人，婚姻往往不能完全由自己做主，或者很多婚姻都是偶然的结合，这就埋下了将来纷争不断的种子。由于性格不合、观念不同、生活方式不同等，都会造成彼此间或明或暗地争吵；而在那个年代，对离婚的社会容忍度是很低的，不像现在一样可以“闪婚闪离”，所以我们经常会看到很多老一辈的人打打闹闹地过一辈子。站在晚辈的角度，这种打闹我们可能认为是痛苦、不能接受和不能理解的，但如果站在长辈的角度，这种打闹或许正是他们的一种沟通方式或生活方式，所以我们不能完全理解站在我们的角度上去看待父母争吵的问题。

再次，父母吵架对子女会有不良的影响，相信对此你也深有体会。大量的研究表明，长期生活在家庭氛围不和睦家庭中的孩子，在个性发展、心理健康等方面会有很多不良表现，严重的甚至会走上违法犯罪的道路。你认为“自己的安全感较低，防范意识强，在和人交往方面不太积极主动”，这实际上就是家庭环境对你的影响，你的父母忽略了自己的行为对孩子的伤害。当然，从另外一个角度考虑，你还是幸运的，至少父母把你培养成才了。

最后，作为子女来说，首先要经营好自己的家庭。很欣慰的是你与妻子的感情很好，我相信由于你小时候的经历，你会想方设法地处理好与妻子的关系，一定会给自己的孩子一个温馨的家庭。针对自己个性方面存在的缺陷，你要设法去改善。对于一个已经成家立业的男人来说，你不能总是生活在封闭或怨天尤人的生活中，而要以一位成熟男性的眼光去正视自己的过去和现在，更要以积极的心态去面对未来的生活。至于对自己的父母，我想还是应该多关怀，多陪陪他们，在父母面前多夸对方的好，可以适当地把他们二人分开，说不定整天待在一起会打，分开反而会很思念对方。再说，父母年龄大了，身体可能不如以前，这就需要得到对方的照顾，这时候他们才会意识到还是老伴好，就像电视剧《激情燃烧的岁月》里面的石光荣、褚琴夫妇，打了一辈子，到最后过得也很幸福。希望你的父母也能度过美好的晚年生活，也希望你工作顺利、事业有成！

（山东警察学院　王成义）

95.与父母的关系不够融洽

老师您好！我想咨询一下，为什么我不愿与母亲交流？我在家里排行老二，上面有个姐姐，下面有个弟弟，我母亲因受生活的压力，脾气不太好，对我们从小要求特别严格，我小时候胆子小，从不敢做违背父母命令的事，成绩也一般，最后考上了警校，也如父母所愿当了名警察，工作、生活也很顺利。可我苦恼的是，我与同事相处得不是很好，遇事不知如何处理；更不愿与父母单独相处。我知道我的心理可能有些问题，您能帮助我吗？谢谢！

▶ 专家答疑

你好！感谢你对我们的信任。首先说一下你留言最后所关心的“心理问题”。就留言中所描述的情况初步判断，你不存在心理问题，对此不要有太多的顾虑。你正在经历的是一种心理困扰，许多人都正在或都曾经经历过，这是一种人际交往（沟通）方面的问题。你的情况归纳来说有两个方面：一是不愿与母亲交流，二是与同事相处得不是很好。个体的成长经历影响着其成年后与人交往的方式和手段，通过你的描述可以大体知道，你从小受到父母的严格管教，尤其受到相对强势的母亲的管教，使你从小就不能或是不敢与父母进行正常的交往，在与父母的交往过程中，你一直处于被动，一直是弱势的，这种童年时期的经历也容易造成你胆子小、相对内向的人格，这种内向的人格也影响了你与同事的交往，使你感到苦恼。按照心理学的有关理论，人际交往能力是一种后天习得的行为习惯，是可以通过不断学习进行改进的。既然我们先天（童年期）不曾有很好的人际交往（沟通）训练，后天（现在和将来）补上这一课即可，不必给自己施加压力，徒增烦恼。这种行为习惯的习得和你考取山东警察学院的过程是一样的：找本教材，不断做习题（练习）。在此推荐你看一看戴尔·卡耐基的书《人性的弱点》和《沟通的艺术》等。在看书的过程中，要注意学以致用，可以不断地在生活和工作中进行练习，从中不断总结经验，勇敢而真诚地和父母进行交流，用心而热心地和同事进行交往，碰到困难时告诉自己要接受困难，有困难才会有进步，从而一步一步地走向成功。

以上只能就你所留言的内容提供粗浅的建议，如果需要进一步交流的话，可以拨打山东省公安厅近期将要开通的民警心理服务热线，具体请留意我们网站的相关公告。

（山东警察学院　程亮）

96.如何帮助父亲从欠债的打击中恢复过来

心理专家您好！我是一名民警，有件事困惑我很久了，想寻求您的帮助。大概在去年1月份，我弟弟做生意赔了近200万元，其中包括一部分高利贷，到现在还有100万元没还上。为此，我父亲陷入痛苦之中快两年了，我天天劝，一直没有多大的效果。这两年来，我父亲每天吃不下，睡不着，说想死死不了，想活活不成，整天卧在沙发上不想动，压力很大。最近看起来我父亲全身无力，反应都有点迟钝了。请问专家，在我弟弟还不上钱的情况下，我应该如何帮助父亲从痛苦中解脱出来？谢谢！

专家答疑

你好！人生旅途中难免会遇到各种各样的挫折和压力，而你和你的家人遇到的这个问题的确可以算是非常棘手的一件事情。弟弟自顾不暇，老人陷于痛苦之中，在这种时候，更需要你做更多的工作来承担起大家庭的责任，缓解老人的压力和痛苦。你的留言体现了你对亲人的关心和责任。

在此，首先把心理咨询师判断严重心理问题的标准给你看一下。所谓“严重心理问题”是由相对强烈的现实因素激发，初始情绪反应剧烈，持续时间长久，内容充分泛化的心理不健康状态，其必须满足如下条件：①引起严重心理问题的原因是较为强烈的、对个体威胁较大的现实刺激。由不同原因引起的心理障碍，求助者会分别体验到不同的痛苦情绪，如悔恨、冤屈、失落、恼怒、悲哀等。②从产生痛苦情绪开始，痛苦情绪间断或不间断地持续，持续时间在两个月以上，半年以下。③遭受的刺激强度越大，反应越强烈。多数情况下，受刺激者会短暂地失去理性控制，在后来的持续时间里，痛苦可逐渐减弱，但单纯依靠“自然发展”或“非专业性干预”难以解脱，对生活、工作和社会交往会有一定程度的影响。④痛苦情绪不但能被最初的刺激所引起，而且与最初的刺激类似，相关联的也可以引起此类痛苦，即反应对象被泛化。如果像你在留言中所描述的那样，老人已经有两年的时间吃不下、睡不着，全身无力，反应迟钝，其实可以判断他已经产生了严重心理问题。

那么，老人具体属于哪一种心理问题呢？在此可以对照一下抑郁症的症状：抑郁症又称“抑郁障碍”，以显著而持久的心境低落为主要临床特征，是心境障碍的主要类型之一。临床上可见患者心境低落，与其处境不相称，情绪的消沉可以从闷闷不乐到悲痛欲绝、自卑抑郁，甚至悲观厌世，可有自杀企图或行为，甚至发生木僵；部分病例有明显的焦虑和运动性激越；严重者可出现幻觉、妄想等精神病性症状，每次发作持续至少两周以上，长者甚或数年，多数病例有反复发作的倾向，每次发作大多数情况下可以缓解，部分可有残留症状或转为慢性。总之，抑郁症的主要表现是心情低落、思维迟缓和行为抑制，而抑郁症发生的机制通常是“突然事件引发—进入抑郁状态—抑郁状态持续—心理受创严重—影响身体—影响大脑激素分泌—抑郁症”。你父亲现在的情况应该是有严重心理问题，存在抑郁状态。当然，上述判断只能作为参考，最好去专门的医院做一下专业的诊疗。

如果老人不太容易接受心理治疗或者心理咨询，你也可以先试着自己做一些努力，帮助老人先行缓解，但如果家人的帮助不奏效的话，还是建议由专业的心理工作者介入。毕竟，老人长期在高度的心理压力或抑郁状态下，如果缺乏良好的应对方式，极易引发身心疾病，一旦身体生病就更是雪上加霜了。下面，将从压力应对和抑郁缓解两个方面来提供一些建议。

一是压力应对。在心理学中，我们把控制或改变压力情境，缓解由压力引起的情绪反应的认知活动和行为称为“应对”。作为一种中介因素，应对方式是指在应对过程中，继认知评价之后所表现出来的具体的应对活动，其影响着压力反应的性质与强度，并进而调节着压力同身心健康的关系。

有证据表明，面对压力，不同类型的人会选择不同的应对策略。有人把应对策略分为主动认知、主动行为和回避性应付三种模式。主动认知表现为从有利的方面看待压力、回忆和吸取过去的经验、考虑多种变通方式等；主动行为表现为不等待而采取积极行动，做有益于事态发展的事情，主动参与，积极采取行动，解除压力源，从失败中吸取教训，把挫折看作是锻炼的好机会，从中获取机会，仔细分析问题，考虑解决方案，制定行动计划并执行计划，注重行动，努力改变现状；回避性应付表现为封闭情感、自我忍受等。你父亲采用的是封闭情感、自我忍受的回避性应付模式。显然，回避忍耐是一种比较消极的应对方式，不能从根本上解除过度的压力。在这种情况下，应该转为主动行为或你帮助他进行主动认知。尽管语言在解决实际问题上有时苍白无力，可也得经常劝慰老人，比如“凡事要想开”，“人活一辈子，谁还能不遇到困难和挫折呢”，“只要人好好的，留得青山在，不怕没柴烧”，“弟弟这件事对他来说也是个深刻的教训，只要以后吸取教训，就还能好起来”，“老人自我开解，才能让子女更放心”。事情的确糟糕，但并不是糟糕透顶，一味地从伤害的角度看待问题，只能在痛苦的漩涡中越陷越深。

应对还可分为情感定向应对和问题定向应对。情感定向应对与我们内在的防御机制有关，以负性情感体验和情绪表现为特征，表现为个体试图控制和减弱压力源带来的负性情感，如伤心痛哭、愤怒攻击、受挫感和恐惧等；在问题定向应对中，个体试图去处理引起压力的事件本身，分析问题、思考问题并解决问题，最后制定出具体的行动与努力计划，尽可能直接地解决问题。对此，你要做两方面的工作：首先要积极地去解决问题，我不知道这件事背后有多复杂，如果能放在法律或阳光下来谈的话，诸如高利贷的利息有多高，是否有合法凭证，是否受法律保护，你弟弟是否有人身被伤害的可能等问题，你是警察，相关的情况能考虑得一定比普通人更多，能不能通过法律途径解决问题，或解决部分能解决的问题？能不能在保护好自己和家人的前提下，尽可能地减少这件事对正常生活的冲击？只要有可能，还是要去解决问题，减少伤害。如果想尽办法事情还是无法得到解决，那就以缓解情绪情感的冲击为主，带着问题、带着伤痛也要去努力生活好每一天，活在当下。

二是缓解抑郁。简单介绍几种帮助老人缓解抑郁的方法如下：

(1)及时、合理地宣泄负性情绪。当感到超强的心理压力和出现诸如悲伤、愤怒、焦急等负性情绪时，要敢于面对，并且能够在朋友或亲人面前诉说，或者通过一定的方式排解，进行合理的宣泄，把内在的负性情绪外化，把压力释放出来。

(2)老人卧在沙发上不想动，这种反应迟钝的状态有些抑郁症的倾向。抑郁症是一种常见的心理疾病，自我调养对尽早康复是至关重要的。可以让老人做自己最感兴趣的事，从最感兴趣的事入手；或者有计划地做些能够获得快乐和自信的活动，生活要有规律；坚持体育锻炼、广交良友也有帮助，这样可以避免和医治孤独和离异感，减轻抑郁症状。你也应该尽可能多抽出些时间去陪陪老人，和老人说话、散步，一起做饭、吃饭，并鼓励老人做些力所能及的家务，走出家门从事适当的体育锻炼，和老友们常常聚在一起开展老年活动。和老人说话时要选择老人喜爱的话题，如家乡、亲人、年轻时的事、感兴趣的电视节目等，避免提及老人不喜欢的话题。人都渴望自己被肯定，老人家就小朋友一样，喜欢被表扬、夸奖，所以你要真诚、慷慨地多赞美你父亲，表现出他所做的每一点都对家人、对这个家非常重要，他的健康和劳作对你们意义重大。

(3)生活方面，应多吃些富含维生素 B 和氨基酸的食物，如谷类、鱼类、绿色蔬菜、蛋类等。要注意避免服用巴比妥类、可的松、磺胺类药物。另外，时值冬天，对于抑郁状态的人来说，多晒太阳是非常必要以及必需的！休假的时候，可以带老人出去旅旅游，寄情山水可以暂时忘掉忧虑。总之，通过你的努力，尽量建立起正常的生活方式，通过正常的生活方式，先缓解外在压力，再缓解内在压力。合理的睡眠和娱乐是消除紧张、减轻压力、提高效率的有效方法。要积极参加各种有益于身心健康的活动，如欣赏音乐、练习书法、打球、散步等活动可以怡人心智、调和气血，有利于健康。

(4)可以做一些放松训练。放松是指身体或精神由紧张状态变为松弛状态的过程。放松训练是一种通过有机体的主动放松来增强对体内的自我控制能力的有效方法。许多临床与实验研究表明，通过放松身体，肌肉可以在极短的时间内促使身心得到完全的休息，减少压力，降低肌体唤醒水平，增强适应能力，从而达到预防和治疗心理疾病的目的。比较常用的放松方法有深度呼吸法、肌肉放松训练、静心放松、生物反馈、意象训练、听音乐等。无论采取哪一种自我放松的训练方法，最终目的都是使身心放松，减轻紧张感，使生理和心理活动趋于平衡。

(5)人生总有种种磨难，如果无法抗争，只能坦然接纳，怨天尤人解决不了任何问题，还会使我们迟迟走不出痛苦的泥沼。如果老人接受起来有困难，甚至可以从宗教的角度去进行宽慰。尽管你是一名警察，是共产主义信仰者和无神论者，但是对老人不必有这方面的苛求，可以建议他去稍微接触一下佛教、基督教的介绍性读物，从而学会面对、接纳，平复心情，缓解痛苦。但是一定要注意，不要让老人在这个过程中接触到一些"旁门左道"。

(6)对于弟弟，也要注意引导其从该事件中吸取教训，在教训中成长并振作起来，踏踏实实地去生活、去努力，承担起成年人的责任。如果弟弟能够有所转变，也可以借此劝慰老人。

总之，要用各种方法帮助老人暂时忘却这件事，进入正常生活，逐步减轻这件事对生活造成的不良影响。希望能够收到你的好消息。如果老人的状态还是没有好转，则还是建议让专业的心理咨询师介入治疗。

祝你和家人身体健康、工作顺利！

（山东警察学院　单冬）

自我成长篇

97.无趣的迷惘

专家老师您好！我工作已经十多年了，但发现多少年来自己对工作或是对周围的人老是没有兴趣，没有好感，不管什么事儿，我都经常往不好的方面想，所以心情就总是不好。看看别人也是一样地干工作、过日子，可为什么就我不快乐呢？而且想想，我也没遇到过什么太大的事啊！

专家答疑

这位朋友，你好！

我看到你的留言时，竟禁不住笑了，你不会生气吧！之所以笑，其实是想感谢你提出了这么有代表性的问题。你一定知道“半瓶水”的故事吧：乐观主义者高兴地看到还有半瓶水，而悲观主义者则伤心地发现只有半瓶水了。这么看，你应该算是位悲观主义者了吧！

其实你的问题很普遍，但危害较大，在此建议你用以下方法逐步清除自己的消极思想：

(1)开关法。想象一下，在我们的思维中存在一个能够打开积极思想的“开关”，当我们遇到挫折或问题并开始因为一些事情而感到难受时，我们就应当提醒自己，是打开这个“开关”的时候了。

(2)建设性行为法。我们自己必须坚信，当“开关”打开后，积极的思想便会在头脑中流动。当然，有些时候，我们不得不耐心并且格外专心地去觉察这一点。在等待的时候，我们依然可以做一些建设性的身体活动，将我们的注意力从问题本身转移开来。

(3)改变思想视频法。当目前的情形不断制造消极思想的时候，我们可以想象自己正在观看“录像带”。一旦我们对特定的场景感到不适，我们可以通过重新“刻录”来替代先前的场面，还是同样的角色，但剧情却完全不同，其将更加令人愉悦，然后我们就可以获得成功的效果。

(4)炮弹法。假想你将消极的思想作为“炮弹”装进大炮里，然后开火将“炮弹”发射出去，落到海面上。想象这样的画面：你的问题“炮弹”落到海面上，然后沉到海底，再也看不见。如果问题在将来的某个时候再次出现的话，你就再次将其发射出去，直到问题彻底消失并永不出现为止。

(5)反向思维法。方法是使用一个截然相反的积极思想与任何的消极思想对抗，从而使消极思想无效。当头脑中想着“我完全不知道该怎样解决眼下的情形”时，我们要告诉自己相反的意思：“我能想到一大堆解决问题的好办法。”即便我们不得不面对现实，我们也还是能够选择引导自己的思想朝积极的方向去想。哪怕只是用几分钟将思想集中在新的积极想法上，也能够帮助我们赶走消极思想。

(6)肯定法。肯定法在将消极思想转化为积极思想方面非常有效。消极思想与积极思想的关系就像胶卷底片和阳光：当胶卷底片暴露在阳光下时，它们就会全部被毁，再也无法冲洗出照片。消极思想和肯定法的关系也是如此。我们可以为自己创造一个简单而有力的肯定断言，如“如果我想我能做到，我就一定能”，“不论事情如何，一切由我决定”，“问题总有解决的办法”。在我们做出匆忙的决定或者采取草率的行动之前，消除消极思想或者摆脱情绪化状态是非常重要的。我们应当对结果报以积极的期望，因为积极的预言也有自我实现的趋势。我们怎样想，事情往往就会怎样发生。因此，积极的思想将引领我们面对积极的任务。

如果你习惯了用以上的积极方法去思考，就一定会发现自己渐渐地变成一个快乐的警察了。而且，你的这种快乐还会播散到你的生活和工作中去，让周围的人和你一起快乐！祝福你！

（山东警察学院　丁文俊）

98.感觉心好累

老师您好！我最近发现自己心里好累，心里总是只想着照顾身边人的感受，尤其是妻子、父母、很好的朋友，总觉着他们高兴了，自己也就高兴了，而往往照顾好这边的感受就照顾不好那边的感受，而且弄得自己心理和身体都很疲惫。我是不是有些追求完美的强迫症啊？能有什么办法缓解？请老师解答，谢谢！

专家答疑

你好！从你留言的内容看，你是一位温顺、谦和、非常有责任心的人，而不是一位追求完美的强迫症患者。但你可能需要调节一下自己的心态，增强自己的心理承受力。

所谓“完美主义者”，往往是指一些追求绝对完美境界的人。在完美主义者的心中都会有一个不灭的目标，即凡事总要追求“十全十美”或者是非常精确的“完美状态”。正是由于这个意念萦绕在心头，促使他们一生都在奋斗不息。在日常生活中，他们会非常仔细地注意事情的细枝末节，甚至达到吹毛求疵的地步；面对那些随随便便的人，他们往往会感到非常厌恶，并且暗自批评那些人对自己的生活太不负责；完美主义者常对自己感到不满，经常挑剔自己所做的任何事情，甚至经常会因顾及别人的需求而放弃自己的需求和机会。由于完美主义者最大的特点是追求完美，而这种欲望通常又是建立在认为事事都不满意、不完美的基础之上的，因此完美主义者极易陷入深深的心理冲突和矛盾之中。

强迫症则是一种以强迫症状为主的神经症，其特点为有意识的自我强迫和反强迫并存，两者强烈冲突，使患者感到焦虑和痛苦。强迫症患者对强迫症状通常有一定的自知力，知道这类思维或行为是不合理的或不必要的，但他们试图控制又未能成功，多以强迫观念、强迫意向和强迫动作为主要临床表现。从你的留言看，你并不具备前述特征或症状。

你的“心累”可能源于你所面对的生活压力。应当看到，在成家立业后，责任、稳重、成熟已成为这个时期的主题，责任、亲情和友情此时也显得更为重要，每一个人都在为此而劳累奔波。在力不从心时，要学会承受，增强心理承受力，有些琐事细节需要无声无息地忘记，尽管经过一次就会增长一次智慧；有些苦痛和烦恼需要默默地去承受，尽管历练一次也会丰富一次阅历。

朋友，聪明的人总是在操劳忙碌时寻找好心情，成功的人总是保持一份好心情，幸福的人总是享受自己的好心情。最后祝你开心快乐，时刻保持和享受好心情！

（山东警察学院　丁文俊　王林松）

99.斜眼看人是一种什么心理

老师您好！我想问下，一个人在看人的时候眼睛先朝下然后再斜眼瞟旁人，这表明这个人是一种什么样的心理状态？或是说明有什么别的问题？

▶ 专家答疑

这位朋友，你好！由于近期忙于许多事务，答复得过于迟缓了，敬请你原谅。

我们通常称眼睛为心灵的窗口，而眼神可以称为窗口的“核心灵魂”。著名戏曲表演大师盖叫天先生在他的《粉墨春秋》一书中曾把人的眼神分为七类，即看、见、瞧、观、瞟、飘、眇。

第一种是“看”，比如你正坐着说话，听说某人来了，不知在哪里，急忙站起来看一看，这就是“看”的眼神。

第二种是“见”，比如某人你从未见过，别人给你引见，二人对面见过，正是此人，于是你对他一点头，这就是“见”的眼神。

第三种是“瞧”，“瞧”带点打量、观察的意思，比如说某人的人品如何如何，两眼把他上下一打量，这就是“瞧”的眼神。

第四种是“观”，“观”是眼望远处，所谓“远观近瞧”。观的时候，头却略微昂起那么一点，又像远处有什么东西给遮着，挡住了视线似的。

第五种是“瞟”，“瞟”是把眼珠转向一边，定住了从眼梢看出去。

第六种是“飘”，“飘”是偷着看一眼的动作，所谓“飘你一眼”，即心里想看又不便正看，于是脸朝着别的方向，两个眼珠由下向上在眼眶里打一个圆圈，假装没有看见，可是在转动眼珠时已经看见了。

第七种是“眇”，“眇”有那么点似看不看的意味，比“飘”更轻飘、滑溜，只是用眼睛像阵风似的向别人扫一下。

你说的这种“斜眼看人”的眼神看来基本可归为后三类中的某一种。

在与人沟通时，眼神的行为表现在一定程度上可以反映出人内心的情感与态度。按照“影响行为学”划分的标准，人的眼神共分为三种：眼神不足、眼神恰当、眼神过多。

眼神不足的意思很明显，即你应该看的人你不看，你应该用眼神交流时你不交流，你应该认真瞧时你不认真瞧，这叫“目中无人”或“若无其事”。另外，有交流阻碍甚至患有自闭障碍或社交焦虑症的人会觉得自己在与他人有目光接触时会特别不安，因而出现眼神不足的现象。

眼神恰当是指合理的眼神运作，配合合理的情景和对象。

眼神过多是指不应该看的你去看，不应该瞧的你去瞧，过度使用眼神代替语言等沟通方式，造成的结果一般是“令人反感，产生误会”。

在管理沟通中，我们提倡适度的眼神行为，这一方面可以让沟通的对方确认这样一个信息，即你是重视和尊重他的，你很在乎这件事；另一方面可以在和谐的沟通氛围中与对方形成互动。当然，对于相处较久的人来说，可能用个性化的眼神就可以达成互动与默契，但对于不太熟悉的或陌生的人来说，过度用眼神就不太适合，否则会造成误解和误会，有时还不如直接用语言或其他非语言的方式进行沟通。

两人对话时，用眼神看对方要遵循“三角法则”，具体分为以下三种：

(1)“大三角”：双方处于公众距离，而且不太熟悉或是陌生时，可以用眼虚视对方的头与两肩三点，形成一个虚拟的对视大三角空间，既让对方感觉你在对视他，又不太感觉到不自然，特别是在异性之间。

(2)“小三角”：双方关系一般，相距 1 米左右的距离时，可以采用这种眼神对视的方式进行沟通：把对方的前额两端看成两点，再加下巴处一个点，形成一个虚拟的三角对视空间，同样可以起到前面所说的作用。

(3)“金三角”：双方关系熟悉，沟通距离比较近甚至面对面的时候，沟通的一方可以把对方的双眼看成两点，鼻子看成一点，三点成线，这个小三角虚拟空间就成了双方对视的区域。当然，别忘了要适当地进行眼神的直接对视，特别是强调谈话内容或进一步确认对方态度的时候。

另外，眼神应该配合我们对话沟通的内容，随情境有所调整，也要与我们的动作、行为和面部表情同步化，做到手到、眼到、心到，面部表情自然，并流露出自信、自然、精神、坦诚的眼神，达到最佳的沟通效果。

正因为眼睛是心灵的窗户，所以在日常的警务工作中，在所有与人交往的过程中，在注意自己的眼神表达的同时，还应当注意观察工作对象的眼神。尤其是在讯问犯罪嫌疑人时，更要认真捕捉其眼神、动作等无声的信息，以帮助分析和判断其心理特点及变化趋势。在向嫌疑人传递关键信息时，还要让其“看着我的眼睛!”这是因为，心理学家经实验得出了这样的结论：观察别人时，自己的思维速度会受到一定的影响。同样一群普通的孩子，同样问两个相同的问题，甲组是避免眼神接触的孩子，他们虽然不与提问者发生眼神交流，却在考虑他们的答案；乙组的孩子与提问者保持高频率的目光接触，得到的结果是甲组的孩子回答正确率要高。研究者据此认为，观察人的面部表情需要经过大量的心理过程，从而降低了认知手头上的工作。另外，眼神茫然显然表明缺乏理解。

观察人的眼神时，可从以下眼神的构成要素进行综合判断：

(1)眼球转动方向，如平视、斜视、仰视、俯视、白眼等。

(2)眼皮与瞳孔开合大小，如大开眼皮、大开瞳孔表示开心、欢畅、惊愕，大开眼皮、小开瞳孔表示愤怒、仇恨，小开眼皮、大开瞳孔表示欣赏、快乐、色眯，小开眼皮、小开瞳孔表示算计、狡诈。

(3)眼睛眨动速度的快慢，如眨动速度快表示不解、调皮、幼稚、活力、新奇，眨动速度慢表示深沉、老练、稳当、可信。

(4)目光集中程度，如目光集中表示认真、动脑思考，目光分散表示漠然、木讷，目光游移不定表示心不在焉。

（5）目光持续长短，如目光持续长表示深情、喜欢、欣赏、重视、疑惑，目光持续短表示轻视、讨厌、害怕、撒娇。

最后，建议你看看《身态语言》《洞察心理高手》《读心术》等书籍和美剧《别对我说谎》，把从中学到的知识应用到人际交往和工作中去。但在学习中要注意中外文化的差异。例如，在东亚和尼日利亚等地的文化中，不直接对视占主导地位的人，这是最起码的尊重；但在西方文化中，这可以解释为“shifty-eyed”（又称“缩骨眼”），字面意思是躲躲闪闪、不可靠、不可信赖的眼睛。所以，在排除生理性斜视的前提下，你所提到的那种眼神如果不是在任何情况下都是如此，则还应考虑是不是与异性相处时的紧张感或自卑心理的体现。

（山东警察学院　丁文俊）

100.焦虑了怎么办

专家您好！我从警已经30年了，在多年的警务生涯中，我常常觉得力不从心，最近感到十分暴躁抑郁，去医院检查诊断为焦虑抑郁状态。请问我平时需要注意什么？怎样在心理上进行调适？

▶ 专家答疑

你好，在此先给你拜个晚年！

初二来值班时看到了你的留言，现在赶在你明天正常上班前来办公室加班答复，希望你能早些看到，并对你有一定的帮助。

在心理疾病中，抑郁就如同人们身患慢性肠胃或肝胆疾病一样常见且难缠。如果不能及时发现并早期治疗，它们就会逐渐加重，并会引发多种身体疾病，长期折磨我们。所以，对你现在的状况，首先表示同情和理解。同时，你能及时发现自己的问题并主动寻求帮助，这本身就说明你的问题尚在自己的掌控之中，对此应感到庆幸。

据不完全统计，目前全球约有3.4亿抑郁症患者，其中每年约有1000万以上的抑郁症患者有自杀企图，终生患病率约为6%。在世界卫生组织列出的全球十大疾病负担中，抑郁症名列第四。中国人群中，有13%～20%的人一生中有一次抑郁体验，每100个人中有3～5人患抑郁症，目前全国约有2600万抑郁症患者。

你去的是普通医院的门诊吗？你的留言给出的信息过少，我一时难以准确确定你现在的问题的性质和程度。如果医生的诊断正确的话，你现在似乎有些"双相抑郁症"的症状。如果真的如此，建议你应该充分重视并做好长期治疗，以求缓解和康复的思想准备。

双相抑郁症又称"躁狂抑郁症"，是一种能引起患者心情大起大落地变化的疾病。患者的心情可能会由极度亢奋突然转变为极度抑郁，即在心情的两极间波动。而在平时，患者又表现正常。

躁狂指的是人们感觉非常兴奋、自信，而这些兴奋、自信很快会变为混乱、易怒甚至狂躁。抑郁指的是人们感觉伤心、忧郁。大多数双相抑郁症患者处于抑郁期的时间比处于躁狂期的时间要长。所以，双相抑郁症常被错误地诊断为重度抑郁症（这两种疾病的用药是不同的）。

双相抑郁症患者的心情在两极间的变化并不遵循一定的模式，如在躁狂之后也不一定就会抑郁，也可能在出现躁狂症状之前经历了多次抑郁。患者心情的变化可能在几周、几个月甚至几年内完成。躁狂期患者的症状主要有过分亢奋，感觉充满希望，突然变得易怒、仇视，心情不平静，出现性欲冲动，制定宏大但不切实际的计划，做出辞职等错误评断，吸毒、酗酒，容易冲动。

有些患者也会出现幻听、幻视、错觉等症状，如有些患者会感觉自己拥有超人的力量等。双相抑郁症的症状与重度抑郁症类似，主要有伤心、乏力，有强烈的失望感甚至绝望，对事物兴趣索然，注意力无法集中，无法控制哭泣，易被激怒，嗜睡、失眠，食欲变化导致体重增加或降低，有死亡或自杀的想法，甚至试图自杀。

当处于轻度的躁狂状态时，人的思维敏捷性会比正常状态高一些，创造性会被极大地激发出来。例如，著名音乐家罗伯特·舒曼的创作高峰大多处在他轻度躁狂发作的时期。历史上很多著名的文学家和艺术家也都经历过类似的情绪困扰。但轻度的躁狂状态在双相情感障碍整个疾病的发生过程中维持的时间非常短暂，患者大部分时间会处于抑郁状态。不过，这毕竟是一种因脑功能失调引起的兼有躁狂和抑郁发作的疾病，会使患者的人际关系被破坏，工作效率低下，并影响家庭生活，还会引发各类社会问题，如酗酒、药物滥用、自杀等。同时，双相情感障碍与心脏病、糖尿病等其他疾病的共病率也非常高，可以说这是一种全身性疾病。

如果你有以上症状，建议去正规的精神卫生医院做一个全面的医学评估。如果真的诊断为此病，医生会给你开出处方，很可能要较长时间地服药。通过早期诊断和积极治疗，完全可以做到控制病情、减少复发，从而过上健康、正常的生活。

当然，你的问题可能没有如此严重。你说你已有30年的警龄了，如此看来，你和我年龄相仿，可能都是50岁左右。也许，你的“问题”是由以下原因导致的：

(1)长期感到在工作和生活中“力不从心”，导致着急甚至暴躁。

(2)在工作或生活中，近期可能有难以完成的任务，或有新的工作变动和要求。

(3)自己的目标与要求过高，总是对自己不满。

(4)环境中有令你不满的人和事，比如与领导和同事的关系出现问题。

(5)家庭矛盾难以彻底解决。

(6)处于更年期内(以前曾答复过一位与你的情况有些类似的民警朋友的问题，感觉那位民警朋友主要是“男性更年期”的表现)。

如有以上原因，你可以有针对性地就事论事。只要解决了以上问题，你的心理困扰也就减缓或迎刃而解了。同时，建议从以下几个方面展开预防：

(1)注意睡眠、饮食和运动。睡眠障碍是抑郁症的主要症状，你可以看看前面答复中推荐的自我催眠法，如无效，也可遵照医嘱服药。在饮食方面，要少食或禁食油炸类加工食品和甜食，少喝酒，尤其不要过量饮酒；茶和咖啡也尽量少喝。运动能较快地提高情绪，短时间地缓冲抑郁，所以越是不愿动时，越要“命令”自己动一动。

(2)调整个人的目标。可以反思一下自己多年来的工作和生活，给自己确定一个力所能及的目标。随着年龄的增长，我们在各个方面都会有“退化”的表现，会越来越感到“心有余而力不足”。所以，该到了面对现实、调整目标的时候了！

(3)寻找和发现欢乐。要在工作中发现付出之美和成就之美，至少要在业余时间做点自己喜欢的事情。无论工作怎么忙，也必须经常找时间放松自己，做些能让自己高兴的事情。

(4)找可靠的朋友倾诉。一个快乐与朋友分享，会变成两个快乐；一个痛苦与朋友分享，会变成半个痛苦。当然，一定要找可靠和明智的朋友，否则会给自己带来新的压力。

(5)密切观察病情变化。抑郁症是精神疾病中的“第一杀手”，要做好与其长期斗争的思想准备。可以把它当作自己的敌人，从战胜它的过程中找到成就感和超越感。

最后，祝愿你在新的一年里能控制或战胜可能出现或已经出现的症状，成就新的自我！

（山东警察学院　丁文俊）

101.常发脾气怎么办

和其他人一样，不知话从何说起。先说生活吧，我和对象结婚4年多了，现在有一个漂亮可爱的3岁多的女儿。在最近两年的生活中，我觉得自己的脾气越来越暴躁了，每次因为妻子的小小失误或不周全的办事经过就会牢骚满腹（我了解自己，我是那种比较固执、生闷气的人），对象每次都说我不会体谅，根本就不爱她，还说我们的婚姻不像80后的婚姻，没有活力。有时，我也承认自己说话有些过分，可是每次忙完工作回到家，看到那么多没有做的家务，我就认为是对象对家庭的漠视，认为她对家务不关心，认为她不主内，可能也和她从小的生活环境有关系——她从小家庭条件相对优越，而我是刚出来的普通农村孩子，我看过一些心理学的书，曾尝试疏导自己对事情的态度，但都没有作用，在这里我就想咨询一下，我究竟怎样才能改变我对这个家庭的看法，怎样避免乱发脾气？

补充一点：在工作中，我是一名普通的治安警，有时常因为自己科室内一名民警不负责任的态度和中队长"老好人"袒护的思想而生气，因为很多不属于自己职责范围内的工作都要被安排到我的身上，加班加点地去完成，而他们却帮不上一点忙，有时人家都吃饭去了，自己还一个人在办公室工作。期间，领导也多次要求我加强对不负责任的民警的教育，尽量改掉他的一些坏习惯，提高其工作能力，但一直于事无补、收效甚微。

▶ 专家答疑

这位朋友，你好！很高兴你在自己年轻的时候就意识到了这个问题，并试图进行自我调整和改进。

暴躁是一种既害人又害己的情绪，因为人在暴躁时会陷入失去理智的状态，变得不冷静、不清醒，难以自控，甚至会干出难以挽回的蠢事。所以脾气暴躁、经常发火不仅是诱发心脏病的致病因素，而且会增加患其他疾病的可能性；同时，这种不良情绪也会影响家人、朋友以及同事之间的关系，从而影响自己的家庭和工作前途。美国的一项研究显示，如果脾气暴躁经常达到无法自控的程度，就可能患上名为“间歇性暴怒症”的心理疾病，必须通过抗抑郁药加上行为治疗才能改变。所以，在症状轻微时自我矫正的确是件好事！

在明确了上面的观点之后，我们应当找到易怒的原因，一般来说有以下几种：

(1)心理因素，如心胸不够宽广、期望太高、心态失衡、思维极端、容易冲动等。

(2)生理因素，如血液中调节情绪、控制行为的有关物质不足等，这与先天的遗传以及后天的饮食习惯等有关。

(3)环境因素，如工作氛围、气候、噪声等。

了解了以上原因，我们再来总结几个防止和控制暴躁情绪的方法：

一是要善做“理智达人”，防止“炸弹爆炸”。暴躁情绪分为急性和慢性两种。慢性的暴躁情绪往往是由生活中许多不如意的事情造成的。造成暴躁情绪的原因也许不能一下子消除，但长期陷在暴躁情绪之中并不能改变现状，反而会使情况变得更坏。如果我们能够调整自己，使自己摆脱消极情绪的控制，就有力量面对不如意的现实。当感到自己情绪消沉或者沮丧的时候，可以用转移注意力的方法去改变它，比如出去散散步、听听音乐、打打球，也可以向知心的朋友诉说一下。

但是，改变慢性暴躁情绪的根本还在于改变自己的认知。比如，你说你对妻子生气的主要原因是“认为她对家务不关心，认为她不主内”，而对同事生气则是“很多不属于自己职责范围内的工作都要被安排到你身上”。我们可以试着自己反思一下，这两种观点能“绝对化”吗？是否“应当”和“必须”“女主内”呢？你妻子是否也有像你一样多甚至更多的工作负担呢？工作中能者多劳的现象是否普遍存在？虽然不能说“多劳”之“能者”必须或必然会很快被提拔，但至少也是“重用”的表现吧！哪个领导不喜欢用“好用”的能力强的人呢。你看过一些心理学的书，可能也明白，对某件事或某个人，只有你的认识改变了，情绪、行为和结果才会随之改变。所以如果能在理性分析的基础上，从正面分析，从积极的角度设想，可能会豁然开朗，理智地学会自控，并走向自我提升和成熟。

二是要控制愤怒式冲动，保持情绪的“湿度”。因受到外界刺激而冲动发火，做出种种不理智的行为，可以说是一种急性的坏情绪。对付这种坏情绪的常用方法就是，及时给予自己暗示和警告。如当你感到怒气正在上升时，在心里对自己说“克制，再克制”，或者默默地从 1 数到 10，或者在你想发脾气的时候倒一杯开水，一直盯着杯子，等到水变温，再一口一口慢慢地喝掉，相信喝完之后你就没那么想发脾气了，这个方法很有效。有时，还可用情境转移法：火气上来的时候，迅速离开使你发怒的场合，最好再能和谈得来的朋友一起听听音乐、散散步，你会渐渐地平静下来。

三是应停止外向报怨，并提出改进建议。一般来说，我们的不满会基于对别人的抱怨。而心理学理论和人生经验都表明，几乎所有的“失败者”的共同特征之一就是外向归因式的抱怨，即遇事不是从自己身上找原因，比如自己对家庭的贡献是否很大，自己与别人的交流方法是否正确等，而是一味地指责和埋怨别人。埋怨的结果往往是于事无补，甚至还会使不良情绪扩大和弥漫，导致互相埋怨式的恶性循环。所以，不要企图改变别人，自己才是自己最大的敌人。既然自己“是那种比较固执、生闷气的人”，而妻子“从小家庭条件相对优越”，领导“也多次要求我加强对不负责任的民警的教育”，那不如反过来想想：妻子可能婚前做家务更少，或者她根本就不认为应当“女主内”，婚后能和你同甘共苦、一起持家，本身不就是爱你爱家的表现吗？在工作中，多干活儿难道不是被信任的表现和多锻炼的过程吗？如果没人愿意用自己了，倒是应该警惕自己是不是快“废”了。同时，人的能力的提高是有个过程的，也许你的同事不只是工作态度的问题，而是的确能力有限，相信领导会记住你的付出和成绩的！这样一想，是否反而会有一种对妻子和同事的理解、感恩之心呢？

而且，即使是对方有错，所谓“提高修养”“有涵养”，无非就是培养宽阔的胸怀、良好的心态、正确的思维方法和提高理性控制的能力。对人要宽容大度，将心比心，不斤斤计较。当遇到不平之事时，也应该心平气和，冷静地、不抱成见地让对方明白他的言行之错误，而不应该迅速地做出不恰当的回击，从而剥夺了对方承认错误和改进方法的机会。所以，和妻子、同事一起想出点具体的改进措施并共同努力，相信事情会慢慢变得好起来的。

四是要重视责任，发展兴趣。不管是家庭还是工作，能力强的人的共同特征是主动地尽责任、找乐趣。如果有这种责任心的驱使，对自己本来不感兴趣的人和事，甚至哪怕你开始时“假装兴趣”，时间长了也会真的发现其中的乐趣，提高处世的能力，加深与相关人员的感情，不信可以试试看。你妻子曾认为你们的婚姻“不像80后的婚姻，没有活力”。回到家后，夫妻二人可以高高兴兴地一起洗衣、做饭，做家务的过程反而会因此增添不少生活乐趣吧！也可以把帮助同事提高的过程当作自我性格或工作方法改进的过程，也会乐在其中的。

五是要处理人际关系，润滑交往过程。容易发怒的人一般都比较自卑，内心对自己有许多不满，而且总是有意无意地避免、克制这些情绪的显露。应该说，这才是他们身上潜藏着的“炸弹”，一经外部的“引燃”就会“爆炸”。事实上，这类人是很痛苦的，因为被人触到了软肋，同时也由于自己难以自控，结果自然是很尴尬。其实，每个人都有自己的优点和缺点，所以对人对己都不能求全责备。要用包容的心态、微笑的面庞和风趣幽默的语言对待过去让你生气的人和事，你会发现，对方的态度可能也会变得和气愉悦了。

以后再想发火时，先告诉自己，发脾气只会使事情变得更糟；再学着换位思考，站在对方的角度去看问题，看自己能否理解对方的心情；最后再倾听对方的解释和抱怨，分析对方这样做、这样想的理由是什么。一般来说，如果你耐心地倾听对方的讲话，对方就会听你解释。不要试图压倒对方，而是应该与对方达成共识，双赢的结果才是最好的。

形象地说，人在暴躁时会释放一种“毒气”，进而损伤自己的身体。在现实生活中，常听有人说：“我过去经常发火，自从得了心脏病我才认识到，任何事情都不值得大动肝火。”朋友，请不要等到患上心脏病才想到不该发火。要想身体健康、家庭和睦、工作顺利，必须克服爱发脾气的坏习惯，让我们从现在开始改变吧！

祝你快乐！

（山东警察学院　丁文俊）

102.得了抑郁症怎么办

尊敬的老师，您好！我有一个朋友，他不知怎么就得了抑郁症。以前看他总是笑呵呵的，好像没什么烦心事，可是现在他都住院了。他说他有压力，他是一个不喜欢跟别人说自己内心事情的人，什么事都自己憋着，每次下班回家他都自己一个人喝闷酒，把自己喝得烂醉。我很想帮助他，可是不知道怎样帮助他，听说得了抑郁症的人会想不开，他曾经跟我说过他想死。他现在住院，每天都要打吊瓶，这有用吗？他应该是心理有问题吧，打吊瓶能解决问题吗？希望您可以告诉我应该怎样帮助朋友才可以让他恢复健康，谢谢！也希望您能尽快回答我，让您费心了。

▶ 专家答疑

这位朋友，你好！为你对朋友负责的精神所感动，所以挤出时间答复如下：抑郁症是一种常见的精神疾病，主要表现为情绪低落，兴趣减低，悲观，思维迟缓，缺乏主动性，自责自罪，饮食、睡眠差，担心自己患有各种疾病，感到全身多处不适，严重者可出现自杀念头和行为。

抑郁症像是一朵寂静的乌云，无声无息地给生活蒙上了一层阴影，而我们还浑然不觉。据中国心理卫生协会的调查结果显示，90%的抑郁症患者都没有意识到自己患有抑郁症，更谈不上及时就医。而且，不仅抑郁症患者自己毫不知情，患者周围的亲人朋友也很难看出端倪，甚至还认为患者过得很好。由于抑郁症还会引发一些躯体性症状，所以有些患者会认为自己只是得了生理疾病，或因不愿承认自己的心理有问题而延误了治疗。

抑郁症的心理调节和治疗应注意以下几点：

第一，注意自我观察和测试。抑郁症的程度如果较轻，则只要稍加调整就能轻松赶走抑郁症的阴霾。抑郁症不是普遍意义上的心情不好，一个人情绪低落，但过两天就好了，这就不是抑郁症。

抑郁症一般有“三无”（无望、无助、无用）、“三自”（自责、自卑、自罚）和“三低”（情绪低落、言语减少和动作减少）的表现。具体来说，抑郁症有以下 9 项症状，只要以下这些症状至少存在 4 项，而且持续了 2 周还不能缓解，并且影响了平时的正常生活，就需要考虑是否患上了抑郁症，并及时找专科医生就诊咨询。

(1)兴趣丧失，没有愉快感。

(2)精力减退，常有无缘无故的疲乏感。

(3)反应变慢，或者情绪容易激动、亢奋，也容易被激怒。

(4)自我评价过低，时常自责或有内疚感，这也是导致患者自杀的主要原因。

(5)联想困难或自觉思考能力下降，对一些日常生活小事也难以决断。

(6)反复出现想死的念头或有自杀、自伤行为。

(7)出现睡眠障碍，如失眠、早醒或睡眠过多（据研究，80%的抑郁症患者具有睡眠障碍）。

(8)食欲缺乏或体重明显减轻。

(9)性欲减退。

除上述症状外，抑郁症还有一些“周边症状”。在亚洲，特别是中国和日本，大多数抑郁症患者主要不表现为情绪方面的症状，而是出现头痛、头晕、腹胀、心悸、身体疼痛等躯体症状。因此，一些查不出生理原因的躯体症状也应该考虑是否有抑郁症的可能，以免延误治疗。

第二，改变认知模式。抑郁症患者表现出来的无力感、绝望感甚至自杀的倾向，都源于抑郁症患者消极地看待自我、自己的经验以及自己的未来，而抑郁症心理治疗方法能够运用各种心理学疗法，如精神分析疗法、认知疗法、心灵重塑疗法、暗示疗法等，引导患者进行认知的改变与心灵的重建，化解不良认知使他们产生的悲观与失望情绪，唤起患者对自己积极的信念，这个过程是个在心理咨询师的带领下，由患者对自身的心灵进行探索的旅程，是任何药物都代替不了的。

第三，主动寻求专业人士的帮助。自我调节只能起到预防并缓解轻度抑郁的作用，当抑郁症状已无法通过自己的努力得到解决时，应正视自己的问题，坦诚、主动地向专业人士寻求帮助。

目前，国内大部分人还是难以克服对心理医生的抵触情绪，总认为只有精神有问题的人才需要看心理医生，心情不好根本不需要什么治疗，过段时间自然就会好的。正是这种误解将很多患者与专业治疗之间的距离越拉越远，耽误了治疗的最佳时机。在中国，仅有5%的抑郁症患者接受过专业治疗，大量抑郁症患者因为没有进行及时的诊治，致使病情恶化，甚至导致产生自杀等严重后果。

对于抑郁症患者来说，抗抑郁药物和专业的心理治疗都是有力的治疗手段。抗抑郁药物可以相对迅速地减轻抑郁症状，提升生理上的兴奋水平；而心理治疗则能从精神上排解患者的抑郁情绪，纠正患者的消极想法，教会患者如何积极主动地与抑郁症做斗争。对于中度以上的抑郁症，一般以药物治疗为主，但并不是每位抑郁症患者服用的药物都是一样的，医生会根据患者的实际状况来选择药物和制定剂量。

抑郁症是完全可以通过治疗得到控制的。病从浅中医，这个简单的道理也同样适用于抑郁症。当发现自己日渐消沉时，不要放任自己在抑郁的情绪里深陷，也不要恐慌，要勇敢地去面对，并及早采取正确的应对措施，就能早日找回积极快乐的自己！

很多抑郁患者中途就停止治疗，因为这些患者觉得什么都没有希望。他们通常有强烈的无助、失落和沮丧的感觉。家人与抑郁症患者很好地相处，并积极帮助抑郁症患者寻求诊治的途径，对抑郁症患者早日恢复健康非常重要。以下是同抑郁症患者很好相处的要点：

一是没有是非之争。“事事不称心”是抑郁症患者的特征。当抑郁症患者对家人的言行不如意，家人认为抑郁症患者不通人情的时候，家人应该意识到没有必要与患者明辨是非、讲个究竟。因为患者对于外界负面的认知决定了他们的情绪、态度和反应。抑郁症患者眼中的世界是灰暗的，他们对周围一切的评价都是消极的，谈不上有客观的评价。因此，当患者和家人对某件事出现口角或争执时，家人没有必要与患者争个明白。

二是不能过高渴求。抑郁症患者过日子常常显得得过且过、浑浑噩噩，有的显得拖拉懒散，没有上进心，实际上这正是抑郁症的一些情绪行为的表现。家人虽然会有些看不惯，但要懂得理解，理解患者在抑郁的状态下就会表现得这么“浑浑噩噩”，这么“没有上进心”。对于抑郁症患者，应多给予理解和照顾而不必苛求他们，因为他们已经很无奈了。

三是淡化无名之火。经常发无名火是抑郁症患者的一个很普遍的特征。处在抑郁状态的人往往是“阴虚阳亢”，浑身不爽，当遇到一点不如意、不称心的事就会莫名其妙地大发雷霆，所发的脾气远远超过小事本身的内容。事后，抑郁症患者也会意识到发那么大的火其实没有必要，有内疚感，也知道需要克制，但就是不易做到。家人对待他们需要的是淡化，因为对抑郁症患者来说，家人似乎是他们发无名火最安全的发泄对象。

四是相互分享有益的信息。与抑郁症患者的相处要当心无意的“火上浇油”。在与他们的沟通交流中，要注意多分享一些有益和积极的信息，而不要去谈论一些不幸的消息和倒霉的事情，如自杀、受骗、上当、灾难、苦衷等，这些不良的信息对抑郁症患者都是恶性刺激，会使他们的情绪变得更加低落。

五是谦让加忍耐。与抑郁症患者相处，最难之处就是谦让和忍耐，因为这种谦让和忍耐包含委屈的成分，有时还有一点压力。抑郁往往是一个慢性的过程，走出抑郁需要耐心，而家人的关爱是抑郁症患者走出抑郁的支柱。

让我们一起努力，战胜抑郁症，再造幸福吧！

（山东警察学院　丁文俊）

103. 车祸后的忧郁

专家您好！2012 年 1 月 6 日，我妻子(48 岁)和女儿(18 岁)出了车祸，女儿脑出血，住院 1 个多月，妻子外伤住院 15 日。虽然她们现在都已痊愈出院，但妻子至今一直担心女儿留下后遗症，总是多疑，睡不安，请专家给予指导和心理干预。

▶ 专家答疑

你好！首先作为一位年龄与你妻子相仿、家中也有一个宝贝女儿的同行，对车祸事件带给你全家的打击表示深切的同情和慰问！

人有旦夕祸福,既然意外事件已经发生,我们也只能面对现实了。特别是作为家里的精神支柱的你,在这种时候必须得想得开、挺得住,帮着她们娘俩儿调节好啊！当然,从你所提的问题也可看出,你正在想方设法力图让事态向好的方向发展。为此,向你这位好家长表示敬意！

遭遇车祸,对你的妻子和女儿来说属于心理学上所谓的“创伤后压力心理障碍症”,又叫“创伤后应激综合征”“重大打击后遗症”等,是指人在遭遇或对抗重大压力(如车祸、地震、火灾等生命遭到威胁、严重物理性伤害、身体或心灵上的胁迫)后,其心理状态产生失调的症状,患者的主要临床表现有:

(1)紧张:患者忧惧、紧张、不安、神经过敏,易受惊吓和恐惧。

(2)过分专注于创伤:患者总在谈论事故经过,常常推测会发生更严重的伤害甚至死亡。

(3)夸大疼痛或躯体的不适。

(4)失眠及其引起的疲倦。

(5)患者不断在倒叙回忆或梦魇中重新体验伤害的打击,并存在与事故发生时相似的心理情感反应,于是加重了心理创伤。

(6)表现能力退步:患者不能进行正常的生活活动,如工作、学习、娱乐及创伤前所喜爱的种种活动。

(7)恐惧:“一朝被蛇咬,十年怕井绳”就是典型的写照,患者会回避创伤发生的环境与地点。

(8)个性改变:患者变得伤感、易发火、退缩、健忘、心烦意乱、自卑。

(9)爱发脾气:患者容易怒火冲天,动辄与人争吵,毫不掩饰内心的不满,丝毫不顾及他人的反应。

(10)沮丧:事故后一段时间内,患者会变得忧郁、沮丧,失去自信,悲痛、悲观、失望。

经历各种重大事件后的心理调整过程大体会按照下列方式发展:

(1)遇到灾害:人们在刚刚遭遇灾害之时的反应是大不相同的,有的人感到震惊、慌乱或责怪自己有什么地方做得不对,也有的人感到怨恨、愤怒和情绪冲动,但最终还是会接受这一既成事实的。

(2)试图理解:当人遭遇灾难后,往往要通过咨询等手段了解与此灾难有关的信息,以帮助实现心理的平衡并默认这一事实,逐步走向积极的心理调整过程。

(3)被动调节:有的人在灾难后会一味地悲痛不止,他们往往乐于在相当长的一段时间里不停地倒叙当时的险境和自己无能为力的懊悔,反复回顾血淋淋的细节。这种强烈的焦虑往往会持续 3 周至 3 个月，如果在更长的时间内始终不能摆脱，就可以确诊为创伤后紧张综合征。

(4)主动参与：人们渐渐抛弃消极悲观的念头，迅速调整心态，助人且自助。

一般来说，重大事故给受害者留下的心理创伤的大小与每个人的经历、心理承受能力和调节能力有关，但都无法在短期内彻底消除，恢复期可能要 3 个月左右，有的甚至伴随终生。一遇刺激，就会紧张复发。所以，你妻子在车祸后不足 3 个月之内的担心、紧张和失眠等都是相对正常的表现。

当然，尽最大努力尽快地主动调节好你妻女的身心也是很有必要的。从你的留言可以看出，你妻子最担心的是"女儿留下后遗症"。换了任何一位母亲，女儿出了这种事都会担心的。客观来讲，因车祸脑出血部位及严重程度的不同，遗留症状和预后状况也有所不同。为此，建议你和妻子过一段时间再带女儿到你妻子信任的医院复查一次，动态的观察治疗会让她心里更踏实一些。

还有，也应关注你女儿的心态。花季年龄出此事故，且在高中阶段，她的心理反应可能会更大些，比如会出现紧张、害怕、不安、担忧、无助与绝望等情绪反应，也会有一些身体不适，如头痛、头晕、腹痛、腹泻、哮喘等。同时，还会出现行为的异常，如爱发脾气、不想与同学交往、害怕独处等。对此，一是应理解她的感受；二是不要制止孩子重复谈车祸的事，因为孩子通过诉说可以宣泄情感，得到精神支持；三是多陪伴孩子，让她有更多的安全感；四是可以多讲些车祸后及时恢复、无甚大碍的事例；五是要帮助她补上因住院耽误的课程，或者先让她安心休学一段时间，待基本恢复后再有计划地补课。

同时，你可以让妻女都试用一下以下淡化不良记忆的方法。让她们先看一遍内容，然后闭上眼睛，凭记忆去做，不必担心忘掉部分内容，因为这个技巧不需要全部做，亦不需要一定按次序做。如果她们觉得自己的不良记忆改变了，就说明有效了；如果效果不够好，可以重复再做。遇到哪一个步骤使自己感觉不舒服的，便取消它，继续后面的步骤。

(1)回想车祸当时的情况，想象把所见景象放在一个如电视机荧光屏的屏幕上。

(2)想象电视机是放在一个架子上，架子的腿上有轮子。把架子试着往左或往右推，注意哪一个方向的哪一点使自己感到更舒服。

(3)定了左右方向和推向哪个方向之后，寻找上、中、下三个位置中自己感到最舒服的那个，把"电视机"放在那个位置上。

(4)把"电视机"荧光屏中的动画影像调慢放映速度，直至调至停顿而成为静止画面。

(5)把“荧光屏”的颜色由鲜艳调淡，由淡调暗，又由暗调至黑白。

(6)在“荧光屏”上加上雪花、跳动等，就像暴风雨中电视机天线失调的效果一般。

(7)缩小“电视机”或“荧光屏”，直至缩为很小很小。

(8)把“电视机”推远，更可使之坠海、升空而至消失。

对以上内容而言，回想事故时，有不良反应时则做，没有时可以不理。而每次做完后，都应注意一下自己内心的情绪感受是否有改善，以便找出能让自己安宁、舒服的记忆元素。相信练习数次后，车祸的惨景会渐渐淡化的！

同时，给你介绍一种自我催眠方法。我试过，训练几次后，现在我有时心烦难眠时，做完每一步就有睡意了。此法最好在准备休息之前用，如在午休或者晚上睡眠之前，其具体步骤是：

(1)找一个安静的地方，用舒服的姿势坐下或躺下，闭上眼睛，做3～5次绵长的深呼吸(腹式呼吸法)，要做得缓慢均衡。极为疲倦或有失眠问题者可增至8次或以上。每次吸气都想象着把新鲜的氧气吸入体内，每次呼气都想象着把体内的不洁杂质呼出身体。同时注意开始放松后颈及肩膀的肌肉：在呼气的时候，那里的肌肉可以不断地放松、再放松。

(2)把自己的意识集中在自己体内感觉所在的一点(这就是你的“内心”或者说“潜意识”)，然后全神贯注地对它在心里说这样的话：“感谢你辛苦为我工作了这么久，我们现在开始休息了，我们会休息××分钟(或者××小时，视你的情况而定)。在这××分钟或××小时里，整个的身体会尽情地放松、恢复、修整。当在××分钟或××小时后(或起床时间)睁开眼睛时，我会充满精力、智慧(加上你所想增加的某些能力，如幽默、冷静、勇气、自信、冲劲等)去开展一天的工作，继续我的生活，迎接新的欢乐和挑战。”

(3)开始在心中按内视觉、内听觉、内感觉的步骤想象工作，先想象三样物体的形象(可以是闭眼前身边的对象，也可以是任何过去曾经看过的东西)，一样对象的形象清楚了，便可以想下一样；接着把注意力放在现场有的三种声音上，如果没有或者不够三种，可以回忆过去曾经听过的任何声音，包括人声、音乐、大自然的声音或杂声；接着把注意力放在身体上任何三处地方的感受上。

重复上面的内视觉、内听觉、内感觉步骤，但每种只需重复两次；再重复上面的内视觉、内听觉、内感觉步骤，但每种只需重复一次。至此，大部分人已经进入全面休息的状态，若没有，可重复上述步骤，直到进入睡眠状态为止。

注意：初练时若心中杂念多可不必烦躁，在哪个部分乱了，便从哪个部分重新开始；后面的内视觉、内听觉、内感觉步骤的内容可以与前面的一样，亦可以不同,以保持自然为重要。不用多少次,你便会发觉用减压法休息后,睁开眼时差不多恰好是预定的醒来时间,比闹钟还准。

另外需要提醒你的是,你和你妻子都快到更年期的年龄了(男人在50～60岁也会有更年期反应的)。在这个时期,大多数人都会出现多疑、浮躁、情绪波动、心神不定、失眠抑郁等表现。这些反应和正处于青春期的年轻人具有相似的“非理性”。所以,即使没有车祸事件,你留言中提到的妻子的心态也有可能出现。所有这两个年龄段的人都应注意自我观察和理性自控。

虽然说“大难不死,必有后福”,但在发生灾害意外事故后的早期,应注意躯体健康问题,但急性影响一旦过去了,就要注意心理问题了。若发现身体和心理可能出现严重的创伤后症状,可主动到较好的医院检查,或找精神科医生诊断处理。

最后,祝你和你的家人渡过难关,重获平安、健康、快乐!

(山东警察学院　丁文俊)

104.失眠多梦怎么办

老师您好!我每天都要做好几个梦,但是我每天都准时9点半睡觉,睡觉前也会做一些动作锻炼身体,可总是做梦,经常做重复的梦,甚至有时候梦里有梦。我该怎么办?

▶ 专家答疑

你好!在回答你的问题之前,我们首先来了解一下人类做梦的规律。科学研究表明,正常人的睡眠过程有两个相互交替的睡眠期,这两个相互交替的睡眠期在脑电图上表现为:先是一种振幅大、频率慢的波,这一期的睡眠称为“慢波睡眠”。慢波睡眠时,呼吸深慢而均匀,脉搏和血压较稳定,脑垂体产生的生长激素较多,可促进身体的合成代谢,使体力得到恢复,因此又称为“身体的睡眠”。慢波睡眠在持续80～120分钟后就转为快波睡眠,这时候,脑电波出现的频率较高,睡眠深,不易被唤醒,全身肌肉的紧张程度非常低或者消失,眼球出现快速运动,脑血管扩张,脑血流量比在慢波睡眠时增加了近一半,脑细胞代谢旺盛,故可使脑力得到恢复,因此又称为“脑的睡眠”。快波睡眠约持续20分钟后,再转入慢波睡眠。两者就这样反复交替,一夜之间约交替5次,最后醒来。

多数情况下，梦是在快波睡眠期出现的，是一种正常的生理现象，所以梦是人人都会做的，因为梦是快波睡眠的特点之一，而且每个人每夜都会反复地做梦，人们约有 1/4 的睡眠时间被用来做梦，只是有的人清楚地记得，有的人记不清楚。

至于人为何做梦，一般认为有以下几个原因：①身体局部的某些变化，如胃排空时人们往往梦到自己到处在找食物。②外部刺激的作用，如睡觉时风刮树叶的沙沙声可使人梦到下雨，睡觉时把手压在心脏跳动的部位就会做恐惧的梦，膀胱胀满受到刺激时会梦到到处去找厕所，等等。③日有所思，夜有所梦。白天生活中的某些事情引起大脑皮层的过度兴奋，使这部分细胞不易抑制，也能构成梦境。人们还可在梦中继续白天未完成的智力活动。

做梦是脑功能正常的表现，它不仅无损于身体健康，而且对维持脑功能的正常是必要的。所以，如果多梦对你正常的工作生活、身体健康和社会功能没有什么影响，就没必要关注它。相反，如果太过于关注自己是否做梦或做梦的内容，反而会增加自己的压力，使自己徒增烦恼。

如果你不仅多梦，而且伴随着如下症状，那就应该警惕了，这说明可能出现了失眠症状：①入睡困难；②不能熟睡；③早醒，醒后无法再入睡；④频频从噩梦中惊醒，自感整夜都在做噩梦；⑤睡过之后精力没有恢复；⑥梦持续的时间较长；⑦容易被惊醒，有的人对声音敏感，有的人对灯光敏感；⑧喜欢胡思乱想。

如果伴随着以上症状，那就应该考虑以下几个方面的问题：①最近身体状况如何。研究表明，造成失眠多梦的身体疾病有心脏病、肾病、哮喘、溃疡病、关节炎、骨关节病、肠胃病、高血压、睡眠呼吸暂停综合征、甲状腺功能亢进、夜间肌阵挛综合征、脑疾病等。②睡眠环境有没有发生变化。③白天是不是精神压力过大。一些心理因素如焦虑、烦躁不安或情绪低落、心情不愉快等都是引起失眠多梦的重要原因。④是不是有重大生活事件的发生，如生活的打击、工作与学习的压力、未遂的意愿及社会环境的变化等，这会使人产生心理和生理反应，导致神经系统的功能异常，造成大脑的功能障碍，从而引起失眠多梦。

对于失眠多梦的治疗，要对症下药，关键是要了解导致自己失眠多梦的原因是什么：如果是生理上的原因，那就积极去治疗；如果是环境的改变，那就尽可能还原自己习惯的舒适的睡眠环境；如果是精神压力过大，那就调整心态，改变认知，完善个性；如果发生了生活事件，那就坦然面对或寻求外界的支持，积极调整。

当然，也有一些好的方法是通用的，如：

(1)劳逸适度，改变不良生活习惯，戒烟戒酒，忌辛辣有刺激性的食品，如咖啡、浓茶等。晚餐不要吃得过饱。

(2)睡前半小时不再用脑,可以在安宁的环境中听听柔和优美的音乐,用热水泡澡或泡脚。难以入睡者还可以在睡前做一些外出散步之类的轻松活动,但不可做剧烈运动。

(3)培养爱好,陶冶情操,如经常参加种花养草等园艺活动,陶冶性情,消除紧张焦虑的情绪,使内心趋于平静。

(4)适量选食一些有益于神经系统功能的食品,如:①牛奶:牛奶中含有能使人体产生疲倦感的色氨酸,从而可使大脑进入酣睡状态。②小米粥:中医认为小米有"健脾和胃"的作用,有助于催眠。③苹果:苹果的果肉呈碱性,能缓解肌肉疲劳;此外苹果中的糖分在体内能转化为血清素,可以使人入睡。④大枣:对神经衰弱、心烦而不能入眠者,可用大枣 30～60 克,加白糖少许和适量的水煎服,每晚睡前服用一次,催眠效果良好。

(5)自我催眠。闭上眼睛,想象一个自由地放松的场景,比如说你喜欢森林,那就想象自己在森林中呼吸新鲜的空气;你喜欢大海,那就想象自己在海边轻松地散步,迎面吹来的海风拂过你的脸,非常舒适。这样有助于让你放松下来,更快地进入睡眠之中。

(6)不要赖床。只有当你感到非常困的时候才上床休息,不要总让自己躺在床上,躺在床上清醒的时间越多,其暗示作用就越明显,而且还会影响人的正常工作。要减少在床上躺着的时间,让在床上躺着的时间接近每晚的平均睡眠时间,这是治疗失眠多梦的重要原则之一。要记住,床只能用来睡觉,最好不要躺在上面看书、看电视或者吃东西。如果还是不能入睡,可以起床到另一个房间去,待到十分想睡觉的时候再回到床上。如果还不能入睡,可以再次起来,重复这一过程。这样做的目的是将"床"跟"困"和"入睡"联系起来。还要调好闹钟,无论晚上睡得怎样、睡了多久,每天早上都要准时起床,这样能够帮助身体形成一个良好、有规律的睡眠—清醒节奏。白天尽量不要小睡。

(山东警察学院　王成义)

105.失眠、抑郁、空虚、害怕

尊敬的专家,您好!最近这段时间我总是喜欢回忆以前的事情,总觉得时间过得太快,高中、大学甚至刚上班时的情景就像发生在昨天一样,转眼就上班10 年了,而自己还是一事无成。倒也不是希望做官什么的,只是觉得浪费了好多时光,很空虚,想想都害怕;还有就是有时候想想父母都是七旬的老人了,真害怕失去他们，现在最听不得的就是熟悉的人去世了。有时夜里想得都整宿睡不着，第二天一点精神也没有，有时头胀得像是要出现幻觉一样，很痛苦。自己也在安慰自己不要庸人自扰，时间对每个人都很公平，快乐也是一天，痛苦也是一天，可是自己还是摆脱不了困境。可能也是因为最近上夜班比较多，每隔2天就要上一个，越是自己一个人越容易想这些莫名其妙的事情，真的要崩溃了。虽然经常值夜班，但是工作很清闲，闲得难受。我也试图强迫自己多看点书，很晚才睡，可还是很难入睡，再不行就准备吃点安眠药入睡了。太痛苦了！

专家答疑

你好！感谢你对我们的信任。想来你最近一定有些“郁闷”吧，生活、工作都提不起精神来，又添了些对年迈父母的牵挂和担忧，是否感到许多事情似乎在跟你对着干一样，不那么顺心？可不可以总结为两个字——“没劲”？

从你留言中所提及的情况，可以认为你尽管有些“小抑郁”，但目前问题应该还不是很大，不过也要引起注意，毕竟长期的负性情绪堆积会使个体出现不正常的心理表现，可能会导致抑郁症的产生。

人们在沉浸于对往事的回忆中时，一般是因为对当前自己的境遇不是很满意，对未来有些渺茫，才会追忆过去，希望给自己一些慰藉，这种慰藉有时候也会成为一种“麻醉剂”，会使人“上瘾”，慢慢地消磨人的意志，增长人的惰性。

在留言中你提到，对于仕途是无所求的，实际上，追求仕途从某种意义上来说也代表着一种对生活的态度，是一种生活的价值和目标，是一种让人前进的动力，而且我们更看重的是追求仕途的过程而非结果，许多时候过程要远比结果重要，不是吗？我们的生活需要一个目标，一个向上的目标，一个被当前的社会或团体所认可的正向的目标，这个目标也应被我们自身所认可。如何实现这个目标，就是如何让自己的生活更加充实的过程。

如果可以的话，请你准备一支笔、一个本子还有一个台历，先在本子上回溯你昨天的所作所为、所思所想，再继续回溯最近一个星期你的所作所为、所思所想，进而是最近一个月、最近三个月，依此类推，直到你认为自己开始出现“没劲”这种念头为止，然后静下心来想想自己是否过得有些“空虚”，你会发现你在留言中所提及的那些事情或想法是不是你逃避当前现实的一种“由头”呢？

怎么办呢？建议在家人或朋友的帮助下给自己设定合理的目标，制定比较详尽的计划，让自己按照计划动起来，真正地做一些事情。比如，感觉工作没劲，就设法干点能够提高工作能力、发挥更大作用的事情；感觉父母已老，就多多地尽点自己的孝心等。如此，你的“郁闷”也会慢慢地消散。

以上是我个人的粗浅之见，希望能够对你有所帮助。如果需更进一步的交流，你可拨打山东省公安民警心理服务中心的电话进行咨询。

（山东警察学院　程亮）

106.总怕刀划手怎么办

老师您好！我正在学习心理咨询师的相关课程，准备考二级。有个同事找我诉说，她常常有种手指肚在刀刃上划过的恐惧感，自己可以转移注意力缓解。她这种情况断断续续有几年了，但没有影响工作和生活，在此希望向老师咨询一下。

专家答疑

你好，考二级的过程也是很辛苦的吧，在此预祝你成功！

当我看到你留言中所提及的你的同事有手指肚划过刀刃的恐惧感时，自己也尝试着想象了一下，那的确是一种恐惧感，是一种对于皮肉受到伤害的恐惧感。都说“十指连心”，刀刃划过手指肚也很容易引发人们的疼痛感，这是一种正常的反应。如果这种恐惧反应来自对于这种想法的反复出现的话，可以将其归为一种“类强迫性反应”，这是一种对于不应该出现的念头的恐惧，想摆脱又不能有效摆脱。

针对产生这种反应的原因，我们可以先进行了解，如是否有过被割伤或看到他人被割伤（包括一些影视方面的类似镜头）的经历，让对方明白自己产生这种被割伤的恐惧反应不是凭空产生的，而是有具体原因的；然后可以考虑进行认知调整，强调这种情境的恐惧体验是一种正常的心理反应，不必有焦虑感。同时，也可以进行“满灌疗法”，即让这位同事在保证安全的前提下，找一把他/她认为极其锋利的刀，真正体验一下手指肚在刀刃上划过的感受，告诉对方即便手指被刀刃划过，也只不过是一种疼痛，不会对身体造成很大的伤害的，以此来打消对方的焦虑和恐惧感。

以上为个人的粗浅见解，希望对你能够有所帮助。

（山东警察学院　程亮）

107.总是乱想怎么办

老师您好！我得了10年的强迫症了，真的很困扰。主要是强迫思维，大脑始终被没有任何意义的强迫思维控制着，严重影响了我的工作和生活，请老师们帮帮我，谢谢！

▶ 专家答疑

这位朋友，你好！能够理解你“得了10年的强迫症”的痛苦，想来你也做了很多努力了。在此，有以下6条建议，也可以认为是6个步骤，希望能够对你有所帮助。

(1)正确了解自己的症状，这是走向康复的第一步，希望你的症状不是由你自己来确定的，而应该得到专业人员的诊断。强迫症是一种很常见的神经症，历史上许多名人都有强迫症或强迫倾向，所以你不是“孤单”的，也不要太过于焦虑。

(2)忍受痛苦，为所当为，这是你必须首先采取的生活方针。强迫症所带来的痛苦不是一般人所能体会到的，有些患者会因为强迫观念或强迫行为所带来的痛苦而采取回避的态度，采取这种态度就永远不能从痛苦中解脱出来，也永远不可能适应现实生活。要学会游泳就必须跳入水中，不跳入水中，一直在岸上是永远学不会游泳的。同样的道理，无论你感到怎样痛苦，都可以做到带着痛苦投入到实际的生活中去，一边忍受痛苦，一边做应该做的事，进而找回自信。很多观念是你自己主观臆造的产物，希望你能够意识到这一点，这是一种领悟，也是一种修行。

(3)任其不安，为所当为。我们在路上行走时，一辆汽车从前面疾驶而来，这时我们必然会出现不安和恐惧的想法；正因为有了这种不安和恐惧，才促使我们立即躲避之。在这一心理活动过程中，我们应自然地接受自己出现的不安和恐惧，并不以出现不安和恐惧为耻，也不必特意消除这种不安和恐惧，而使情绪自然地转为正常，就像没有出现过不安和恐惧一样。因此，这就不会出现任何心理冲突——汽车驶过，不安和恐惧也随之消失，即之前的不安和恐惧是理所当然的事实，我们应正确、自然地接受这一事实，而不能有任何抗拒和抵触。因为我们采取了“任其不安，为所当为”的态度，就不会出现任何的强迫观念。

我们心里有时会闪现某些不道德的、甚至是犯罪的念头，要想绝对不出现这些念头，恐怕就是中国古代的圣贤也做不到。所以我们必须正确认识自己心中潜在的邪念，这些邪念是不可能彻底清除的，如果有人无论如何要祛除自己内心的一切邪念，就很可能产生不正常的强迫观念。

你可能不喜欢自己的情绪波动，希望达到“不动心”的境界，即无论遭到什么不幸也能泰然处之、安之若素。这似乎是人们最理想的心境。实际上，那种企图用教条来抑制人类感情的自然变化，从而达到“不动心”的境界的想法是十分荒唐的，因为这正是产生强迫观念的根源。客观事物在不断变化，人们的心理活动也必然会随之波动，如果谁要保持绝对的“不动心”，就好像站在一根滚动的圆木上想要保持不动的姿态，会立刻失去平衡。如果我们坐在船上，就应该随船的摇动而摇动，正因如此，我们才不会感到摇动的痛苦。我们应该采取顺应自然的态度，并做到对客观事物的积极服从。

强迫观念是痛苦的，但对这些痛苦我们不应回避，而应该敢于正视并接受这个事实。痛苦无法解脱，我们不如直接去接受它，当我们从这种痛苦的体验中醒悟过来时，一条崭新的道路就会展现在我们面前。

(4)有效地转移注意力。转移注意力可以很好地让你忘掉“强迫观念”，可有时候，你越是要转移注意力，注意力却越是停留在你的强迫症状上。对此，我们应采取顺应自然的态度，如我们在学习时，头脑中出现了杂念，我们不妨带着杂念坚持学习，这样，就会在不知不觉中把注意力集中到学习上。相反，如果我们努力抵制并坚决防止分心，这实际上就是将注意力集中在了分心上，我们将更加意识到分心的存在，如此将给学习带来更大的障碍。只有实际行动才是转移注意力的最佳方法：当我们开始做某项工作时，我们自然会将注意力集中在该项工作上；但如果我们总是考虑从一开始就将注意力转移到工作上，结果往往会失败。

(5)培养顺应自然的态度。出现强迫症的症状时，要认为自己现在出现的症状并无特殊之处，只是平常的体验，要顺应自然。如果自己感到恐惧，就暂且维持恐惧状态；如果感到痛苦，也暂时忍受一下痛苦的折磨。总之，对遇到的一切都全盘接受。但是，顺应自然的态度并不意味着应该对所有的活动都保持懒散和漠不关心的态度，而是应该放宽自己的症状和不良情绪，并依靠自我的上进和自发的天性去做你应该做的。

(6)经常保持充实的工作和生活。当我们努力工作和用心生活时，强迫观念也在离我们远去。很多强迫观念来自我们对自己工作或生活的不满意，要意识到生活和工作是没有最好的，我们要做的是“量力而行，尽力而为，立说立做”，这样，我们的工作和生活会变得充实快乐。同时，越是在出现强迫症状时，越要让自己坚强起来，不能够凌乱懈怠，这样会使自己的内心自然而然地坚定起来。懦弱的内心会使人更容易遭受伤害，内心的强大和坚定掌握在你的手里，不要以自己患有这样的症状而逃避现实，这样只会使自己陷入更深的痛苦中。

一位曾经的强迫症患者说过："它(强迫观念)一直在陪伴我，我已经把它当成自己的一个'朋友'了。"那么，就带着快乐的心情去工作，去拥抱生活吧！

（山东警察学院　程亮）

108.内向多疑怎么办

专家您好！我是一个非常内向的人，性格敏感多疑，爱生气，请问怎样才能有所改变？

专家答疑

这位朋友，你好！你的苦闷我能理解，下面是我对你所提问题的分析和建议：

第一，一个人性格的形成不是一朝一夕的事，它是遗传因素、家庭教养、学校教育、成长经历等综合作用的结果。你的内向、敏感多疑、爱生气的性格也必然有一个形成和发展的过程，但由于你提供的信息比较少，这里我们不去深究。

第二，我们对性格应有一个正确的看法。在日常生活中，人们常用内向和外向来对人的性格进行分类。对内向和外向性格的优劣判别，专家们的意见也不一致。例如，弗洛伊德认为，外向性格是健康的象征，而内向性格具有精神病的倾向。但是，瑞士心理学家荣格则认为，内向性格和外向性格根本没有优劣之分。另一位著名的研究性格的心理学家艾森克则从大脑的生物学原理上来探究内向性格和外向性格的差异。他认为，内向性格者的大脑皮层非常敏感，因此即使是不太强烈的外界刺激也会使他们产生强烈的反应。所以为了保护自我，他们会逃避周围的世界，控制自己的愿望或约束自己的行为，以减少自己与他人的交流，同时也就减少了产生冲突和受到伤害的可能。相反，性格外向者的大脑皮层相对来说不那么敏感，所以他们需要从外界环境中得到更多的刺激，借以克服自身大脑皮层的迟钝性。如果艾森克是对的，那我们可以简单地说，从纯生理学的角度看，内向性格者比外向性格者要"聪敏"一些。

有研究发现，内向性格者在工作中更容易成功，这是因为与外向性格者相比，内向性格者在处理视觉信息的时候，其大脑的某些区域更加活跃，因此他们显得更注重细节。同时，在做出决策时，他们愿意花大量时间去思考，不喜欢闲扯其他的话题，更能专心致志地奔着一个目标努力，因此内向性格者成功的可能性也相对较大。

由此可见，内向性格者虽然有一些弱点，例如太敏感，容易受到外界的影响等，但内向性格并不是很多人所认为的“不良性格”。在了解到这一点之后，希望你对自己的性格能有一个新的认识和评价。

第三，任何事情都有个度，性格也是如此。如果过度内向，那就是不健康的性格了。有人把内向性格分为健康的和不健康的两种。健康的内向性格是一种自然、和谐的状态，这样的人有着与他的性格相适应的能力和理想。比如一个性格内向的人喜欢读书、写作，他的理想是当作家，作家有时是很孤独的，这就恰好符合他的性格，他愿意承受这份孤独，那我们就可以认为这个人的内向性格不但没有什么不好，反而有助于让他取得成功。

不健康的内向性格是一种不自然、不和谐的状态，这样性格的人给别人的感觉不仅是内向，而且还有一些忧郁、压抑甚至悲伤。表面看来，这样的人可能很安静，内心却冲突不断。一方面，他们也渴望交流，渴望了解他人并被他人了解；另一方面，由于在交流中受到了太多的伤害，他们总是对交流的情景和结果心存畏惧。如果是这样的内向，就该寻求帮助了。

第四，如果要对自己的内向性格彻底进行调整，那也是不现实的，调整一定要根据自身的实际情况，改变性格中不能适应社会的部分。从你的留言看，你很苦闷，反映出你对现状的不满，这种不满一方面可能与你的性格有关，另一方面也可能与更深层次的问题有关，下面提出几点建议，供你参考：

(1)提高自身的能力和素质，建立自信。一个自信的人是很难与敏感、多疑联系在一起的，不管做什么，一定要做得好上加好，把自己主要的精力放在钻研业务上，当你经常得到别人的肯定和表扬时，你的心情也会改变的。

(2)加强体育锻炼。体育锻炼会强健人的体魄，身体健康也会增强一个人的自信。同时，参加体育锻炼也会增进与他人的交流沟通。

(3)进行自我暗示。当猜疑别人看不起自己，在背后议论自己，或是对自己撒谎的时候，可以在心里反复默念“我和他是好朋友”“他不会看不起我”“他们根本没有时间谈论我”“他不是那样的人”等。这样，通过反复多次地默念，就能在一定程度上改变敏感多疑的毛病。

(4)培养生活情趣，如旅游、摄影、听音乐、打球、养鱼、养花等。现在很多公安机关都在进行警营文化建设，你也可以加入自己喜欢的兴趣小组开展活动。

从事这些活动一方面可以陶冶情操，另一方面也可以与他人找到共同点，增进彼此的了解和友谊。

(5)合理宣泄情绪。如果有心理瘀结，应及时进行宣泄，不要长久地憋在心里。宣泄情绪的方法有很多种，如体育锻炼、在空旷的地方大喊大叫、睡觉、找朋友聊天、寻求专业机构和专家的帮助等，你可以选择适合自己的方式。

最后，祝你能够悦纳自己，享受内向性格给你带来的快乐！

（山东警察学院　王成义）

109.不喜欢被约束的新兵

老师您好！我曾是一名高三在读生，但是因为一些私人原因，踏上了从军之路。我在学校的成绩在中上等，理科成绩拔尖，家人都希望我最终能成为军官。但现在在部队里我感觉很压抑，我喜欢自由，但是现在的生活很苦闷，让我有点喘不过气来。也许是还处在“新兵”阶段，所以处处受气吧！但是班长的随性我无法认同，总体上我是不喜欢这样的生活的，不喜欢部队的生活，但是一封封家书都说我是他们的骄傲，我从前为了自己的理想和所谓的“爱情”已经伤过他们的心了，我不舍得也不可以再伤害我的家人。老师您可以和我谈谈心吗？

专家答疑

你好！我很理解你的心情，虽然我没有经历你这样的军旅生活，但对大学期间的军训生活我是深有感悟的。那段时期的管理的确很严格，每个人都按统一的模式学习和生活，个人的独立空间比平时要少一些，习惯了自由生活的人可能一时难以适应。但我们都坚持了下来，现在回忆起来，那段时光也是成长过程中一笔宝贵的财富。

你现在感到苦闷甚至压抑是完全正常的，因为你现在的生活模式与之前的生活模式相比发生了巨大的变化，你一时未能调整过来，这种强烈的反差对你来说可能冲击很大。我想你现在要做的是尽量尝试着去发现目前生活中的小乐趣，发现生活中美好的一面，树立一些小目标，尽量感受学习和生活给你带来的积极变化，久而久之，你的想法就会在不知不觉中发生变化。另外，还要注意多与人交流沟通，征求别人的意见和建议，如多与老兵聊聊，听听他们是如何度过那段困惑期的；也可以多与朋友谈谈心，把自己的苦闷讲出来，心情可能就会开朗很多;有条件的话多与心理方面的专家谈谈,他们会从专业的角度给你帮助。

最后想说的是,自由是相对的,不受约束的自由是不存在的。在部队这个大熔炉里经过磨炼,你将会变得更加勇敢、坚强、自信、成熟,这对你的人生来说具有重要的意义。希望你能有一段精彩、难忘的军旅生涯。

(山东警察学院　王成义)

110.不善交往看什么书

老师您好!我是一位不善言谈的女士,看到"专家答疑"这个栏目中有些人的情况与我相似。我非常希望能多阅读一些有关人际交往的书籍,请问能不能给我推荐一些有关人际交往的书籍?谢谢!

▶ 专家答疑

谢谢你的留言,第一本书给你推荐《人性的弱点》,本书的作者戴尔·卡耐基号称美国"成人教育之父",他独辟蹊径地开创了一套融演讲、推销、为人处世、智能开发于一体的教育方式,他运用社会学和心理学知识,对人性进行了深刻的探讨和分析。本书可以帮助你解决一些问题,比如如何在日常生活、商务活动和社会交往中与人打交道,并有效地影响他人等。

至于其他的,建议你应该看一些心灵励志方面的读本,原因是我们的人际关系问题有些是与我们自身的心理成长密切相关的,处理好与自己的关系,才能更好地与他人相处。在此推荐阿南朵的《对生命说是》、台湾作家张德芬的《遇到未知的自己:都市心灵修行课》,后者采用小说的形式,比起前两本更通俗一些。当我们深刻地了解了自己的个性和需要之后,说不定人际交往的问题就迎刃而解了。

你还可以看一些关于心理学的专业书籍,如《心理学与生活》《社会心理学》等,这些心理学著作对正确认识自己、看待他人、了解和提升人际关系都有潜移默化的影响。此外,有一些书籍是从心理学的角度更具体地指导读者如何去做,比如《倾听和让人倾听:人际交往中的有效沟通心理学》,此书作者是美国著名的沟通大师米尔顿·赖特,他对人类的沟通模式进行了多年的潜心研究,本书就是他在有效沟通心理学领域的成名作。还有《心理学的诡计:人际交往中的心理策略》《人际交往中的心理学》《他人心理:人际交往中的心理学常识》以及中国人民大学心理咨询中心主任胡邓博士的《人际交往，从心开始》，都是非常好的关于人际交往方面的心理学书籍。

最后，祝你在书的指引下打开一片人际交往的新天地！

（山东警察学院　费晓璐）

111.总是对自己不自信怎么办

老师您好！我总是觉得自己什么都不会，总是怀疑自己，不自信，我该怎么办？

专家答疑

这位朋友，你好！

看到你的留言我们就尽快地答复，这说明至少在这个事上你没有“不行”，对吧！所以先给你提个建议：请在看下面的留言之前，先闭上眼睛，静静地想一想，在自己从小到大的成长、学习甚至玩耍等各种大大小小的经历中，有哪些让你感到高兴、欣慰甚至自豪的事情呢？你一定想起了很多！而我想说的是，这些都是证明你能“行”的事情！所以，你其实有很多能“行”的方面！也就是说，你并不是“做什么都不行”！

然后再进一步地想想，你“行”的时候或“行”的事情上，是怎样“行”的？“行”的原因、过程和结果如何？如果是因为你自己的能力而“行”，那说明你可能比较擅长这方面的事情。当然，这也可能同时说明，你不太擅长其他方面的事情；如果是因为外界环境而“行”，则说明你还应加强个人努力，或设法改善自己的处境。

再是想想过去在相对成功或让你高兴的事情上，你是怎样做的，又是怎样处理和周围环境的关系等。也就是说，想想自己成功和高兴的经验有哪些，你自己怎样才能成功和高兴。

想到这里，你是不是多少也有了些恍然大悟和自我欣赏的感觉？上面这套方法就是心理学中所说的“正面看待自己和周围世界”的方法。变个角度你会发现，一花一菩提，一草一世界！每个人都有自己独特的存在价值！如果想让自己在以后的日子里比之前更好些，关键是要知道自己的长处在哪儿，怎样发挥自己的长处，怎样一小步一小步地向前走，一点一点地进步，直至成功。有时，能正视现实本身就是一种适合自己的成功！

人的念头可以改变很多事情，一个人再有钱，如果不知足，那么他始终都是贫穷的，真正的富足在于内心；一个人再有能力，如果总是用自己的短处去比别人的长处，那么他始终是个小矮人！

我们的心就像个电脑硬盘，安装上什么软件就运行什么样的程序：输入“我行”，自己的能力就会慢慢变强大；总是输入“不行”，那么大脑和四肢也会产生“不行”的记忆和“病毒性感染”！

那么，如果去掉自己“不行”的念头，建立起自己的自信呢？心理学家认为，做事总是觉得自己不行是对自己的消极认知，改掉这个错误的信念需要建立起自己的自信。自信来自你自己在内心深处对自己的肯定，缺乏自信表现为对个人能力的过低评价。导致对自己能力过低评价的原因尽管可能来自多个方面，但最根本的还是思想认识中的错误。

当你遇到挫折的时候，应该保持头脑清晰，勇敢地面对现实，不要逃避。要冷静地分析整个事件的过程，分析一下是自己本身存在问题，还是由于外来因素而引起的，还是两者皆有。假如是自身因素的话，那么自己就应该好好反省一下为什么会犯这样的错误，以后应该怎样做才能避免同类事件的发生。事情已经发生了，不要急于追究责任或责怪自己，而应该想想事情是否还有挽回的余地，如果有的话，应该怎样做才能把损失或伤痛减到最低，应该怎样做自己才会感觉更舒服一点。

当你遇到困难时，请记住这样一句话：“没有永远的困难，也没有解决不了的困难，只是解决的时间长短不同而已。”与人生相比，困难只不过是一种颜料，一种为人生增添色彩的颜料。当你遇到困难的时候，不要逃避问题或是借酒消愁。不妨换个角度想想，换个事情干干，换个人处处，等等。东方不亮西方亮，总有适合自己的事和人！

至于如何提高自己的自信心，在此给出如下建议：

首先，要知道每个人都有自己的长处和短处，人不是完人，是无法各方面都比较的，如果你非要比较，那也别用自己的短处去比别人的长处。每个人都有短处，只是你没发现或没在你面前呈现罢了。想自信，不自卑，不只是想想而已，要勇敢地去做，比如参加某活动时选择一个比较靠前的位置，让自己看上去很显眼，不要害羞。

其次，积极和朋友同事一起活动，发挥自己的特长。也可以给自己树立目标，好好学习和工作，去证明自己的实力。

最后送上几句赠言，希望能给你带来帮助：“相信自己行，才会我能行；别人说我行，努力才能行；今天若不行，明天争取行；能正视不行，也是我能行；不但自己行，帮助他人行；相互支持行，合作大家行；争取全面行，工作才能行。”

呵呵，你的几句话换回我们这么多的回复。以后记得要自信，有话要多和亲人同事们沟通呀！

（山东警察学院　袁春瑛　丁文俊）

112.做个真正的女孩

最近流行一个词叫“女汉子”，我联想到自己时就对号入座，很是苦恼。

我在家里的性格是急躁、不耐烦、易怒的，可一到了外面，就很自然地变成了温婉、好脾气的形象。大家都说我性格温柔，但恐怕想不到我在家里那种暴怒的形象。我对自己的性格就很不满意。

除此之外，我感觉自己从小就有些“爷们”，希望保护弟妹，面对本来自己害怕的事物反而表现得很“勇敢”。

跟性格温和娇小的女孩子在一起，我就觉得自己不是女孩子，很容易扮演“大姐姐”的保护性角色。我羡慕那些很“公主”的女孩子，觉得“粉红色、公主、女孩”是她们的“专利”。

我喜欢哥哥型的男孩子，遇到这类男孩子，我内心的那个“小女孩”就会被激发出来，整个人变得乖巧、小鸟依人。我在女性面前也是这样：面对性格大大咧咧、中性化、外向、话多、粗犷的女孩子，我就会变得寡言少语、温声细语。但如果对方性格内敛、纤细、柔弱，我就会变得特别“爷们”，想哄她们开心，迁就她们，话特别多。

在恋爱方面我也是如此。最开始跟男朋友在一起时我特别女性化，小鸟依人，他也表现得成熟果敢。慢慢地，我的性格逐渐外向，说话变得大声，行为变得急躁、鲁莽，感情不细腻，而男朋友也变得“小男孩”起来，偶尔撒娇，喜欢被爱。

我想让自己真正地“女性化”，也让男朋友更照顾我，请老师帮助我。

▶ 专家答疑

这位朋友，你好！

你在留言中说，你的性格在家里和在外面的表现是不一样的，对待不同类型的人表现也是不一样的，但是你想让自己变得更“女性化”一点，对吗？

从心理学的角度讲，性格是人对现实的稳定的态度和与之相适应的习惯化了的行为方式。性格是人在后天的社会生活中慢慢形成的。每个人的态度和行为方式都不一样，性格表现自然也就不同。并且，人的性格是多方面的，因此不要给自己的性格贴标签，比如你觉得自己是“女汉子”，你可以听听你的家人和男朋友对你性格的看法以及他们是如何评价你的性格的，这样会加深你对自己性格的全面认识。

你还说你在外面性格温婉、好脾气，但在家里就急躁、不耐烦、易怒。其实，这种现象不只发生在你身上，很多人身上都会存在这种现象。因为我们对亲人的期望总是比对外人的期望要高，我们认为家人应该是最了解我们，并且最应该无条件支持我们的。而在这个过程中，我们总是忽视了和家人的沟通。因此，在和亲人沟通的过程中，一定要注意避免省略式沟通，如果遇到了郁闷的事情，可以把前因后果都说出来，哪怕家人没有办法帮到你，但是从长远来看，这会增加家人之间的互相理解，自己的郁闷情绪也会在一定程度上得到缓解。发生冲突的时候，如果当时想得不是很清楚，可以先停下来，静心想一想，自己是不是又陷入了单极思维，钻了牛角尖呢？自己的要求是不是太主观了呢？自己有没有考虑家人的感受和客观实际情况呢？

至于对不同的人会有不同的应对方式，我觉得这是正常的。面对柔弱的人，我们就容易表现出同情、保护的心理；面对大大咧咧的人，我们可能就不会这样。然而，不管怎么说，最重要的还是要做好我们自己，每个人的性格都不一样，我们没有必要刻意地去改变。不仅如此，不同的性格特征在同一个人身上也是可以和谐存在的，因为我们在现实生活中面对的对象不一样，反应自然就不一样。比如，你说的“女汉子”和“性格温婉的女孩”是可以和谐共处的。女性在工作、处理人际关系时是需要独立、自强的，但是在自己的爱人面前也可以是小鸟依人的。当然，不同的夫妻或恋人之间的相处模式是不同的，不一定要求你们的相处模式和其他人的完全一样。不过，在生活中控制自己的脾气是必需的，因为“脾气一来，福气就走”。所以，在家庭生活中也需要掌握一些控制情绪的方法，比如想要发脾气时降低声音，放慢语速，挺直胸部，减轻怒气，让自己平心静气。当你不同意家里人的想法，而又很难说服对方时，闭口倾听会使对方意识到，你在思考他说的话，等情绪平静后再来理论。在交流意见时，可以交换角色设身处地地为对方想一想，了解彼此的动机和目的。

希望以上几种方法对你有所启发，也希望你能快快乐乐地度过每一天！

（山东警察学院　鞠丽华）

113.老是感觉自己身体不适

老师您好！我想替我的亲人咨询个问题：我的舅舅由于疾病去世一年了，舅母至今情绪还不是太好，老是感觉自己身体不适，去医院检查也没有什么具体的病变，医生说我舅母可能存在心理问题，她主要的症状是情绪不稳定，总是感觉身体不适，说哭就哭。像这样的情况该怎么办呢？谢谢！

专家答疑

你好！从你的描述中可以看出，你舅母情绪低落，并伴有躯体不适，持续时间已一年。按照相关的诊断标准，可以初步诊断为疑病症并伴有抑郁倾向。

疑病症主要是指患者担心或相信患有一种或多种严重躯体疾病的持久的先占观念，患者认为自己有躯体症状，反复就医，尽管经反复的医学检查无器质性病变，并且医生亲自解释没有相应的患病证据，也不能打消患者的顾虑。患者常伴有焦虑或抑郁，其产生的原因一是由于性格方面，如孤僻、固执、内向、敏感、自恋、胆怯、脆弱，过分关注自身，以自我为中心，兴趣狭窄，暗示性强；二是因为害怕而引发，多见于自己的亲属或朋友死于某种严重的疾病，就会怀疑自己是否也会步其后尘，如见到家人得肝癌，就会觉得肝区不适；听到别人患鼻咽癌，就会反复检查鼻咽部。如上所述，你的舅母或许在性格方面存在一些缺憾，加之你的舅舅因疾病去世，诱发了你舅母对于自身健康的过度关注，产生了这种症状（因不能面谈，只能通过你的简单描述做出初步诊断）。还是建议带你舅母做一下专业的心理咨询，心理咨询师会详细询问她的情况，并有针对性地开展诊断治疗工作。

鉴于你舅母出现的这种情况，在正确诊断治疗的基础上，你可以配合心理咨询师尝试着做以下事情：尽量让你舅母的身边有人陪伴，如果你舅母现在独居的话，不妨先与子女住在一起，以免睹物思情，让你舅母难以自拔，尤其是晚上，因其抑郁倾向，防止她出现过激行为；同时，让你的舅母尽情倾诉，希望她能够说出真正的“心结”，引导她学会用客观、理性的方式去对待和处理当前的困境；另外，你要尽力鼓励你舅母去做一些她力所能及的事，让她在活动和紧张忙碌中逐渐缓解不良情绪，如让舅母帮着照看孩子、做做家务，或鼓励她走出去，参加老年大学、健身队、社团等活动，积极地面对生活。

（山东警察学院　鞠丽华　程亮）

114.被人骗后很痛苦

老师您好！我被人骗了，对方的骗术并不高明，但我还是被骗去了不少钱。

我和我对象都是从农村出来的，我是外地的，在这里基本没有什么朋友，这件事情也没有对别人讲过。因为这件事，这一段时间以来，我们过得也比较艰难，丈夫怕给我增加压力，从来也不说什么。现在对我们来说，钱并不是最重要的，主要是因为这件事让我们的生活受到了影响。我自己现在被自己做的事情压得抬不起头来，实际上也不是天天想着这件事，就是晚上睡不着的时候，或者半夜睡醒的时候，我心里就被自己的自责压得喘不上气来。我内疚、自责，觉得对不起任何人，对不起自己的丈夫，对不起自己的孩子，更对不起父母，有时候恨得甚至想咬烂自己，想一死了之，经常自己在半夜哭上一到两个小时。在日常生活中自己变化也很大，我本来脾气很好，很少朝着自己的家人发火，可是现在只要碰上什么事情我就变得特别敏感，经常因为一些微不足道的小事把家里的关系搞得很糟、很僵硬，丈夫也说我变化很大，对孩子的态度也发生了很大的变化。我自己也知道我做得不好、不对，但是发生了什么事情的时候我就控制不住自己。我也不知道自己是怎么了，变得很脆弱、很敏感，经常发呆、失神，甚至在工作中也经常丢三落四，也因为走神影响了正常的人际交往。我自己也不想这样，我是真不知道该怎么办了。在当地我也没有找到心理医生，希望老师能帮我想想办法，尽快帮我恢复正常的生活，谢谢老师了！

▶ 专家答疑

你好！很能理解你现在的心情，你的愤懑、无奈、无助等，这是一种再正常不过的情感表现了！正如你所言，被人骗去了不少的钱，我在这里也给你讲个小故事吧：我的孩子刚刚上初中，入校时她的成绩在班里是前十名，可这次期中考试成绩不是很理想，孩子很难过，很是纠结于自己的名次，我跟她这样说："孩子，假设你考了你们班第一名，是否代表在学校也是第一名呢？在全济南市呢？在全山东省呢？同样，即便你考了倒数第一，是否代表你在全年级、全市、全省也是倒数第一呢？是否代表你就一无是处了呢？"孩子明白了。同样的道理，你的"不少的钱"是相对于你现在的情况而言吧！那将来呢？"不少的钱"还"很多"吗？在感到纠结时，尤其是因为物质等外在的原因造成了痛苦时，要往远处看，看到自己的将来！

事情既然已经发生，自然有当时发生的原因，你当时之所以这样做，肯定是有道理的，不需要为这件事情耿耿于怀，这也就是俗话说的“世上没有后悔药”的道理。

很高兴你能有这样一位丈夫，他是这样地体贴你，有时候，不到关键时刻是不能考验夫妻之间的真情的，这也何尝不是一种收获！这种精神上的收获难道不是最珍贵的吗？

或许你曾经贫穷过，果真如此的话，希望你能够树立正确的“金钱观”。老人们有句话：“钱是短的，人是长的。”

再者，如果你因为这样一件已经成为“过去式”的事影响了现在，你最可宝贵的家人是否有些“得不偿失”呢？这样实在是没必要，你说呢？

相信你能够从被骗的阴影中走出来，在爱你的和你爱的家人的关爱中站起来！

（山东警察学院　程亮）

115.如何让自己变得成熟、理性

老师您好！随着年龄和阅历的增长，曾经自命清高的我越来越多地开始反省和重新认识自己，结论是自己“尚不成熟”，大致表现在以下几个方面：过于情绪化，喜怒形于色；在人际交往方面缺乏技巧，过于死板，不懂得变通，但对别人的做法还嗤之以鼻、不屑一顾，一副谁也不服的样子；缺乏主见，耳朵根子软；懒散，缺乏上进心，对什么事都提不起兴趣，生活单调枯燥；觉得自己一无是处，什么都做不了、做不好。

请老师指点迷津：我该怎样使自己变得成熟、理性起来？

▶ 专家答疑

这位朋友，你好！从你的留言内容来看，困扰你的问题是不够成熟。什么是成熟？从人情世故的角度来看，成熟可能指的是会处事、会来事，世事洞明，人情练达；但从心理发展的角度来理解成熟，则成熟又是另外一码事。

人的心理成熟是建立在生理成长的基础上的，是在社会环境的作用下形成的增长。心理成熟度高的人社会化程度高，容易适应社会和环境的变化，会根据外界的变化调节自己的心理，调整自己的行为，这类人心理承受能力和行为自控能力都比较好；相反，心理成熟度差的人不太容易适应不断变化的环境，缺少良好的自我控制力，因此在适应社会关系中更容易出现问题。

如何让心理成长，主要应解决两个方面的问题：一个是和自我的关系取得和谐，另一个是如何利用社会环境，使自己的心理成熟与年龄相匹配。

先来看和自我的关系取得和谐的问题，可以参照“内在小孩治疗理论”。“内在小孩治疗理论”的主要目标在于提升来访者的自尊与自我价值感，减少自怜、自恨，增进自爱与自我抚慰的能力。内在小孩治疗理论处理的是个人与自己的关系，重要的不是现在或过去发生了什么事，而是当事件发生后，个人与自己的关系是否改变，以及个人如何对待自己。如果一个人与自己的关系亲近，则其生活将是有活力，充满创意与能量的；如果一个人与自己的关系疏离，则其容易对生活感到厌倦、无力及无意义。①

从心理发展理论来看，我们相信，个人的过去及童年经验会对现在的自己有很大的影响。一个人要发育成健康、功能键全的成人，则在成长中的每个阶段都有关键性的发展任务。每个孩子在其成长过程中都期望可以被当作“一个人”来爱，并且也有人来接受他们的爱，这是使一个人在成长中学会爱与信任的关系之起点。若孩子们在成长中所期望的需求受到挫折、不能满足，其就会体验到痛苦与伤害，进而影响对自己的看法，使他们对自己的看法发生扭曲，对他人不易信任以及对事情反应冷漠。

不成熟的本质原因是在成长的某一个阶段，“内在小孩”没有伴随着你完成本阶段的心理发展。或者说，在社会化的过程中，人们隐含地认为成熟即是不要孩子气，导致逐渐与“内在小孩”分离而造成情绪或心理问题。心理学家荣格认为，“内在小孩”是从潜意识，即人类本性的深处产生的，而意识对此一无所知，“内在小孩”代表的是所有存在中最强大的冲动——努力地想了解自己，这种想要自我了解的力量是一种自然律，因此具有无可比拟的力量。② 如果你知道自己的内心深处有这样一个“小孩”，而那个“小孩”就是你自己，那么现实世界中那个经常让你头痛的自己就会变得容易理解了。

困扰我们的往往不是现实问题，而是害怕不能真正长成自己希望的样子。我们最需要改变的可能不是外在的环境，而是看待外部事物的智慧。发生在身边的大小事件永远不会是完美的，人生总会起起落落。只有连接了来自自己的稳定力量，才会有稳定的心胸和智慧。

---

① 参见魏源．心理动力学的新修正与发展：内在小孩疗法原理及其应用[J]．中国临床康复，2006，10(6)：127-129.

② 参见魏源．心理动力学的新修正与发展：内在小孩疗法原理及其应用[J]．中国临床康复，2006，10(6)：127-129.

心理成熟的培养与应对环境变化的能力密不可分，不妨从以下几方面着手：

(1)提高社会认知水平。一个人对社会的认识与他的心理成熟度有较高的正相关。认知是受环境影响的，要克服环境影响带来的偏差，不仅要从实践上获得感性的认识，而且还要提高理性的认识水平。

(2)学会应对突变环境的能力。突变环境对人的影响在心理学中称为“应激”。个体面对应激通常有两种反应行为，即理性应对与感性应对。前者以对事物发展的规律性认识为基础，通过把握事物的规律，个体不仅能洞察事物的本质，而且还能预测未来，并根据事物在未来可能的发展而采取必要的行动；后者则带有一定的盲目性。调查表明，心理成熟度高的人在应激条件下多采用理性应对。因此，提高我们在突变环境下的应对能力有助于增强心理成熟度。

(3)培养自己适度耐压的能力。古人说：“天将降大任于斯人也，必先苦其心志，劳其筋骨，饿其体肤。”这样才能“增益其所不能”。在社会变革中，社会的发展往往超出了人们的心理承受能力，并会形成一定的社会压力。因此，提高心理成熟度，锻炼自己的耐压能力是一个很重要的方面。

(4)提高自己综合的心理平衡能力。了解自己的优点与不足可以减轻紧张情绪。承认自己的能力有限，就可能使你摆脱某种潜在的对自己的不满情绪。另外，还要学会在危机中寻找机遇。在面对危机时，应该想想怎样因势利导，借此把坏事变成好事。如果能够从挫折中吸取经验教训，那么今后就有可能减少挫折。

你能够正视自己存在的不足，承认自己不够成熟，这就足以说明你已经踏出了走向成熟的第一步，因为否定自己、不断地否定自己是走向成熟的必要条件，也是成熟的重要标志。我们最需要改变的可能就是我们最坚持的东西，如果我们总认为自己是对的，把傲慢当作成熟，把固执当作个性，那么距离成熟和理智只会越来越远。

随着时间的慢慢流逝和人生阅历的积累，每个人都会逐渐地走向成熟，所不同的只是时间有长有短。人生重要的是过程，成熟和理智固然好，但终究是代表了青春的流逝和梦想的褪色。而且在与社会同步发展的过程中，我们往往会不自觉地加入一些社会所认可的个性，以提高自己适应社会环境的能力，从而舍弃了人性中原本拥有的那份单纯与美好。我们在得到一些东西的同时，总是会失去另外一些东西。成熟是一种岁月和人生阅历的沉淀，在这个沉淀的过程中，感受自己一点一滴的进步，未尝不是件美好的事情。

（山东警察学院　单冬　袁春瑛）

116.心情一直很沉重

老师您好！很长一段时间以来，我的心情一直很沉重，工作不顺利，到了家里也是很烦，有时都不愿回家，加上性格很内向，不知如何交朋友，也不知如何处理人际关系，没有一个可谈心的朋友，有了烦心事也无处去说，只能憋在心里生闷气。有时觉得生活真没意思，不知道自己生活的意义和存在的价值，经常有轻生的念头。我怀疑自己是不是得了抑郁症，请老师帮帮我，我该如何调整自己？大家都说读书看报能提高自身修养与素质，请老师给推荐一些好的书籍，谢谢！

▶ 专家答疑

这位朋友，你好！给自己起网名叫“泪珠儿”，想必你应该是一位女性吧！年纪应该也不大，“泪珠儿”这个网名很惹人怜爱，但是您知道吗？当给自己起这样的一个网名时，就已经在给自己做心理暗示了——“我是一个不快乐的人”。当你认为自己是个不快乐的人时，快乐就真的是一件很困难的事情。你在留言中所诉说的生活中的困扰可能来自现实的方方面面，但归根结底，是来自你对自己的这种消极的心理暗示。

所谓“心理暗示”，是指人接受外界或他人的愿望、观念、情绪、判断、态度而受影响的心理特点，在日常生活中是一种很常见的心理现象。所谓“自我暗示”，是指自己接受某种观念，对自己的心理施加某种影响。暗示的作用可以是积极的，也可以是消极的。积极的暗示可以使自己稳定情绪、树立自信心及战胜困难和挫折的勇气，消极的暗示却往往导致不良的情绪和心理。我们多数人的生活境遇既不是一无所有、一切糟糕，也不是什么都好、事事如意。这种一般的境遇相当于“半杯咖啡”。面对这“半杯咖啡”，你心里会产生什么念头呢？消极的自我暗示是为少了半杯咖啡而不高兴，导致情绪消沉；而积极的自我暗示则是庆幸获得了半杯咖啡，那就好好享用，进而情绪振作、积极行动。

心理学中有一个“ABC 情绪理论”，该理论认为，人的情绪主要源于自己的信念和他对生活情境的评价与解释的不同。也就是说，事情的前因通过当事者对该事情的评价与解释以及对该事情的信念这个“桥梁”，最终决定产生什么样的结果。事情发生后，产生的结果或情绪仅取决于人们对这件事的看法、认知等，而和这件事本身没有关系。对某一客观事物，你是如何思考的，你就有什么样的看法;你有什么样的看法,就会得到什么样的结果。对事物的看法其实没有绝对的对错之分,但有积极与消极之分,每个人都必定要为自己的看法承担最后的结果。消极思维者对事物永远都会找到消极的解释,并且总能为自己找到抱怨的借口,最终得到消极的结果。反过来,消极的结果又会逆向强化他消极的情绪,从而又使他成为更加消极的思维者。

暗示的作用是相当强大的,我们在生活中应该树立积极的情绪,避免不良心理暗示的出现。对于个体而言,要想减少和避免不良心理暗示,主要是加强对自身身体素质、文化素质和心理素质的锻炼,培养健全的独立人格,增强自身的意志力及自信心,减少依赖心理,这样才能不容易受到不良暗示的影响。另外,在受到不良暗示后,要努力认清现象的本质,正确地应对,轻视它、忽略它,少费心思去理睬它,让它自然弱化;也可以给自己以相反的积极暗示,让自己放下心理包袱。同时,要多将自己的注意力转移到日常的工作和生活中去,那么不良心理暗示的影响自然就会慢慢减弱了。

在此向你推荐台湾作者张德芬的书《遇见心想事成的自己》,这是张德芬在参考了外国学者的《秘密》和《吸引力法则》等众多书籍的基础上所写的一本通俗易懂的心灵成长书籍,希望能够对你有所帮助。

祝心想事成!

(山东警察学院　单冬)